国际视野与本土实战

李丽　贺和平　主编

MBA JIAOXUE ANLI JINGXUAN

MBA教学案例精选⑥

经济日报出版社

图书在版编目（CIP）数据

国际视野与本土实战：MBA 教学案例精选. 6 / 李丽，贺和平主编. —北京：经济日报出版社，2022. 12

ISBN 978-7-5196-1311-2

Ⅰ. ①国… Ⅱ. ①李… ②贺… Ⅲ. ①工商行政管理-教案（教育）-汇编-中国 Ⅳ. ①F203. 9

中国版本图书馆 CIP 数据核字（2023）第 064475 号

国际视野与本土实战：MBA 教学案例精选⑥

主　　编	李　丽　贺和平
责任编辑	宫婷婷
助理编辑	黄　琳
责任校对	孙　爽　庞文静
出版发行	经济日报出版社
地　　址	北京市西城区白纸坊东街 2 号 A 座综合楼 710 室（邮政编码：100054）
电　　话	010-63567684（总编室）
	010-63584556（财经编辑部）
	010-63567687（企业与企业家史编辑部）
	010-63567683（经济与管理学术编辑部）
	010-63538621　63567692（发行部）
网　　址	www. edpbook. com. cn
E - mail	edpbook@ 126. com
经　　销	全国新华书店
印　　刷	北京建宏印刷有限公司
开　　本	710 mm × 1000 mm　1/16
印　　张	19
字　　数	317 千字
版　　次	2022 年 12 月第 1 版
印　　次	2022 年 12 月第 1 次印刷
书　　号	ISBN 978-7-5196-1311-2
定　　价	58. 00 元

国际视野与本土实战：MBA 教学案例精选⑥

李　丽　贺和平　主编

《国际视野与本土实战：MBA 教学案例精选⑥》编写组主要成员

李　丽　深圳大学管理学院
贺和平　深圳大学管理学院
潘燕萍　深圳大学管理学院
陈星宇　深圳大学管理学院
周志民　深圳大学管理学院
陈　雪　深圳大学管理学院
曾宪聚　深圳大学管理学院
李　彤　深圳大学管理学院
潘燕春　深圳大学管理学院
赵　心　深圳大学管理学院

前　言

管理是一门实践性很强的学科，管理的学习与实践过程就是“悟道”的过程，只有觉到、悟到才可能做到。管理又是一项科学与艺术结合的工作，不但需洞悉其规律，而且要破解环境的局限。

MBA 是最具代表性的管理类教育项目，是理论与实践相结合的“天然产物”。学生大多来自管理一线，具有三年以上，甚至更丰富的管理经验，这种学历教育具有“百战归来再充电”的特征，因此，在教学中要求做到言之有物、言之有理。而“案例教学”中的案例便是诠释“物”与“理”的恰当载体。案例中的故事，是“物”的部分，它们就像早市上刚买的扑棱的活鱼，真切可触；而“理”的部分，就是对那些问题的分析与讲解，师生抽丝剥茧，呈现其内在深邃的道理，进而获得启发。

深圳大学管理学院自 MBA 办学之初，就制定了严格的案例教学要求，十多年来已形成良好的案例教学风尚。MBA 教育中心成立“案例研究中心”，推动教师深入企业一线调研及实践，开展案例研究及编写教学案例，取得丰硕成果。近年来，学院已有 24 篇案例被评为“全国百篇优秀管理案例”，在全国高校中“百优案例”收录排行榜位列第 15 名（2022 年）；3 篇案例入选“毅伟商学院案例库”。2015 年，管理学院首次将学院教师自编优秀教学案例结集出版，至今已到第 6 辑。这些案例展示了本土企业管理的创新与进步，更有着宏观和微观环境风云变幻背景下企业管理演进的时代气息，记录了中国企业及中国式管理的智慧与自强不息的足迹。

案例集具有广泛的影响力，是以问题为导向的研究性学习教材，能引发思考、启智润心，充分体现 MBA 教学的特点。管理学院过往组织编撰的“案例集”，不仅成为 MBA 教学（也有教师将其拓展至学术型研究生及本科生教学）的重要参考，也被很多企业选中，成为组织内训、研讨的重要材料。

本书共收录 9 个案例，全部来自本院师生。在案例企业的大力支持下，教师们经过数月甚至几年的跟踪，深入企业一线挂职或调研；很多 MBA 同学参与了案例的研究，这也成为他们在读期间最宝贵的学习经历。今年的案例不乏“独角兽”“专精特新”等深圳企业，研究关于 IP 品牌、网络社交、区块链、数字化转型、疫苗等案例，具有鲜明的时代特征，这些前卫的案例具有很强的现实意义。

深圳大学 MBA 教育已走过十五年历程。我们与时代并行，乘特区东风，脚踏实地，秉承“自律、自立、自强”的校训，遵循“改变源于成长与责任”的学院核心价值观，在探索中进取，求真中历练，为大湾区发展献力，为管理实践记录。

李丽

2022 年 11 月 18 日

目　录

独角兽是如何炼成的——编程猫的创业征程[①]

案例正文

摘要：独角兽企业的诞生和发展往往代表着国家的竞争力、新经济的活力、未来产业发展方向，它们是新产业、新技术、新模式的开拓者。尽管创业者怀有打造独角兽之梦，但是在实践中创业九死一生，能成为独角兽并能持续成长的，如凤毛麟角。本案例讲述了两位海归连续创业者识别出少儿编程的创业机会后，果断辍学回国，从0到1把编程猫打造成为准独角兽的过程。创业者是如何在机会窗口初期就识别出少儿编程这个创业机会的呢？在创业机会开发过程中，他们是如何增强创业胜任力以促进企业的快速成长？作为行业的领头羊，编程猫如何打造具有竞争优势的商业模式？在新冠疫情下编程猫又如何迎接挑战、抓住机遇，进一步发展为行业的独角兽？本案例对分析快速成长的新企业的创业机会、创业胜任力、商业模式等具有一定的借鉴意义。

关键词：独角兽；创业机会；创业胜任力；商业模式；新企业成长；少儿编程

“如果把一个创业公司比作一个成长中的孩子，编程猫已经从满地爬开始慢慢

---

① 1. 本案例由深圳大学管理学院潘燕萍、陈思琳、乔灵灵、邱天财、刘晓斯共同撰写。本案例得到国家自然科学基金青年项目（编号：71502114）、教育部留学回国人员科研启动基金和广东省哲学社会科学规划项目（编号：GD14XGL32）的资助。作者拥有著作权中的署名权、修改权、改编权。未经允许，本案例的所有部分都不能以任何方式与手段擅自复制或传播。特别鸣谢李天驰先生、孙悦先生以及编程猫的员工在资料收集和案例撰写过程中给予的大力支持和热心帮助。尤其是李天驰先生、孙悦先生在疫情影响下百忙之中接受采访、提供企业内部资料，并对本稿件提出宝贵的意见和建议。但本稿件的所有文责由作者承担。2. 本案例授权中国管理案例共享中心使用，中国管理案例共享中心享有复制权、修改权、发表权、发行权、信息网络传播权、改编权、汇编权和翻译权。3. 由于企业保密的要求，在本案例中对有关名称、数据等做了必要的掩饰性处理。4. 本案例只供课堂讨论之用，并无意暗示或说明某种管理行为是否有效。5. 本案例省略所有的尊称。

站起来学会行走了。公司发展迅速的最大原因是，我们找对了一群人，在做正确的事……而我们认为，编程是孩子在面对未来时代应该具备的一种基本素养。”

——联合创始人李天驰

“编程猫成立最初的 3 年时间，第一年是无人问津状态。家长问我们什么是代码？我们说就是写程序，他们以为是超市里面的条形码。第二年，家长问我们学编程有什么好处。第三年，家长问我们怎么学编程才能让孩子学得好。”

——联合创始人孙悦

引言

2019 年 9 月，教育行业经验丰富的实力品牌机构韦博英语被传出面临倒闭的风险。

2020 年 2 月，成立多年的教育品牌机构兄弟教育也同样大规模裁员。

2020 年 6 月，迪士尼英语宣布不再重新开放迪士尼营运中心。

……

新冠疫情下线下教育行业一片哀鸣，甚至出现了“0 元转让也无人问津”的惨淡状况。

众所周知，为了应对和防控新冠疫情的传播，2020 年国务院教育督导委员会办公室发布了《关于严禁任何校外培训机构近期以任何形式开展线下培训的紧急预警》。全国大中小学校、幼儿园推迟开学，并强调在疫情期间严禁开展任何形式的聚集性线下培训。

当时的线下培训全部被叫停，教育行业遭受到前所未有的冲击。“停课不停学”为线下教育按下了“暂停键”，但也为在线教育按下了“快进键”。过去，在线教育处于不温不火的状态，相较于在线教育，学生家长们还是更倾向于传统的线下教育模式。然而，疫情却促使在线教育成为唯一的教学方式。在线教育机构突然受到众多学生和家长的青睐，优势进一步凸显，暴增的市场需求使在线教育行业迎来新一轮快速发展。淘宝也抓住机会，在 2020 年 3 月迅速成立了教育事业部，为教育机构提供在线课程制作、营销获客等工具。

疫情也进一步提升了人们对数字技术重要性的认知，增加了编程教育的市场需求。其实，自 2017 年国务院印发《新一代人工智能发展规划》以来，国内编程教育政策接连出台，少儿编程教育如雨后春笋般孵化出各色各样的教育品牌，成为教育行业新赛道。其中，由两位海归创业者创立的编程猫早在2014年就发现了少儿编程教育市场的创业机会，然后凭借过硬的科技创新实力，开发自身的编程工具，提供满足用户需求的教学服务，成为行业领头羊。5年之后，编程猫累计用户3147万、入驻12985所公立学校，快速成长为“准独角兽”。

“我们并不能把疫情当成一种机遇。相反，要克制。疫情下盲目抢夺市场并没有意义。教育的本质不在规模，而在质量。”（李天驰）

当大家都认为这是少儿编程教育蓬勃发展、攻城略地的最佳时机之际，编程猫的两位创始人却提出了要克制，要坚守教育的初心、坚守服务质量。那么，在全球疫情风暴带来的停课不停学这一特殊环境下，作为领头羊编程猫如何继续引领行业进入新征程，保持持续成长？

一、海归创业者：宁可放弃六个学位，也不能错过孩子教育的最佳时机

90后李天驰从小就是一个比较“叛逆”的孩子，他不喜欢老师在课堂上的教学方法，自学成才。在面临重大选择的时候，他更喜欢独立思考。选专业的时候，父母希望他学金融、管理，他非计算机不学；读研究生的时候，父母希望他去香港的学校，他选择了去欧洲——师承法国计算机科学家、斯坦福大学客座教授Michel Beaudouin-Lafon；在德国的时候，父母希望他去美国继续读博，但李天驰选择辍学回国创业。虽然父母每次都会因为他的“违逆”而生气，但最后又都尊重并支持他的选择。在人生道路上他总是独立思考，冷静客观地做出自己的判断，选择自己想要的东西。

“事实上没有人比你更清楚你要什么，企业要什么，果断抉择是一个创始人必要的品质[①]。”（李天驰）

李天驰从小就对编程有浓厚的兴趣，8岁时他因为想改掉《三国志》游戏中的一些源代码而与编程结缘。“如果你从内心出发去学习，进步的速度往往更快。”李天驰说。正是这种对游戏的兴趣，让他喜欢上了编程。同时他认为信息素养对孩子来说是很重要的。在他小时候，大部分的人都是通过书籍获取

① 编程猫创始人李天驰：创业要找聪明人下笨功夫 https：//baijiahao.baidu.com/s?id=1628617845534558909&wfr=spider&for=pc

知识，李天驰也不例外。当时他喜欢的小说《哈利·波特》的中文版更新得很慢，他又希望能继续看下面的情节，因此他通过互联网搜寻英文版的后续章节，并通过翻译把它看完了。

“因为现在已经是一个信息社会了，所以获取知识的能力会随着信息素养的增加有个乘法倍数的增长。”（李天驰）

出生于教育世家的他时常思考什么是教育的本质。特别是在小他 15 岁的弟弟出生后，他总是思考怎样才能给弟弟更好的教育，从而延伸到怎样给中国下一代孩子带来更好的教育。

在创立编程猫之前李天驰曾两次创业，两次均与教育有关。2012 年他在美国 UCLA 交换时，曾开展 1 对 1 在线英语教育业务，但由于当时没有 4G 网络环境背景和便捷的移动支付，业务没有开展起来。后来他在欧洲和编程猫的联合创始人孙悦等留学生一起开发了一款名叫 Settlr 的软件来服务当地留学生，并在 2014 年凭借该软件在 EPA 法国创业大赛中获得冠军。这两次经历让他意识到了影响成功创业的因素有很多，首先需要迎合创业环境，其次是出众的创意，最后思考创业的发展道路，做出最优解[①]。

2014 年 11 月，李天驰和孙悦参加爱尔兰的世界互联网峰会时，一群安静地坐在会场里进行编程的小孩吸引了他们的目光，此时台上的主持人问道：“孩子们，你们玩得开心吗？”这些孩子只有七八岁，眼神里充满了对编程的喜爱，水平之高甚至超过了多数中国大学生[②]。李天驰和孙悦意识到，这才是正确的教育方式——不论中式教育还是西式教育，它都应该让孩子找到乐趣。当孩子的兴趣被挖掘出来的时候，教育就自然而然地发生了。由此，在日后创办编程猫中，他们坚定了“Kids is No.1”“No fun go die[③]”等教育理念。同时，李天驰和孙悦也深刻地领悟到，美国和欧洲国家一直都在大力推广少儿编程教育，而中国作为走在世界互联网前列的国家，少儿编程教育却是一片空白。他们一致认为中国市场极具发展潜力。

2014 年浙江省推出的高考改革方案中将信息技术（包含编程）正式纳入高考选考科目（7 选 3）。同年，李克强总理提出“大众创业，万众创新”推动创新驱动发展战略。艾瑞咨询行业报告分析指出，2013 年至 2020 年国内人均消

① 编程猫创始人李天驰：穿越“黑暗森林”的切线 https://new.qq.com/omn/20180704/20180704A0D8FK.html

② 再融 1500 万，编程猫带 30 万小朋友发布 65 万作品，月活 10 万人 https://m.sohu.com/a/140945180_ 649045

③ 编程猫联合创始人兼 CTO 孙悦：混沌大学直播 以工具为抓手 https://www.sohu.com/a/361731555_10017 6249

费支出处于增长态势，增速维持在 7.5% 左右。同时教育文化娱乐部分的支出占比维持在 11.5% 左右（见图 1）。随着教育理念持续深入年轻一代家长的心中，教育投资占比将持续升高。早教、素质教育将会迎来“井喷式”发展。当时国内 4G 技术的快速发展、宽带接入用户稳定增长和移动支付的崛起，客观上为创业提供了极为有利的技术环境。

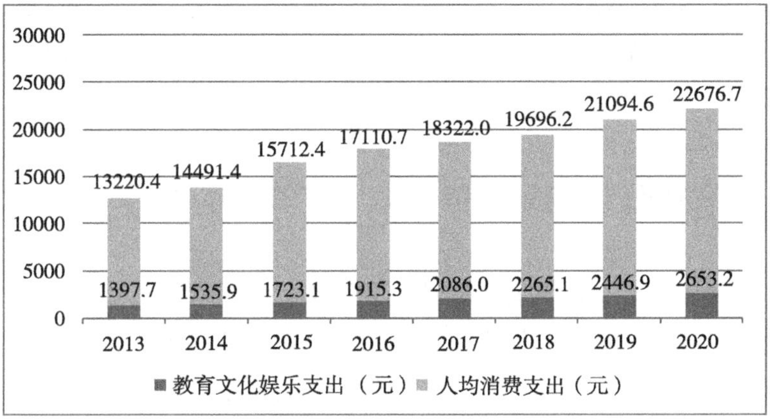

图 1　2013–2020 年中国人均消费支出及教育娱乐文化支出

出处：艾瑞咨询《2018 年中国少儿编程行业研究报告》

http://report.iresearch.cn/report/201810/3279.shtml

2014 年他们毅然回国，在众多大赛中选择了参加由傅盛创办的新兴创业大赛，而不是其他发展较为完备的比赛。傅盛是谁？他是几款上亿用户量产品的缔造者，用了三年多的时间把猎豹移动做到在纽交所上市，创造了一家百亿级的公司。他们希望借此机会可以跟傅盛学习互联网思维，也有自信能成为他阵营中的龙头项目。

李天驰认为自己是一个技术宅，他眼中的未来世界是一个信息化的世界，因此他提出的项目是在电脑上教孩子学编程。在比赛演讲时，他对所有人说他准备辍学创业，全场 500 多人一片哗然。李天驰坚定地说道：“我们知道自己要什么，这两年虽然在欧洲上学，但没间断过折腾几个项目，现在的这个项目肯定能行，我们已经等不及要大干一场了。”带着黑框眼镜的他眼神充满了信心和希望，那年他 25 岁。经过激烈的比赛和培训，在近万人报名的创业比赛中李天驰和孙悦以 1∶2000 的概率成为“傅盛战队”的五强之一。

还剩三个月就毕业的李天驰其实可以在获得欧洲名校三个硕士学位后再

回国创业。但他觉得时间不等人，希望下一代可以更早地接触到编程，少儿编程是未来发展的重要方向，秉承国家与社会的重任，放弃学位只当是放弃了一张纸质的认可。李天驰当时用一句话打动了孙悦：“哪怕我们只教了十个小朋友，他们的一生也可能会因此而完全不同。”联合创始人孙悦其实有同样的标签——出生于教育世家，有在多个国家学习、工作和连续创业的经历，曾获得机器学习大赛冠军的技术大牛，等等。李天驰和孙悦由于担心错过最佳时机，在 2014 年 12 月放弃了在欧洲创新与技术研究院的六个学位，回国开始了他们的创业征程。

二、创业初期（2015–2016 年）：“好的产品可以击穿一切”

2015 年 3 月，李天驰和孙悦正式创立了编程猫。首先面临的创业难题就是发展线上或者线下的道路。傅盛作为他们的创业导师和种子轮投资人传授了他们很多互联网思维以及产品方法，并建议他们选择线上教育。

“现在看来，这个决策似乎很容易，但在 2015 年，几乎没有任何一家在线教育做起来的，真正意义上大规模的在线教育爆发还要等到 2016 年下半年。在我们犹豫时，傅盛很坚定地跟我们说不用考虑线下，因为裂变只可能产生于互联网，互联网相信巨大的用户量一定能通过某种方式变现。”（李天驰）

然而在早期的市场上，编程教育宣传仍然以地推的营销方式为主。作为海归创业者，他们既没有渠道也没有人脉做宣传，所以他们只能想新方法来获得客户。2015 年正处于微信的增长红利期和窗口期，抱着试试看的心理，李天驰和孙悦在微信公众号上发表了一篇名为《孩子，敢不敢跟我们去硅谷学编程》的文章。文中详细描述了他们对编程教育的认知和规划并邀请一群孩子到硅谷去参观学习编程。出乎意料的是，该文章吸引了 100 多个种子用户，并得到了超过预期的转发。编程猫是行业里率先尝试通过微信传播、利用微信营销产生裂变效果的公司。这再次验证了他们敏锐捕捉最佳时机、果断开拓新市场、尝试新方法的创新精神。他们集中在这群用户中进行线上一对多的编程教学，进一步验证了这种模式的可行性。

“其实我们也是慢慢地去把这些业务一条一条线去打深、扎深。编程教育对很多人来说，是一个很小的领域。在这个领域里面，我们又把它细分成很多不同的方向。所以我们才不断地在一些方向上，去冲击它、去突破它，我觉得在

越早期的时候要越聚焦，这是非常关键的地方。”（李天驰）

当时许多的线下培训机构都设有少儿编程课程，但这些机构主要是依靠Scratch（一款由麻省理工学院设计开发的少儿编程工具）这一工具平台做课外培训。一开始编程猫也使用Scratch进行一对多线上教学，却发现家长经常投诉使用时出现蓝屏、卡机甚至无法安装的情况。同时，Scratch的画面过于简单枯燥，很难提起孩子学习编程的兴趣。基于用户的需求，他们一致决定自主开发语言工具，做出一个全国上亿的中小学生都适用的儿童编程语言——Kitten源码编辑器[①]。从底层去搭全新的编程语言，这对很多创业者来说是过于冒险的决策，甚至认为只有麻省理工这样的顶级学院才能研发语言工具。但李天驰和孙悦在欧洲创新与技术研究院读书时正好研究图形化编程，深谙其原理和研发过程。怀着对少儿编程教育的坚定决心，他们觉得必须要研发新的编程工具。基于长期对孩子教育的思考，他们设计了更加可爱的卡通界面以吸引孩子的注意力，简化编程操作让孩子更好理解，只用几个积木块就能拼接出一个小游戏，并且开发了更多不同功能的积木块，增加物理、数学等学科知识。相比Scratch，Kitten源码编辑器在国内的电脑上更加稳定。和其他做培训的同行相比，编程猫从创业初期就坚信，做好教育首先要潜心研究教育的本质，做好编程教育的工具。

“因为这个决定，我们在早期执行上遇到了很多问题，团队一开始只有我和合伙人两个人，加上一个瑞典的架构师，所以在国内招聘的时候，就很不好招人。一方面，2015年处于风口的是O2O，你不在热点上，很多优秀的人才很难往这个领域流动；另一方面，很多程序员不理解我们为什么要把编程语言重造一遍，在他们看来，这件事就是在造轮子。许多人不愿意花费很多精力把一个引擎性的工作从底层做起。那时候我们还在深圳的一个小区房里办公……把所有精力都放在产品研发上。”（李天驰）

李天驰认为UGC（User Generated Content）用户社区也是非常重要的。因为学生可以在社区里发布作品并分享给其他的同学，获得他们的反馈和支持，更快更好提升创作能力；同时还可以和其他编程创作爱好者一起协作、互相学习，提升编程技能，让学生们协作创造并相互学习，从而达到课外举一反三的效果。在创作社区当中，编程猫不断地与各类拥有知名度、美誉度的IP进行合

① 编程猫创始人李天驰：竞争的核心是更低的成本、更高的效率、非应试性的获客能力 http://www.iheima.com/article-192758.html

作，比如故宫宫廷文化、“功夫熊猫”、“巨兵长城传”、“玩偶奇兵”等，为编程猫学员提供素材从而鼓励创作[①]。

编程猫的课程和产品是相辅相成的。李天驰和孙悦一直认为以前较为落伍的传统教育方式会被新兴、具备创意和容易吸收的教育方式替代。作为一种素质教育学科，如何提高孩子的学习兴趣和让孩子真正学会去应用是编程教育的核心。因此编程猫决定从游戏化教学入手，采用项目任务的方式（Project based learning）研发课程，让孩子回归游戏场景中熟悉的画面——为了通关去学习多种技能，更好地激发学生的学习主动性与创造性[②]。这种新形式的游戏化课程让孩子发现并不是所有的学习都是枯燥乏味地做题和听讲，打开了孩子对学习认知的新世界大门。除了采用游戏化教学之外，编程猫还将义务教育的学科内容与编程知识相结合，例如运用编程计算“鸡兔同笼问题”，用 AI 朗诵杜甫诗篇等。这让学生在学习编程的过程中能有内容的熟悉感，通过编程更好地理解在学校学习的知识。

编程猫还通过 AI 技术，迎风破解师资难题。少儿编程是个新兴的行业，优质师资严重不足成为了行业快速发展的障碍。计算机专业的学生更倾向去互联网等技术行业做程序员，而不是当编程老师。编程猫在开发了 Kitten 源码编辑器后，利用微信公众号推广引导用户下载，随着上课的学生越来越多，已有的师资力量再也无法满足用户的需求。为此，编程猫独立开发了 AI 与真人结合的“猫老祖”教学系统，实现实时异步教学模式。学生可以与卡通形象“猫老祖”对话，并且可以接受和完成任务，用游戏化的方式带来学习的沉浸感。当学生做任务时遇到问题则可以向老师求助询问。教师端上，这套系统可以实现 1 个老师教 6 个学生；学生端上，学生的视角是与老师一对一互动学习的。这样的“AI+ 真人”双师教学系统不仅解决了一对一师资成本过高的问题，还突破了一对多满班率低的瓶颈。

然而，“AI+ 真人”教学系统模式的探索并非一帆风顺。2016 年初，编程猫试图采用“纯 AI”教学系统模式，将教学过程分成多个固定步骤，让学生按步骤学习课程，以此省下教师更多时间。可结果却不尽如人意，用户活跃度、续费率双双直线下滑，仅有原来水平的 13%[③]。他们意识到教育需要有人与人之

---

① 编程猫联合创始人兼 CTO 孙悦：混沌大学直播 以工具为抓手 https://www.sohu.com/a/361731555_10017 6249

② 腾讯科技对话编程猫李天驰：让编程教育回归互联网 https://www.codemao.cn/news/6

③ 何己派 . 编程猫起跳［J］. 21 世纪商业评论，2019，7：64–65.

间的互动、激励和沟通才能达到效果。经过不断地迭代和调整，李天驰和孙悦逐渐摸索出教师端 1 个老师对应 6 个 AI 老师和学生、学生端 1 个学生对应 1 个 AI 老师和真人老师的教学模式。编程猫通过技术提高教师的人效比，进一步证明了编程猫的技术实力。

在早期不确定性的大环境下，当先行者（first movers）都犹豫是否要开发自己的工具时，两位放眼世界、立足中国的创业者毅然决然地决定开发基于中国国情的编程工具。当 STEAM 教育突然成为一个风口，但同时家长与孩子对编程教育仍在观望的时候，两位创业者始终坚守教育的本质，持续地研发产品，大量投入师资培训，小步快跑、快速迭代地优化产品。这些都为编程猫在少儿编程教育行业的快速成长打下了坚实的基础。仅一年半时间，编程猫就凭借着“工具 + 平台 + 课程”的模式突破 10 万用户注册数量。

三、快速发展期（2017–2019 年）：探寻真正普及编程教育的模式

如果说编程猫在创业初期得到了傅盛关于互联网产品的指导，奠定了快速发展的底盘，那么在快速发展期，两位创业者也得到了不同行业的“高人”指路。例如，2016 年编程猫获得紫牛基金投入的 Pre–A 轮融资，李天驰和孙悦也从基金创始人张泉灵身上学到了很多品牌传播的方法论，张泉灵还成为编程猫的形象代言人，吸引了众多粉丝。2017 年对于李天驰和孙悦来说是“特殊的一年”，他们从“技术宅”变成快速成长公司的 CEO 与 CTO，规划公司的战略，思考如何打磨出一个好产品、如何吸引用户、如何从用户需求出发迭代产品，如何将其进行商业化，如何实现用户裂变、化茧成蝶。在这个过程中，他们也屡屡“犯错”。例如，编程猫作为一个软件工具，面临着硬件是自主研发还是与专业开发商合作的选择。经过一番考虑后，自主研发成为他们的选择，但结果血本无归。这次挫折让他们深刻领会到应该把有限资源聚焦于主营业务上。2017 年 3 月，作为一家名不见经传的新企业，编程猫收到某大型教育企业抛来的橄榄枝，但由于缺乏经验，一些条约的细节没处理好，最后以商榷失败告终。但在此过程中，IT 出身的他们学习到了一个大规模的教育企业如何布局规划、教育行业的服务培训应怎样部署和展开，对教育行业的本质也有了更加清晰的认知。

“我们经历过很多很焦虑的时刻，很多难做的选择，我们的成长还犯过比

较多的错误，但是生物不犯错，基因就不会突变，基因不突变也就无从进化，我们一直在错误中学习，也在错误中自我进化。创新的本质就是犯错。”（李天驰）

为了提高编程猫的品牌影响力和市场份额，2017 年他们将业务重心转向 B 端，即为公立学校输出工具、课程和服务。2017 年国务院印发的《新一代人工智能发展规划》，明确未来人工智能的发展方向，即推广和普及少儿编程教育。同年浙江正式将信息技术纳入高考，编程教育这片蓝海一下涌入了很多竞争者。

由于国家出台《相关中小学要设置信息技术相关的必修课》的文件，公立学校需要为学生提供信息技术的课程。但很多学校暂时没有相应的师资和课程条件，所以政府提倡通过“校企合作”来推动中小学信息技术课程的完善。编程猫将自己打磨了一年半的工具和课程推荐给公立学校，其独有的工具语言和有趣的课程体系让很多学校选择了编程猫。至 2017 年底，编程猫已入驻 1000 多所学校。尽管编程猫帮助学校储备并应用课程和工具，但对于学生数量庞大的公立学校来说还是缺乏师资。为了解决师资不足的问题，编程猫在 2018 年搭建了人工智能教学系统——“未来教室”。作为国内独创的编程教学管理与课程资源一体化云平台，编程猫提供完善的课程资料和全面的教学数据统计，以帮助老师解决教学难题。编程猫同时还建立“AI 辅助教学 + 线上老师远程授课 + 课堂老师管理”的模式，针对学校开设信息技术课中遇到的师资、内容等问题提供解决方法。同时，为了解决中小学信息技术课没有统一教材的问题，编程猫与粤教社合作推出了覆盖中小学各阶段的系列编程教材，作为“未来教室”在线视频教学配套图书，填补国内青少年编程教育体系化教材空白。

“我们一直在做公立学校，这不是下一步计划，我们从第一天开始就在做公立学校。因为我们认为公立学校才是占领学生时间最多的地方，而我觉得现有的公立学校能够通过一些方式去推动它的改变，能给孩子产生最大的收益，而且价钱可能是最便宜的。因为线上教育的成本，很多家庭是负担不起的。要想让中国孩子都学会编程，不能用这样的方式，只能用公立学校的体系，所以编程猫的编程教材是很多省的必修课教材。”（孙悦）

为了扩大市场号召力和影响力，2019 年 6 月，编程猫正式推出“百城千店”计划。李天驰表示，“编程猫在未来三年内，将要开设 1000 家以上的线下加盟少儿编程教学中心[①]。”编程猫采用机构加盟的新零售模式，为线下机构提供落地师训服务，协助加盟商打造专业教师团队，并重新研发一套针对机构培训的教材以确保教学质量，形成良性循环。事实上，编程猫的线下加盟业务在2018年就已经悄悄启动，通过“小规模”试错方式，探索最佳运营模式。由于新零售是一个崭新的概念，为了给线下机构提供更好的服务，编程猫选择跨界学习，通过借鉴麦当劳、名创优品等在零售业特别出众的企业的经营理念和经验，并结合自身教育行业的一些服务特性，不断迭代和总结出适用于自己的机构加盟的新零售模式。截至2019年6月，编程猫已经开设了600多家线下加盟少儿编程教学中心[②]。

在布局线下产业的同时，编程猫也在不断地完善产品。

李天驰和孙悦始终相信“好的产品会击穿一切”。在创业初期，他们用了一年半的时间去打磨自己的产品和技术，搭建了整套教学系统的顶层设计。2017年编程猫独立开发了以编程知识竞答为主的游戏化题库平台“通天塔”，提供沉浸式的立体空间创作体验的3D图形化编程工具“代码岛”。通过用户的需求和反馈，编程猫不断地研发新产品。根据不同年龄用户的需求，编程猫研发了4~7岁幼儿编程工具“Kids”，以及服务于12岁以上用户的Python和图形化代码互相转换的编程工具“海龟编辑器”。由此，编程猫形成了一个从4岁到16岁的完整产品线。完整的产品线也使其获得了许多投资者的青睐，2017年11月编程猫获得高瓴资本领投，清流资本和清晗基金跟投的1.2亿元B轮融资。

编程猫经过多次调查和用户反馈，发现在国内智能手机的普及速度快过电脑的普及速度。根据中国互联网络信息中心（CNNIC）发布的第45次《中国互联网络发展状况统计报告》，我国手机网民规模高达8.97亿人口，用手机上网比例达99.3%，并且越来越多用户更习惯于用移动端娱乐和学习。为了满足消费需求，2018年编程猫研发了“社区+创作”的移动端编程软件“Nemo”和移动端“海龟编辑器”，实现了让用户在手机上学习编程，创作和分享编程作品。编程猫是中国首家提供移动端编程工具和教育平台的公司，快速抢到了第

① 编程猫发布M+战略奇袭线下，芬兰设计师打造百城千店 https://www.jiemodui.com/N/107702.html

② 探访“编程猫”线下加盟校区：试营业3个月，现金收入超过80万元 https://dy.163.com/article/EMHIQSIS0516QUBE.html；NTESwebSI=75F2B633CDD56B13B7891F7F9B889850.hz-subscribe-web-docker-cm-online-rpqqn-8gfzd-r5j7g-578964xmpg9-8081

一批移动端在线教育的用户。通过保证用户在电脑端和移动端体验的一致性，编程猫满足了用户在电脑端和移动端随时切换的需求，降低了用户的学习成本，获得了用户的好评[①]。

编程教育在国内仍是一个崭新的领域，既没有义务教育学科的分数指标，也没有类似英语雅思、托福等官方考核测试。许多家长反映不清楚孩子的编程水平处在什么位置或级别，课程效果难以量化。《2018 中国少儿编程产业研究报告》曾指出，编程教育水平需要建立统一且完善的评价系统去量化学习成果。编程猫敏锐地捕捉到这一市场需求，及时开发了编程赛事系统平台，这个平台支持自定义比赛官网搭建，包括线上报名、上传作品、作品展示投票、评委评分等比赛流程。该平台可为公司及相关教育部门快捷地承办不同级别的赛事，打通“以赛促学”的编程学习闭环。同时编程猫与权威机构合作，开发了全国青少年的编程能力测评及等级认证系统，打通“以考促评”“以评促学”的编程学习闭环，进一步完善产品生态链。

企业的产品线越多越丰富，就越能满足用户不同的教育场景需求，用户多渠道选择和转化的概率就越大。编程猫在线上、线下、校内、校外已经形成一个互通的业务网络，各条业务线之间能够形成流动，逐步构建了一个具有竞争优势的行业壁垒。创业的 4 年里，编程猫获得 537 项专利、1500 多项著作权、76 项软件著作权和 KOKOA 芬兰认证，积累用户数量达 2063 万，入驻海内外公立学校超过 11500 所，吸纳一线教研师资 800 余人[②]，成功地踏入了“准独角兽”的俱乐部。

四、疫情加速器下迈向独角兽的新征程

2020 年庚子鼠年春节，突如其来的新型冠状病毒肆虐华夏大地，这使得许多企业都措手不及，对于众多线下教育企业更是一场重新洗牌的危机。部分企业紧急变换成线上学习场景，致力于发展将线上与线下融合的 OMO 模式（Online-Merge-Offline）。线上教育争夺学生学习时间的竞争进一步白热化，这也可以说是真正考验教育机构实力的时候。

---

① 对话编程猫投资人、清流资本张贝妮：疫情下哪些在线教育获资本青睐？http://www.techweb.com.cn/it/2020-04-13/2785496.shtml

② “编程猫”MCC 课程体系——小火箭编程课和探月编程课 https://xw.qq.com/cmsid/20200305A0QWP500

编程猫B端有超过600家线下合作机构。在疫情影响下，众多线下机构不得不转型线上教学。而对编程猫来说，如何帮助合作伙伴转型线上教学成为第一道关卡。李天驰认为，“对于线下门店来说，首先需要认清一件事：二、三月份肯定不是创造收入的好时机。在这两个月应该做好转化，而不是招新。核心应该是保证教学服务水平，维持家长的信任，从而降低退费率。”2月7日就要开课，留给编程猫的时间并不多。不过，编程猫本身就是以工具起家，教学工具以及AI双师课程平台早已成熟，从根本上来说，帮助B端机构转移线上没有太大难题。

2月初，编程猫推出了“线下护航公益计划”，从三个方面帮助其线下合作机构渡过难关。就平台而言，编程猫为有需要的客户无偿提供线上AI双师教学平台，将原本的线下小班教学转移到了线上的教学平台。这些线上课程的主讲及助教都由编程猫的教师担任，他们不仅负责线上授课，还负责提供与线上课程相适应的配套教学服务。AI双师不仅缓解了疫情给编程猫带来的师资负担，而且在降低时间成本方面也有显著成效。在这些高效工具的辅助下，老师们能够将更多的时间和精力投入到线上课程的教学中去，“工作效率提升了200%~300%”。在课程提供方面，编程猫为所有的合作机构免费提供Kitten和Python的全套课程，同时为线下学员免费开放了全部相关课程，且已付费的学员不消耗原有课时。家长可以通过AI双师课堂平台实时查看孩子的课堂学情报告，了解孩子的线上学习效果，这增加了家长对线上教学的信任感。同时，为了防止有些线下机构对这种线上教学的方式不太适应，编程猫还提供了相应的培训服务，让他们对线上的课程平台有充分的了解并能够熟练使用。

要成功实现从线下到线上的转型，很重要的一点是要保持好标准化的运营方式，线上与线下教学方式的巨大差异使得对线下机构的培训变得很有必要。2月1日，编程猫发布方案的首日就有290多家机构报名参加培训，最终参与培训的机构数量多达430家。编程猫在2月3日就开始为这些机构的老师们提供在线培训，最终参与的教师人数累计多达1700人。编程猫根据参训人数及有限的培训时间总共建立了56个线上学习班，每天至少安排5节课程，培训期间每天累计授课280节。

为响应教育部“停课不停学”的号召，编程猫利用“互联网+教育”的模式和理念，在全国人民共同抗疫期间克服万难，保证教学工作如期开展。2020年年前编程猫的老师曾向孩子们承诺于年后的1月30日复课，为了不失信于学生，编程猫的老师们展开了一场特殊的“战役”。由于疫情的暴发具有很大的不可预知性，很多年前离岗的同事并没有将电脑带回家。公司里两个仍旧在岗的员工开始分头行动，在老师们手绘地图的指引下，挨个桌子把电脑找出来，然后再打包好快递出去。面对 100 多个快递以及密密麻麻写满了两大页 A4 纸的地址，这两个员工忙活了将近十二个小时才结束这一工作。而编程猫身处武汉的老师们，甚至在隔离时期的酒店房间里进行在线授课，在寒冷的天气里只能靠浴室的浴霸来取暖。这期间，负责培训的教练组也不可避免地面临着种种困难，如确认名单、分发账号、调试平台以及安排课程等。为了保证这些线下机构可以在 2 月 7 日准时开启线上教学，编程猫紧急调动全部负责线上教学的老师开展同步内训，并在内部形成 24 小时在线答疑解惑的模式，确保各类信息能够准确传达至各家合作机构。

“疫情期间我们公司三个月在家办公，像我们公司当时已经快 3000 人了。3000 人三个月完全不出现在同一个地方办公。我觉得首先对我们的凝聚力和组织能力是一次巨大的考验，但是同时我觉得这次我们远程办公的组织效率和组织能力很棒，我给大家打 85 ～ 90 分。”（孙悦）

说这话时的孙悦露出自豪的微笑。实际上，在编程猫总部，员工都直接称呼孙悦为“书记”，因为他是一个十分认真谨慎、要求严格的管理者。

对于线上 C 端，编程猫曾于 2019 年 11 月推出了一款专为 4~7 岁孩子研发的 AI 动画编程课——小火箭幼儿编程，这一课程支持移动端学习。蒙台梭利认为，可以通过五官感觉、生活基本能力及科学文化教育等形式来激发隐藏在孩子体内的巨大潜能。受此启发，小火箭团队决定采用“故事汇编、个性游戏、艺术创作、应用程序”等四维一体的创作模式，这一模式既可使孩子们在学习中享受游戏的乐趣，又能让其体会到编程的魅力。当然，鉴于每个孩子的学习能力和接受程度不同，小火箭团队制定了可及时调整课时包的方案，通过细分跨学科知识、编程知识、教法以及创作，最终实现个性化教学。

在疫情期间，小火箭幼儿编程在严选好课平台上推出活动，9 元秒杀价值 369 元小火箭幼儿编程课，用户量的激增。得益于其移动端教学、零文字工具界面的优势，在 2020 年第一季度，小火箭幼儿编程已经吸引了超过 40000 名付费学员，并且这一数值还在以每月 1000 人的速度递增。为了丰富孩子的“延长版”假期生活，编程猫还在学习强国、新华网视频、央视频等 20 多家平台上为全国中小学生免费开放了涵盖幼儿园、小学、初中、高中各学龄段的 40 节公益编程课。

突如其来的疫情给编程猫的线上业务带来了爆发式的增长，流量增长了6倍。2020年2月，编程猫营收增长500%，3月营收破1.27亿元，较2019年同期增长了近3倍。2020年二月份的增长在李天驰看来是意料之中，与之前预期的寒假增长速度相差无几。能获得这样的成绩是因为编程猫早在假期前就规划好预计的业务量并做好了相应的后端储备。但面对意想不到的疫情和与之带来的在线教育爆发式流量，编程猫并没有趁此机会大范围地获客。因为李天驰清晰地认识到，客观来说，疫情对编程猫是机遇，但是盲目追求快速拓展规模，并没有意义，更重要的是注重服务质量。他认为："疫情期间，少儿编程机构的挑战从前端获客能力转移到了后端的服务与转化能力上，在后端储备有限的情况下，如果只是为了增加收入而扩大半径，未免有点儿得不偿失。用户会不认可你的服务质量、会退费，疫情之后必然迎来一波倒退。"因此，"现阶段没有什么巧妙的方式可以快速提升，只能实打实地做好教学和服务。"

当大家都快速抓住疫情带来的机遇、抢占市场时，李天驰却提出"要克制"，他和孙悦始终坚信"教育行业的本质不是规模，而是品质"。

不同于大多数教育企业从线下到线上的强硬转型，编程猫自2017年就一直布局，努力探索出一条由校内、校外、线上、线下业务点搭建成的业务网络，让其在这次转型赛道中呈现出"领跑"姿态。这次疫情也使得编程猫实现了线上与线下相互融合，真正意义上发挥了"OMO模式"的优势，并确立了他们的商业模式优势。凭借疫情期间的出色表现，编程猫成功获得了金额达2.5亿元的新一轮融资[①]，也入选了风投调研机构CB Insights和Fast Company共同发布的"全球未来独角兽50强（2020）"。

五、未来之路：可以一路向东吗

在实践上，那些快速成长为大企业的公司也未必能一劳永逸，甚至一失足成千古恨。例如，在较短时间内涉足影视、娱乐、电商、新能源汽车等多个领域，打造生态战略的乐视；同样在成立三年里迅速在全国开设直营店4500余家

---

① 再获2.5亿元C+轮投资，五周年的编程猫想清楚了商业模式 https://xin.baidu.com/yuqing?yuqingId=cb6b32b1afcc27d6678ec73572e00a95

并成功在纳斯达克上市的瑞幸咖啡；在三年里融资超过 10 亿美金并在展会上备受关注的拜腾汽车等。不少快速成长的新企业都面临如何可持续成长的难题。作为被寄予厚望的未来独角兽，编程猫如何持续地健康成长呢？

“我从来都没把编程猫只当成一家中国公司看，我们的事业从来都不是只做中国市场。”（孙悦）

一方面，新冠疫情给整个在线教育行业带来了正向的机遇，民众对在线教育的认知度和认可度提高，让在线教育获得了更多用户的关注和使用，涌入了更大的流量，同时让大家认识到了信息化、数字化是未来的趋势，意识到了编程等信息技术的重要性。与此同时，更多企业挤进编程教育的赛道，竞争愈加激烈。好未来、新东方、学而思等极具影响力的老牌教育企业陆续进入编程教育行业。编程猫该如何保持自身的优势呢？

李天驰在朋友圈曾写道：“新东方花了 25 年突破 100 亿美金，好未来花了 14 年突破 100 亿美金，跟谁学只花了 6 年突破 100 亿美金，为什么？就是效率驱动的。OMO 模式会带来新的商业模式的革命。”作为编程教育行业的引领者，编程猫有一种使命感，希望构建一个良性的教育生态。

另一方面，新冠疫情对全球的影响非常大。欧洲、美洲等地的疫情一度处于严重状态，疫情期间世界各地的学生不得不进行线上课程学习。作为海归派，两位创始人一直心系全球的教育，这次疫情让两位创始人对海外市场有进一步的思考和规划。此前，编程猫已小范围地在东南亚、美洲、非洲以及欧洲的 21 个国家进行了相应的合作和业务的部署，试图探索和验证其商业模式在当地的可行性。据悉，泰国曼谷、清迈和普吉岛的 20 多所中小学的 1000 多名学生使用编程猫的产品，在当地形成了图形化编码教育的新趋势。

孙悦表示：“我认为编程猫是一个国际性的企业，我希望我们的工具和课程让全世界的孩子都能受益。”作为战略性的未来人才培养企业，编程猫该如何顺利地拓展海外市场？

附录

（1）编程猫发展历程概述：

时间	发展事迹
2015.03	编程猫于深圳成立
2015.10	图形化编程平台源码编辑器上线，吸纳一批种子用户
2016.09	编程猫的注册用户突破 10 万
2017.03	代码岛 3D 编程平台上线；开启 3D 图形化编程模式
2017.04	编程猫 2D 创作平台 iPad 端迭代上线，全新私人定制课服务上线
2017.06	编程猫平台入驻学校超过 1000 所
2017.10	推出给 4~7 岁儿童的编程教育产品“编程猫 kids” App
2017.11	编程猫平台用户达 170 万，40 万用户注册参加编程学习，学员作品达 200 万份
2018.01	编程猫获得慕华资本投资
2018.03	NOC·编程猫国际创新编程邀请赛在深圳举行
2018.05	服务于 4~7 岁学龄前幼儿的 2D 图形化编程工具 Nemo 上线
2018.05	编程猫完成由招银国际领投，新京报与北京文投集团旗下的山水创投及寻找中国创客导师基金、松禾资本跟投新一轮 3 亿元人民币融资
2018.06	由共青团中央发布，编程猫承办的《编程向未来》活动
2018.08	发布全国高中新课标产品，助力中小学 Python 教育
2018.09.	全新推出覆盖中小学各阶段的系统化编程教材
2018.11	双十一成交额破千万
2018.12	与 DK 合作出版《我的第一本编程思维启蒙书》
2019.01	编程猫获由光大控股旗下光控众盈资本领投，老股东展博创投持续跟投的新一轮融资，累计融资金额近 6 亿元人民币
2019.04	编程猫成为“NQI 国家重点研发计划－服务认证关键技术研究与应用－认证试点单位”
2019.04	发布 AI 双师课堂和 MCC 课程体系
2019.06	编程猫 M+ 战略发布会在北京举行，推出“百城千店”等计划
2019.09	编程猫用户数达到 3147 万，入驻学校 11500 所，作品数 2300 多万份
2019.09	编程猫获得新一轮融资 4 亿元人民币，累计 10 亿元人民币，领先全行业
2019.11	目前已覆盖 23 个省市，1 万多所中小学。线上学员达 3000 余万人。线下业务覆盖 300 余座城市，开店数量达 600 余家
2019.11	《青少年编程能力等级》考试标准正式发布，编程猫作为唯一少儿编程企业参与标准研制
2020.03	单月营收破 1.27 亿元，较 2019 年同期增长近 3 倍
2020.04	编程猫获得新一轮融资 2.5 亿元，累计融资金额达到 12.5 亿元

来源：根据编程猫的官方网页及相关报道，由作者整理而成。

（2）编程猫融资情况

时间	轮次	金额	投资方
2015.12.31	种子轮	未披露	傅盛
2016.04.06	天使轮 /Pre-A 轮	未披露	紫牛基金、猎豹移动
2016.12.14	A 轮	2000 万元人民币	展博创投
2017.05.16	A+ 轮	1500 万元人民币	北京盛通知行教育科技有限公司、猎豹移动
2017.11.17	B 轮	1.2 亿元人民币	高瓴资本领投，清流资本、清晗基金、猎豹移动跟投
2018.01.11	战略融资	未披露	慕华资本投资
2018.05.25	B+ 轮	3 亿元人民币	招银国际领投，山水创投、寻找中国创客导师基金、松禾资本、信益资本、从容传媒跟投
2019.01.25	战略投资	未披露	光大控股旗下光控众盈资本领投，老股东展博创投持续跟投
2019.11.03	C 轮	4 亿元人民币	松禾资本、展博创投、高瓴资本、粤科金融、清流资本、赛富投资基金、中俄基金、SBI 学大教育基金、侨兴基金、盛宇投资、南方传媒、猎豹移动、光大控股新经济基金
2020.04.17	C + 轮	2.5 亿元人民币	招银国际领投，中银集团旗下股权投资基金渤海中盛，及现有股东粤科鑫泰、盛宇投资等跟投

来源：根据编程猫的官方网页及相关报道，由作者整理而成。

案例使用说明

一、教学目的与用途

1. 本案例主要适用于《创新创业管理》课程教学中研讨创业机会、创业胜任力、商业模式与新企业成长。

2. 近年来不同机构开始都调查全球独角兽的发展状况，中国的独角兽数量仅次于美国，居于世界第二。无论是投资人还是创业者都十分关注新企业的成长，尤其是在众多新创企业中有且仅有能一枝独秀地快速成长为行业领头羊的千里马、独角兽、超级独角兽等。本案例着重讲述了编程猫的两位海归创业者从 0 到 1 把编程猫打造成为独角兽的过程。本案例主要有以下五个教学目的：（1）帮助 MBA 学员、学生理解独角兽的特征；（2）帮助 MBA 学员、学生识别独特的创业机会;（3）帮助 MBA 学员、学生掌握创业胜任力的内涵及对创业绩效的影响;（4）帮助 MBA 学员、学生了解商业模式的演化与新企业成长的关系；（5）为 MBA 学员、学生如何通过在创业实践中不断学习、迅速行动，应对创业环境中的不确定性提供真实案例。

二、思考题

1. 启发性思考题

（1）回顾通篇案例，编程猫的创业机会有什么特点？两位创业者如何识别少儿编程教育的机会？为什么他们敢放弃六个学位辍学回国开发这个蓝海市场？

（2）独角兽具有快速成长的特征。有研究指出，创业胜任力会影响创业绩效。编程猫如何不断提升创业胜任力来推动企业快速发展？

（3）识别出具有潜力的创业机会，并不一定能成功地开发价值。编程猫是如何在多变且不确定的环境下，逐步构建独特的商业模式，创造价值，从而实现快速成长？

2. 决策思考题

疫情在全球的蔓延，一方面使得许多国家地区的中小学生都不得不接受线上教育，也进一步让家长认识到数字技术的重要性。但是另一方面，疫情加速了课外培训行业向 OMO 模式的发展，也推动了课外培训行业的大洗牌，使得课外培训行业的竞争更加激烈。如果你是李天驰和孙悦，你会如何抓住机遇，推动编程猫的进一步发展？

三、分析思路

本案例是两位连续创业者在高度不确定性的大环境下，及时地识别出创业窗口期，不断迭代商业模式，快速成长为准独角兽的典型样本。教师可根据自己的教学目标（目的）来灵活使用，这里提出的分析思路，仅供参考（见图1）。

1. 首先，案例呈现的是两位海归创业者基于对教育的思考，在机会窗口期敏锐地捕抓到创业机会。可从创新性、时效性、不确定性等多个角度来剖析独角兽的创业机会特征。

2. 其次，案例呈现了在企业快速成长中创业者基于对编程教育的承诺，通过不断学习，快速增强创业胜任力。可借助张炜和王重鸣（2004）对创业胜任力的剖析，理解创业胜任力对新企业快速成长的创业绩效影响。

3. 再次，案例呈现了两位创业者为了快速抓住这个机会窗口，快速迭代产品，及不断完善商业模式的过程。借助商业画布、Amit & Zott（2001）、Geoger & Bock（2011）等去探究独角兽商业模型的特征及其与新企业快速成长的关系。

4. 最后是一道启发性思考题。案例让学生去思考在疫情改变了全球教育的环境下，编程猫该如何进行战略规划，保持持续增长态势。学生可进一步从商业模式创新、生态战略、国际化战略等角度去分析。

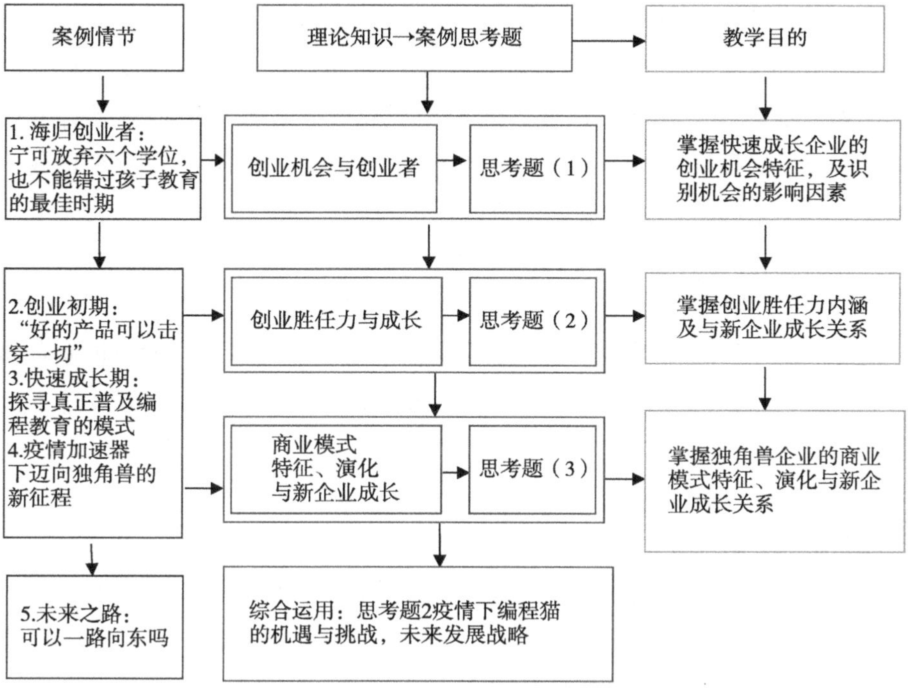

图 1　案例分析思路与步骤图

四、理论依据及分析

美国著名风险投资家、种子轮基金 Cowboy Ventures 的创始人 Aileen Lee 于 2013 年首次提出了“独角兽企业”的概念，即指那些创立时间在 10 年以内，接受私募投资且估值超过 10 亿美元的创新型领军企业。这个概念随后吸引了越来越多投资人、学者的关注，进一步对这些快速成长的优等生进行划分。价值超过 100 亿美元的企业一般称为“超级独角兽企业”（super-unicorn），而公司价值超过 1 亿美元但不足 10 亿美元的，一般称为“准独角兽企业”（qusi-unicorn）。[①]

根据科技部对独角兽的调研报告，我国的独角兽企业在近年快速增长，其数量仅次于美国，排名世界第二[②]。例如，优必选科技、商汤科技等聚焦于人工智能的企业，数梦工场、同盾科技等大数据企业，威马汽车、奇点汽车等新能源汽车企业，阿里云、金山云等云企业，这些中国的独角兽公司在技

① 郑健壮 . 独角兽企业：现状、特征及发展对策［J］. 企业经济，2019，12：29-36.

② 科技部 . 国家高新区成为中国独角兽企业的主要集聚区［EB/OL］. http://www.most.gov.cn/kjbgz，2017-03-07.

术、产品、商业模式创新等方面都引领着新兴行业的发展。可以说，独角兽企业的诞生和发展往往代表着未来产业发展方向，它们是新产业、新技术、新模式和新业态的开拓者。因此，自从被提及以来，独角兽企业吸引了技术界和资本市场的高度关注。如何培育独角兽已成为一个新的管理研究话题。

以下对本案例的创业机会、创业胜任力、商业模式以及未来发展决策进行分析。

（一）有关独角兽的创业机会（启发性思考题）

题目（1）回顾通篇案例，编程猫的创业机会有什么特点？两位创业者如何识别少儿编程教育的机会？为什么他们敢放弃六个学位辍学回国开发这个蓝海市场？

【理论视角】创业机会

1. 创业机会的定义

识别与评估机会是创业过程的起点，并且机会的特征决定了创业活动的价值创造潜力（Shane and Venkataraman，2000）。创业机会是通过新手段、新目的、新手段 – 目的的关系的形成从而引入新商品、新服务、新市场和新组织方式的状态。著名创业研究学者 Shane 在《寻找肥沃的土壤》一书中，详尽地探讨了创业机会。他认为创业机会是一种未完善的状态。在这个状态中，创业者拥有创造超过成本的收益方案的机会，并且客户需求并没有得到满足，或者说仍然存在着能被更好地满足的办法（P.20）①。关于创业机会，学者们从不同视角给出了定义（见表 1）。

表 1　创业机会的不同定义

来源	年份	创业机会定义
Schumpeter	1934	各种通过创造性地整合资源来满足市场需求并创造价值的可能性
Casson	1982	在新的市场、新的产出或者两者关系的形成过程中，通过创造性地整合资源来满足市场需求并传递价值的可能性，是一个不断被发现或创造的动态发展过程
Kirzner	1997	不明确的市场需求，未使用的资源或能力
Eckhardt and Shane	2003	一种新的“手段 – 目的”关系，它能为经济活动引入新产品、新服务、新原材料、新市场或新组织方式
Dollinger	2006	供求关系的不同组合

来源：作者根据相关文献整理。

① Shane S . Finding Fertile Ground：Identifying Extraordinary Opportunities for New Ventures［M］. 2005.

2. 创业机会的特征与分类

学者从不同角度对创业机会的特征进行分析，以下从创新性、时效性、不确定性程度等角度进行分析。

创新性是机会的核心特征。根据机会所蕴涵“手段 – 目的”关系的明确程度，机会可以分为识别型机会、发现型机会、创造型机会三类（Sarasvathy et al. 2003）。识别型机会是指市场中的“手段 – 目的”关系十分明显时，创业家可通过“手段 – 目的”关系的连接来辨识机会；发现型机会则指当目的或手段任意一方的状况未知，等待创业者去进行机会发掘；创造型机会指的是目的和手段皆不明朗，因此创业者要比他人更具先见之明，才能创造出有价值的市场机会。张玉利等（2008）将机会划分为复制型机会与创新型机会，前者对应局部改进已有“手段 – 目的”关系的机会，后者则对应全盘颠覆现有“手段 – 目的”关系并创造新“手段 – 目的”关系的机会，并认为机会本质上是位于复制型机会和创新型机会两种极端类型之间的连续体，特定机会在连续体中的位置取决于其所蕴涵“手段 – 目的”关系的本质及其较现有“手段 – 目的”关系的新颖程度。

对于创业机会的判断与时间密切相关，Timmons（1999）用机会窗口的概念来表现机会的时效性。[①]“机会窗口”是一种隐喻，用以描述企业实际进入新市场的时间期限。在创业者利用机会时，机会窗口必须是敞开的。一旦新产品市场建立起来，机会窗口就会打开。随着市场成长，企业进入市场并设法建立有利可图的定位。当达到某个时点，市场成熟，机会窗口也即被关闭。一般来说，市场随着时间的变化以不同的速度增长，并且随着市场的迅速扩大，往往会出现越来越多的机会。但当市场变得更大并稳定下来时，市场条件就不那么有利了。因此，在市场扩展到足够大的程度形成一定结构时，机会窗口就打开了；而当市场成熟了之后机会窗口就开始关闭。创业者要抓住某一市场机会，其机会窗口应是敞开的而不是关闭的，并且它必须保持敞开足够长的时间以便被加以利用。如果等到机会窗口接近关闭的时候再来创业，留给创业者的时间将十分有限，新企业也就很难盈利，从而导致创业夭折。

不同性质的机会具有不同程度的不确定性，也兼具不同量级的投资需求与利润回报。Bhide 教授在《新企业的起源与演进》一书中，从不确定性和投资两

① Timmons，Jefry A. "New Venture Creation：Entrepreneurship in the 21th centuries." Homewood，IL（1999）.

个维度构建了一个投资、不确定性与利润的动态模型。该模型将创业分为冒险型的创业、与风险投资融合的创业、大公司的内部创业、革命性的创业四种创业机会类型（见表 2）。从表 2 可以看出，革命性的创业不确定性高、所需要的资金投资也大，因此潜在的利润也最大。

表 2　不同创业机会类型的对比

因素	冒险型的创业	与风险投资融合的创业	大公司的内部创业	革命性的创业
创业的有利因素	· 机会成本低 · 技术进步使得创业机会增多	· 有竞争力的管理团队 · 清晰的创业计划	· 拥有大量的资金 · 创新绩效直接影响晋升 · 市场调研能力强 · 对 R&D 大量投资	· 无与伦比的创业计划 · 集财富和创业精神于一身
创业的不利因素	· 缺乏信用，难以从外部筹措资金 · 缺乏技术管理和创业经验	· 尽力避免不确定性又追求短期快速成长，市场机会有限 · 资源的限制	· 企业的控制系统不鼓励创新 · 缺乏对不确定性机会的识别和把握	· 大量的资金需求 · 大量的前期投资
获取资源	· 固定成本低 · 竞争不是很激烈	· 个人的信誉 · 股票及多样化的激励措施	· 良好的信誉和承诺 · 资源提供者的转移成本低	· 富有野心的创业计划
吸引顾客的途径	· 上门销售和服务 · 了解顾客的真正需求并全力满足	· 目标市场清晰	· 信誉、广告宣传 · 关于质量服务等多方面的承诺	· 集中全力吸引少数大顾客
成功基本因素	· 企业家及团队的智慧 · 面对面的销售技巧	· 企业家团队的创业计划和专业化管理能力	· 组织能力、跨部门的协调能力及团队精神	· 创业者的超强能力 · 确保成功的创业计划
创业的特点	· 关注不确定性程度高但投资需求少的市场机会	· 关注不确性定程度低、广阔且发展快速的市场和新产品或新技术	· 关注少量经过认真评估的有丰厚利润的市场机会，回避不确定性程度大的市场利基	· 技术或生产经营过程方面实现巨大创新，向顾客提供超额价值的产品与服务

来源：张玉利主编 . 创业管理 第 3 版［M］，北京：机械工业出版社，2013.

3. 创业机会识别

机会识别是创业理论的核心问题。创业机会识别始于创业者的商业创意，并随后付诸行动将其发展成一个可行的商业机会的多阶段过程（Dimov, 2007）。机会识别首先需要感知市场需求或未充分开发的资源，而后识别或发现特定市场需求与特定资源间的匹配，最终形成商业概念已达到需求与资源之间的新匹配。在信息对称的情况下，创业机会对所有人都是平等的，但不同创业者识别创业机会的能力却大不相同。Burch（2002）指出影响创业机会识别的因素，既包括创业者个体的因素，也包括环境的因素。环境因素包括政治、经济、文化等，个体方面包括先验知识、创业警觉性、认知、人力资本、社会关系网络等因素。

（1）先验知识指的是个体关于特定主题与众不同的信息，可能是工作经验、教育或其他手段的结果，Venkataraman（1997）称之为知识走廊。先验知识和认知特点决定一些人能发现别人发现不了的机会（Shane and Venkataraman，2000）。先验知识可以分为个人爱好领域的先验知识和行业经验领域的先验知识（Ardichvili et al. 2003），行业经验领域的先验知识包括关于市场的先验知识，关于服务市场的方式的先验知识，关于顾客问题的先验知识等。

（2）创业警觉性是当机会存在时能识别机会的一种独特的准备（Kaish and Gilad，1991），它和机会识别正相关。创业警觉性由创业者的社会网络、先验知识和个性特质所决定。创业者具备与自我效能相关的乐观和创造性的个性特质将增加其创业警觉性（Ardichvili et al.2003）。

（3）认知视角的机会识别研究认为信息和处理信息的认知能力都是机会识别所必需的。由于个体收集和处理信息的方式不同，如认知图式、认知机制、认知结构等，不同的人将发现不同的机会。

（4）企业的持续竞争优势是由企业独特的、有价值的、难以模仿的资源决定的（Barney，1986），机会识别是资源和绩效之间连接的一个重要因素，而这种资源主要体现为人力资本。

另一方面，McMullen 和 Shepherd（2006）提出了二阶段创业行为理论，分析知识储备和创业动机如何影响创业者把“第三人称机会”转化为“第一人称机会”，从而带来真正的创业行为。

在感知阶段中，环境预示的可能机会转换信号往往会被一些个体注意到。当某些个体具有营销、技术方面的知识储备，他们便更可能在外界环境中感知到机会因素。同时，如果个体具有相应的创业动机，那么他们也会在信息的整合处理上投入更多的精力。不具备这些要素的个体，往往会对环境中的这些可能性视而不见。因此，第一阶段的结果是，部分潜在创业者认识到机会的存在——第三人称机会。在第二阶段，这些潜在创业者判断此机会能否成为自己的有价值的机会。潜在创业者会从知识储备的可行性评估和驱使动机中的满意度评估来判断，是否能从第三人称机会转化成第一人称机会。只有判断这个机会是可行的、适合自己的，潜在创业者才会认为这是“我的机会”，应该付诸于行动，成为真正的创业者（见图 2）。

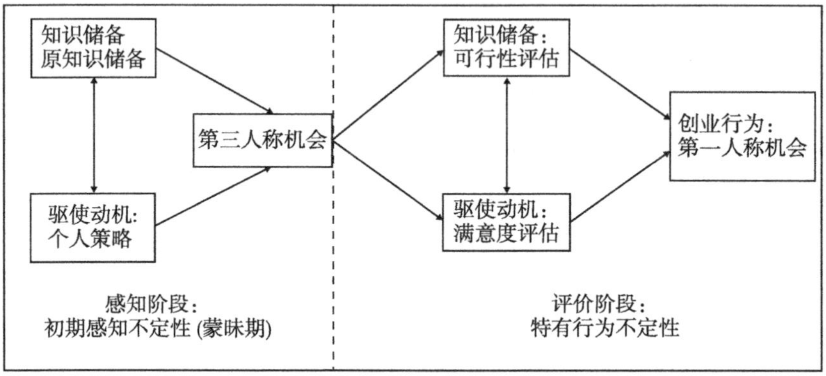

图 2　机会评估模型

来源：McMullen，J. and Shepherd，D.A.Entrepreneurial Action and the Role of Uncertainty in the Theory of the Entrepreneur［J］.Academy of Management Review，2006，31：132–142.

【案例分析】

1. 编程猫的创业机会特征与类型分析

编程猫的创业机会具有创新性、时效性和不确定性的特征。

从机会的创新性角度来看，编程猫所识别出的机会，其“手段 – 目的”关系的明确程度皆不明朗。编程教育是技术、经济发展推动的新需求。编程猫作为国内少儿编程教育领域最初的拓荒者，早在 2015 年就看到了编程于下一代青少年的重要性，创业者要比他人更具洞察力、对教育与技术发展有更深刻的思考，才能识别出有价值的潜在市场机会。编程猫创始人李天驰和孙悦，在没有认知、没有出口、没有成熟教学工具、没有成熟模式甚至没有师资等条件下，几乎全盘颠覆现有教育市场的“手段 – 目的”关系，毅然回国创立了编程猫，他们希望为下一代教育做出贡献。

从机会的时效性的角度来看，编程猫创始人李天驰和孙悦认为，孩子学习编程的最大收获是具备与时俱进的思维方式与解决问题的能力，程序语言势必将成为下一个时代的通行语言。想撬动这片蓝海，必须抓住政策利好、信息技术成熟背景下的时间窗口期。因此，2015 年 3 月，李天驰与孙悦回国创业，成立编程猫。这时候国外的编程教育市场已经相对成熟，而国内 Makeblock、编玩边学刚刚起步，家长和孩子还处于接受编程教育这一新概念的磨合期。从案例正文的开篇引言可以看到，众多家长对编程教育一无所知。

两位创业者宁愿放弃将要获得的学位，把握时机，开辟编程教育尚未有雏形出现的市场，并且通过打造核心的工具编程语言 Kitten，建立了无法跨越的壁垒，在之后的发展中一路领跑。虽然在编程猫之后也有很多新企业如小码王、童程童美顺应潮流进入，但却始终未能赶超编程猫。另外，从政治、经济、社会、技术角度，可以看出编程猫很好地抓住了机会窗口的开放期，并且以“政策为导向，经济为依托，社会为基础，技术为核心”（见图 3）。

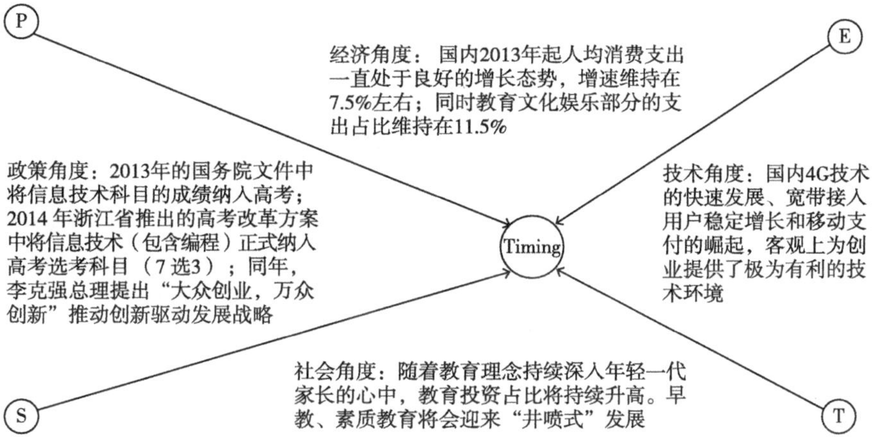

图 3　编程猫机会窗口的 PEST 分析

来源：作者绘制。

从不确定性、投资和利润三个方面来看，编程猫较为符合革命性的创业类型，具有投资量高、不确定性大、利润高的特点（见表 3）。

表 3　编程猫机会革命性的分析

因素	革命性的创业	编程猫案例分析
创业的有利因素	·无与伦比的创业计划 ·集财富和创业精神于一身	李天驰和孙悦均出生于教育世家，从小耳濡目染，始终对教育事业怀有热情，且在多次在创业比赛中获过优秀成绩，在海外也落地执行过创业计划，最终因团队问题解散。另一方面，李天驰早早地看到了工具的重要性，自主开发 Kitten，建立了持续的行业壁垒与竞争优势

续表

因素	革命性的创业	编程猫案例分析
创业的不利因素	·大量的资金需求 ·大量的前期投资	李天驰和孙悦在创业前期通过比赛，获得了来自猎豹 CEO 傅盛的资金和经验支持。在后续 5 年的发展时间内，一共获 10 轮高达 12.5 亿元融资
获取资源	·富有野心的创业计划	李天驰和孙悦看准编程教育市场，迫不及待地想要大干一场，甚至辍掉了六个学位回国发展，凭借这个项目二人得到了猎豹 CEO 傅盛的认可与支持
吸引顾客的途径	·集中全力吸引少数大顾客	在编程猫发展的前期，每一分钱都争取用在刀刃上，在早期的市场上，编程教育宣传仍然以地推的营销方式为主，他们既没有渠道也没有人脉做宣传，所以只能想新方法来获得客户。2015 年正处于微信的增长红利期和窗口期，李天驰和孙悦通过微信公众号发布推文吸引了第一批 100 多个种子用户，并得到了超过预期的转发。编程猫是行业里率先尝试通过微信传播、利用微信营销产生裂变效果的公司
成功基本因素	·创业者的超强能力 ·确保成功的创业计划	李天驰和孙悦均在国内和海外接受过良好的计算机技术相关的高等教育，多次在各种比赛中拔得头筹。二人在感知到编程教育的创业机会后，利用一次创业比赛的机会加入了猎豹 CEO 的“傅盛战队”，凭借其野心和优质的在线编程教育项目计划，经过激烈的比赛和培训后，在近万人报名的创业比赛中脱颖而出
创业的特点	·技术或生产经营过程方面实现巨大创新，向顾客提供超额价值的产品与服务	编程猫怀揣着给中国下一代孩子带来更好教育的初心，一路走来，填补了国内编程教育概念的空白，甚至以身作则带动编程教育纳入素质教育考核体系，有力地推动了国家教育事业的前进和发展

2. 编程猫的创业机会识别：第一人称机会

创业者李天驰和孙悦丰富的先验知识、创业警觉性、认知因素及人力资本等都有助于其识别到少儿编程的机会。

（1）先验知识

案例中李天驰 8 岁时就对编程颇有兴趣，求学时非计算机专业不选，在成长过程中可谓和计算机结下了不解之缘。通过多年的学习和经历，他在计算机方面积累了丰富的专业知识，且对编程事业怀抱长久的热情，从而敏锐地识别到编程市场领域内的相关机会。

（2）创业警觉性

案例中李天驰从小对编程的浓厚兴趣、图形化编程专业知识、两次学生时代的创业经历、以及其果断坚持的个性特质极大地提高了其创业警觉性，进而促进机会识别。另外，李天驰和联合创始人孙悦都出自于教育世家，因此从小对教育行业保持关注，二人相似的经历也使他们的关系不仅仅止步于同学，而是并肩作战的伙伴。

（3）认知因素

案例中编程猫创始人就是在海外求学期间，通过对比感受认识到国内编程教育市场的空白，再加上自己专业知识上的理性评价以及对编程创业事业的热情，才果断把握机会，毅然回国并从海外引入编程教育的形式，实现机会本土化。

（4）人力资本

编程猫创始人李天驰先后在山东大学、巴黎第十一大学、柏林工业大学以及欧洲创新与技术研究院攻读人机交互设计专业（图形化编程是人机交互设计的一个分支），由此才能发起编程相关的项目。另外，李天驰在欧洲学习创新技术，研究人机交互与设计，曾经在2014年拿过EPA法国创业大赛冠军，并获得多项国际创新大赛的冠军，还上过浙江卫视的大型科技栏目《智造将来》。作为企业最重要的人力资本，他充分发挥自己的技术能力、专业知识和创业经验等个人优势来识别机会。

下图进一步展示了两位创始人能够迅速地捕捉到少儿编程机会，认定这是"属于我们的机会"，并付诸于行动的过程。首先在第一阶段，两位创业者已经具备了对教育、对编程技术充分的知识储备，出生于教育世家并且有两次有关教育的创业经历的两位创业者拥有培养下一代的教育情怀。因此在爱尔兰的世界互联网峰会上看到学生在编程后，马上感知到"少儿编程"是充满可能性的机会。由此在评估阶段中，李天驰和孙悦都具备了充分的知识储备，更重要的驱动力是，他们"希望下一代更早地接触到编程，少儿编程是未来发展的重要方向"，甚至认为"哪怕我们只教了十个小朋友，他们的一生也可能会因此而完全不同"。因此，认为这是"我们的机会"，需要马上付诸行动。

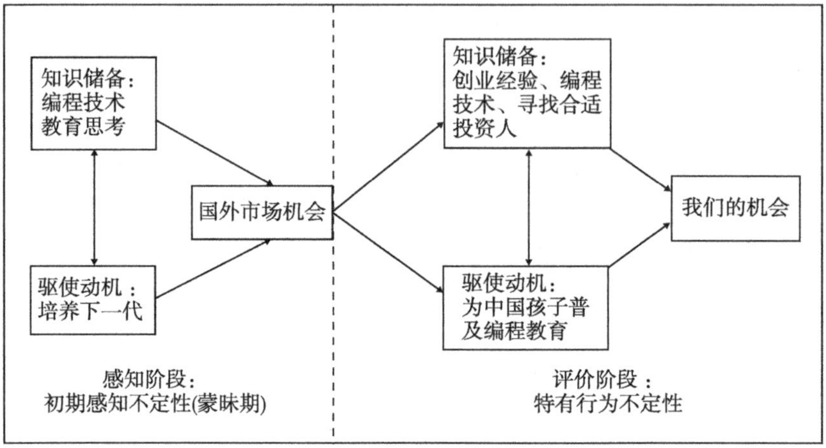

图 4　编程猫的第一人称机会识别过程

（二）有关独角兽的创业胜任力（启发性思考题）

题目（2）独角兽具有快速成长的特征。有研究指出，创业胜任力会影响创业绩效。编程猫如何不断提升创业胜任力来推动企业快速发展？

【理论框架】创业胜任力

创业者是新企业的灵魂。创业过程充满了不确定性，初次创业者必须具备较强的创业胜任力，才能应对创业不确定性并最终取得创业成功（陈建安等，2013）。创业胜任力指创业者为成功完成角色任务而必须具备的知识、技能和能力的总和（Man et al. 2002）。[①]Man et al.（2002）把创业胜任力分为 6 个不同的维度，分别为机会能力、关系能力、概念能力、组织能力、战略能力和承诺能力。张炜和王重鸣（2004）在 Man et al.（2002）的基础上，结合以往研究和访谈实例分析，补充了两种重要的胜任行为特征，即情绪能力和学习能力。

机会能力：指创业者通过各种手段识别和捕捉市场机会的能力。创业者的先验知识、创业警觉性、认知、人力资本、社会关系网络等会提升创业者的创业胜任力，从而促使创业者识别市场中未被识别的机会。

关系能力：指创业者和创业团队成员之间互动的能力，包括凭借契约或社会关系、沟通说服和人际技巧等建立合作和信任的能力。由于资源匮乏和组织合法性较低，导致发展困境和创新乏力，因此初创企业在市场竞争中存在劣势。而关系网络强的创业者，可以动员资源，如搜集信息识别新创业机

① Man, et al. The competitiveness of small and medium enterprises: A conceptualization with focus on entrepreneurial competencies［J］. Journal of Business Venturing, 2002.

会、以较低的市场价格获得生产要素、从外部环境获取合法性等。一个创业中的企业需要来自组织内外诸如员工、股东、顾客、政府、供应商和投资者等的支持，为此，创业者需要在与这些利益相关者打交道中具备处理各种人际关系的能力。

概念能力：反映创业者行为的各类概念胜任能力，如决策能力、理解和吸收复杂信息的能力、风险承担和创新能力。创业者作为组织管理层中的一员，需要统观全局，面对复杂多变的环境，需要深入理解事物的相互关系从而找出关键影响因素，权衡不同方案优劣和内在风险，正确分析组织中存在的问题并且拟定正确的解决方案加以实施，等等。因此，概念能力对创业者来说是至关重要的。

组织能力：指创业者组织企业协调各种内外部人力、物力、财力和技术资源的能力，包括团队建设、领导员工、培训和控制等能力。创业者需要根据工作任务，对资源进行合理的分配，同时还要激励员工，认可员工的价值，组织好员工之间的协作，处理好突发事件，解决一些不必要的冲突，从而创造一个和谐融洽的工作环境，将团队的作用最大化。

战略能力：指制定、评价和实施组织战略的能力。面对不断动态变化的内外环境，新企业现有知识体系日显不足，创业者需要不断根据内外环境变化，及时进行战略调整，以促进新企业的成长。

承诺能力：指驱使企业家引领企业持续发展的责任和能力。创业承诺意味着他们对创业活动投入的努力和情感。

情绪能力：指熟知个人情绪特点，并在与他人相处或压力情境中有效管理个人情绪的能力。积极的创业情绪是一种重要的创业资源，在创业过程中，创业者要注重识别积极情绪的类型，充分发挥其对于创业认知能力的促进作用，构建合理的创业认知体系，优化创业认知能力，诱发有质量的创业行为。

学习能力：指从以往自己或他人经历、关键事件中，主动学习并改变自己行为的能力。创业学习贯穿于新企业成长的全过程，新企业进行创业学习，不仅能够帮助企业更好地适应环境的多样性和复杂性，维持企业与环境之间的匹配，满足顾客的需求，帮助企业更好地抓住和利用机会，还有助于在创业实践中促进初创企业的商业模式创新，从而形成独特的能力和竞争优势，促进企业绩效。

【案例分析】

编程猫的两位核心创业者李天驰和孙悦虽然能够在机会窗口期就识别出少儿编程的创业机会，但是如何开发机会价值，并推动新企业快速成长成为独角兽，需要具备不断提升的创业胜任力。以下根据张炜和王重鸣（2004）的 8 个能力维度进行分析。

表 4 详细地总结了编程猫各个维度的表现以及由此带来的短期或长期的创业绩效。我们认为编程猫具有较强的创业胜任力是推动其快速发展的关键要因。两位核心创业者具有较强的机会能力，在机会窗口之初就发现了少儿编程教育。基于对在中国推广少儿编程的持续承诺，编程猫坚持了自主研发适合中国本土的编程教学工具，并获得了团队、投资人、公立学校、加盟商等利益相关者的高度认可，建立了良好的关系，也由此获得了风险资本、信任、资讯等各种重要资源，以克服创业资源的贫乏等问题。同时，通过较强的概念能力和战略能力，在关键时刻做出正确的决策，并打造了一个融合校内、校外、线上、线下的商业模式，推动了编程猫的快速成长。在疫情下，编程猫的两位创业者克服了恐惧、焦虑及贪欲，当机立断地全面开展线上办公，并以优质服务为基础进行拓展，获得了有质量的快速成长。最后，两位创业者通过初始学习、经验学习、模仿学习、搜寻与顿悟学习、嫁接学习、失败学习等多种方式，持续提升创业胜任力。

表 4　编程猫的创业胜任力分析

方式	表现	绩效
机会能力	· 在创立编程猫之前两个创业者曾有两次创业经历，并且都是较为前瞻性的教育类项目 · 参加爱尔兰的世界互联网峰会	· 掌握影响创业的因素 · 加深教育本质的思考 · 识别到少儿编程的机会
关系能力	· 认真选择投资机构，并与投资人建立友好合作关系，获得傅盛、张泉灵等关键人物的帮助 · 注重公司员工沟通，员工直接称呼两位创业者名字及昵称	· 获得紫牛基金投入的 Pre-A 轮融资 · 获得高瓴资本领投，清流资本、清晗基金和猎豹移动跟投的 1.2 亿元 B 轮融资等等 · 疫情期间团队上下一心，提高组织绩效

续表

方式	表现	绩效
概念能力	· 在众多创业大赛中选择“傅盛战队” · 辍学创业 · 在早期就开始微信营销 · 果断放弃了 Scratch 工具，自主开发 Kitten 源码编辑器 · 从游戏化教学入手，采用项目任务的方式 · 开发 AI 与真人结合的“猫老祖”教学系统 · 创业伊始，布局公立学校 · 搭建人工智能教学系统“未来教室” · 研发了 4~7 岁幼儿编程工具，服务于 12 岁以上用户的 Python 和图形化代码互相转换的编程工具“海龟编辑器” · 国内第一家提供移动端编程工具和教育平台 · 开发了编程赛事系统平台 · B 端有超过 600 家线下合作机构 · 疫情下向 B 端推出了“线下护航公益计划” · 疫情下全员线上办公 · 疫情下克制成长	· 与傅盛学习互联网思维，获得种子轮投资 · 聚焦少儿编程创业机会 · 吸引了 100 多个种子用户，并得到了超过预期的转发 · 自主研发工具成为编程猫的核心竞争力 · 增加用户黏性 · 解决师资短缺和成本过重的问题 · 为日后校内外链接、快速发展奠定了基础 · 解决公立学校师资短缺问题 · 编程猫形成了一个从 4 岁到 16 岁的完整产品线，成为编程猫区别于其他竞合品牌的核心竞争力 · 得到了第一波移动端在线教育的用户 · 打通“以考促评”“以评促学”的学习闭环，进一步完善产品生态链 · 带来大量用户，以每月数千人的速度递增 · 从平台、课程、服务三个维度为线下合作机构提供支持 · 组织效率提升，获得预期快速成长
组织能力	· 疫情下，两个在岗的员工把电脑快递到其他员工手上 · 疫情下身处武汉的编程猫老师，在隔离时期的酒店房间里进行在线授课 · 疫情下调动全部线上教师开展同步内训，在内部形成统一的 Q&A 模式，24 小时在线答疑解惑	· 克服疫情对企业的影响 · 保障线下机构准时开课，确保各类信息能够准确传达至各家合作机构 · 组织效率提升，获得预期快速成长
战略能力	· 放弃学位，辍学回国创业 · 自主开发 Kitten 源码编辑器 · 选择线上教育 · 创业伊始就布局公立学校 · 推出“百城千店”的加盟计划 · 丰富产品线 · 线上、线下、校内、校外形成闭环 · 疫情下以质量为主克制成长 · 疫情下开展线上与线下融合的 OMO 模式	· 坚定少儿编程教育方向，确立公司使命 · 构建核心竞争力 · 精益创业，低成本试错，快速成长 · 为未来成长战略布局 · 扩大市场影响力，用户数量快速增长 · 满足用户不同的教育场景需求 · 构建了一个具有竞争优势的行业壁垒 · 疫情期间流量增长了 6 倍 · 疫情期间营收增长 500%

续表

方式	表现	绩效
承诺能力	·放弃六个学位，立志在中国普及少儿编程教育 ·创始人始终坚守教育的本质 ·为了在全中国普及编程教育，从一开始就进入公立学校（尽管前期投入远大于收益） ·教育的本质不在规模，而在质量 ·疫情下，在保持服务的基础上谋求发展成长 ·编程猫向全国中小学生免费开放了 40 节公益编程课，覆盖幼儿园、小学、初中、高中各学龄段 ·有一种使命感，希望构建一个良性的教育生态	·自主开发 Kitten 源码编辑器 ·持续地对产品研发、师资培训大量投入，小步快跑、快速迭代地优化产品 ·入驻 12985 所公立学校，为学校撰写教材，举办赛事 ·编程猫疫情期间线上业务呈现了爆发式的增长，流量增长了 6 倍 ·摸索出一条由校内、校外、线上、线下业务点搭建成的业务网络 ·构建未来的成长战略
情绪能力	·犯过不少错误，但是视之为进步及创新的本质 ·疫情下克制了恐慌，当机立断全面线上办公 ·疫情下克制了贪欲，不盲目追求快速拓展规模	·小步快跑、快速迭代地优化产品 ·组织效率提升，服务好客户及加盟商 ·没有出现投诉、推客现象，依然快速增长
学习能力	·两位创始人都具有编程的自学能力 ·两次有关教育的创业宗旨 ·在投资人身上学习（傅盛、张泉灵等） ·在失败中学习，在失败中进化 ·得到某大型教育企业投来的橄榄枝，但由于一些条约的细节没处理好，最后以商榷失败告终 ·尝试过使用 Scratch，但发现并不适合中国 ·通过“小规模”试错方式，探索最佳运营模式 ·曾自己做硬件，血本无归 ·选择跨界学习，通过学习麦当劳、名创优品等在零售业特别出众的企业	·计算机科学系本科、硕士 ·意识到了影响成功创业的因素有很多 ·学习了互联网思维、品牌和传播的方法论 ·学习了一个大规模的教育企业如何布局规划、教育行业的服务培训应怎样部署和展开，对教育行业的本质也有了更加清晰的认知 ·自主研发工具 ·不断优化产品、服务 ·把有限资源聚焦于主营业务上 ·用新零售方式开展线下店铺，摸索 OMO 模式的商业模式

（三）有关独角兽的商业模式（启发性思考题）

题目（3）识别出具有潜力的创业机会，并不一定能成功地开发价值。编程猫是如何在多变且不确定的环境下，逐步构建独特的商业模式，创造价值，从而实现快速成长？

【理论视角】商业模式

1. 商业模式的定义域分类

随着互联网的兴起以及电子商务的发展，商业模式逐渐成为企业家和学者最为关注的课题之一。早期将商业模式定义为如何获得利润，是一个盈利模式。学者通过对商业模式的探究发现同样获得高利润，可能存在不同的商业模式。Magretta（2002）认为商业模式是“讲述企业如何运作的故事”[①]。一个好的商业模式能回答德鲁克的经典问题：谁是顾客？顾客认为什么是有价值的？也

① Magretta J. Why business models matter［J］. Harvard business review，2002，80（5）：86-92，133.

能回答企业如何在这个业务上赚钱？如何通过适当的成本为顾客交付价值？背后的经济逻辑是什么？商业模式失败，主要是故事本身不能自圆其说，或者收支不能平衡。

随后，商业模式开始关注利益相关者，认为商业模式是利益相关者的交易结构。Amit & Zott（2001）通过对多家 E-business 企业的分析，从交易内容、交易结构、交易治理等三个角度分析商业模式[①]。

商业模式的实践性很强，无论是在学术界还是在实践界都没有形成共识。表 5 总结了不同学者对商业模式的组成要素，从两个要素到九个要素不等。然而，这些概念存在一定的共性，都从不同的维度总结了价值主张与创造、价值提供与交付、价值捕捉与收获等关键内容。创业者首先要明确价值创造的来源，提出清晰的价值主张，包括定义客户、为客户提供的价值等。其次是明确围绕价值内核的的利益相关者及网络，通过合作实现价值创造。最后是价值获取。这是企业生存发展乃至获得竞争优势的关键。企业需要通过资源、能力、关键流程设计等提高收入、降低成本，获得收益。

表 5　商业模式的组成要素

类别	组成要素
二要素	物质层面（战略和结构的有形要素、市场和商业网络、运营和资源、财务和会计系统）、认知层面（行业观点、声誉、边界信念、产品属性）
	概念模型（创新、资源、市场和价值）、财务模型（成本、收入和利润）
三要素	交易的内容、交易的结构、交易的治理方式
	客户价值主张、价值网络配置、利益相关者的可持续回报
	价值链构造、创新者相对于互补资产所有者的议价力、总的收益潜力
	价值主张、价值结构、收入模式
	交换和互动的内容、交换和互动的过程、交换和互动的管理
	盈利模式、商业传递系统、学习系统
	资源与竞争力、内外部组织、价值主张
	活动的内容、活动的结构、活动的治理方式
	技术（产品技术、核心技术、流程技术、基础设施） 网络架构（市场及标准、交易、能力、关系） 市场供给（产品、活动、获取、价值）
	运营模式、财务模式、客户体验

① Amit R, Zott C. Value creation in E - business［J］. Strategic Management Journal, 2001, 22: 493-520.

续表

类别	组成要素
四要素	顾客界面、核心战略、战略资源、价值网络
	定义客户、客户价值、收入逻辑、经济效益逻辑
	战略选择、创造价值、获取价值、价值网络
	客户价值主张、应力公式、关键资源、关键流程
	客户、与客户建立联系的方式、价值传递和连接、价值获取及赚钱
五要素	价值主张、目标市场、内部流程和竞争力、定位、经济效益模式、个体人及投资者因素
六要素	目标细分市场、价值主张、价值链要素、成本和利润、价值网定位、竞争战略
七要素	目标市场、价值主张、价值链、支付方式、成本 / 边际收益、价值网络、竞争战略
八要素	目标客户、价值内容、网络形态、业务定位、伙伴关系、隔绝机制、收入模式、成本管理
九要素	价值主张、目标客户群体、客户关系、分销渠道、关键业务、核心资源、合作伙伴关系、成本结构、收入模式

来源：参考崔连广、张敬伟 . 商业模式的概念分析与研究视角［J］. 管理学报，2015，12（8）：1341，编制而成。

2. 商业模式的静态分析

在众多的利益相关者中，顾客最为核心。因此，商业模式回答的最重要的问题应该是如何为顾客创造价值，其本质是一个价值创造系统。从静态分析角度来看，一个完整的商业模式应该包括产品的核心价值主张、客户细分、建立客户关系、渠道通路、关键业务、核心资源、重要伙伴、收入来源与成本结构九个要素（见图 5），回答了“提供什么”“为谁提供”“如何提供”等关键问题，体现出企业主体与利益关系者的相互关系[①]。目前来说，在商业分析中，基于设计视角的商业画布的九个要素经常会被使用。

（1）客户细分。客户细分用来描述想要接触和服务的不同人群或组织。

（2）核心价值主张。核心价值主张用来描述为特定客户细分创造价值的系列产品和服务。

（3）渠道通路。渠道通路用来描述如何沟通解除客户细分而传递价值主张。

（4）建立客户关系。建立客户关系用来描述与特定客户细分群体建立的关系类型。

① Osterwalder A , Pigneur Y . Business Model Generation: A Handbook for Visionaries, Game Changers, and Challengers. John Wiley, 2010.

（5）收入来源。收入来源用来描述从每个顾客群体中获取的现金收入（需要从创收中扣除成本）。

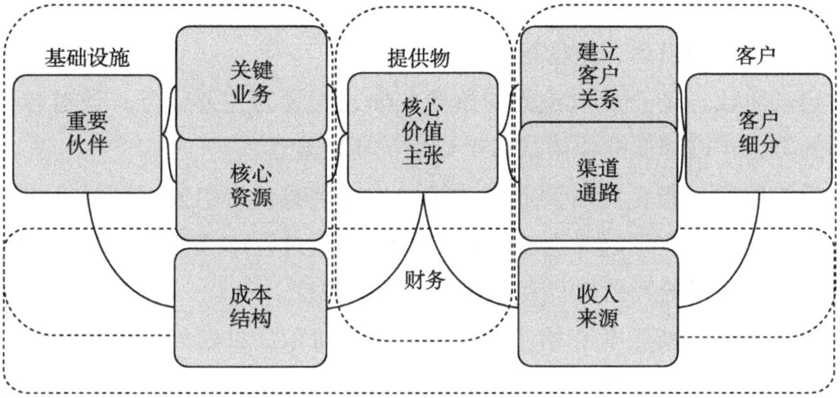

图5　商业模式画布

（6）核心资源。核心资源用来描述商业模式有效运转所必须的最重要的因素。

（7）关键业务。关键业务用来描述为了确保其商业模式可行，必须做的最重要的事情。

（8）重要伙伴。重要伙伴指商业模式有效运作所需的供应商与合作伙伴的网络。

（9）成本结构。成本结构是指商业模式运转所引发的所有成本。

3. 商业模式的动态分析

从动态来说，一方面商业模式是价值创造、价值交付与价值获取的价值创造过程，包括如何为顾客创造价值、如何为企业创造价值、如何将价值在企业和顾客之间进行传递等内容。从另一方面来看，新企业的商业模式形成是一个动态演变的过程。在既定市场中，现有市场规则及条件会影响商业模式的设计、拓展及实施。然而在新兴行业中，新企业的商业模式的形成、发展与调整与新兴市场的创造是相互作用、协同演化的。尤其是新行业的先行企业需要通过小范围的市场试验，不断地迭代与调整商业模式。

Geoge & Bock（2011）尝试把创业行为与商业模式相结合，认为商业模式是以机会开发为核心的组织结构设计，包括资源结构、交易结构、价值结构。资源结构是指服务于客户的组织、生产技术和核心资源的静态结构。交易结构是指决定与合作伙伴、利益相关者的关键交易的组织构造。价值结构是指决定企业价值创造与获取行为的规则、期待和机制的体系[①]。从新企业成长的角度来看，商业模式的形成会推动新企业成长。商业模式的构建是基于对创业机会的价值开发，可分为启动、重构与确立的过程。

在启动阶段，新企业以检验初始商业模式假设为主要任务，通过各种尝试和调整的努力，以降低商业模式各个维度的不确定性。

在重构阶段，新企业对商业模式维度进行调整，将引发不同维度之间的互动调整与适应。新企业通常会在重构阶段的探索过程中逐渐明确成长方向，清晰的市场定位将引导经营过程和利润模式随之改变。

在确立阶段，新企业开始注重对创业机会价值的外延及内涵的进一步探索与利用，通过制度化和规则化提高经营稳定性，降低商业模式各个维度的不确定性，使之达到稳定、可持续的状态[②]。

4. 新企业的商业模式与成长

Amit & Zott（2001）通过对多家 E-business 企业的分析，勾勒了商业模式中四类主要价值驱动的要素（见图 6）：新颖性、锁定性、互补性、效率性。其中，新颖性是指系统中的创新程度，包括哪些活动是新颖的，创造了什么新价值。锁定性是指参与者有足够的激励留在活动系统内，这是商业模式得以持续的重要原因。互补性是指不同参与者或者不同活动间的相互增值效应。效率性，则意味着不同活动之间的关联所带来的成本节省。他们认为，这些要素的共同作用决定了一个商业模式的生机活力和可持续性。

另一方面，新企业是创业机会发现、开发与价值创作的过程，商业模式创新被认为是实现创业机会价值创造的重要机制[③④]。毕海德在《新企业的起源与演进》中根据“不确定性 - 投资 - 利润”，对新企业性质分类（见图 7）。其中，边缘型企业前期投资较少，风险与不确定性也较低，因此企业的成长性较

① George G , Bock A J . The Business Model in Practice and its Implications for Entrepreneurship Research［J］. entrepreneurship theory & practice, 2011，35（1）：83–111.

② 张敬伟，王迎军 . 新企业商业模式构建过程解析——基于多案例深度访谈的探索性研究［J］. 管理评论，2014，26（7）：92–103.

③ 郭海，沈睿 . 如何将创业机会转化为企业绩效——商业模式创新的中介作用及市场环境的调节作用［J］. 经济理论与经济管理，2014(03)：70–83.

④ 胡保亮 . 商业模式创新、技术创新与企业绩效关系：基于创业板上市企业的实证研究［J］. 科技进步与对策，2012，29（03）：95–100.

低、利润空间较少，是大量小规模的业主所有制企业。与之相对应的是冒险型的新企业，基于具有发展潜力的创业机会，虽然前期受到资源约束，但是如果得到风险资本的支持，通过大规模的投资，开展较高利润的项目，能够降低风险，并逐步发展成革命型新企业。这类企业的不确定性较高，由此带来的利润较大，数量寥若辰星，往往更容易发展成长为“独角兽”。

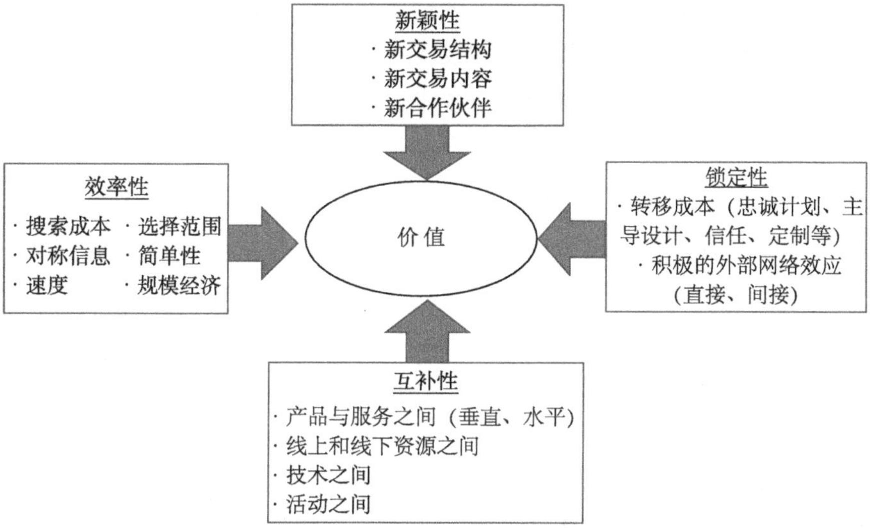

图 6 商业模式价值驱动要素

来源：Amit R，Zott C . Value creation in E - business［J］. Strategic Management Journal，2001，22：504.

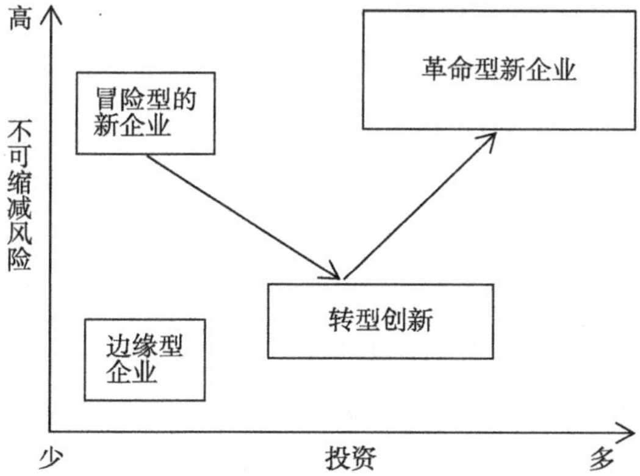

图 7 基于创新活动的企业分类

注：方格的大小表示可获得潜在利润的多少。

来源：根据阿玛尔·毕海德·新企业的起源与演进［M］.北京：中国人民出版社，2017：1-22. 绘制而成。

【案例分析】

1. 编程猫的商业模式静态分析

表 6 总结了编程猫的商业模式。以下简单地总结几个关键要素。第一，价值主张。两位创业者较早地捕捉到少儿编程的创业机会，基于对教育的思考以及创业经验，提炼了“培养未来的创作者，让孩子通过有趣的方式学习编程”的价值主张。第二，核心资源。区别于其他竞合企业，编程猫有三大核心资源。首先，两位具有丰富及前沿的技术背景的核心创业者，打造了一支强大的研发队伍；其次，利用自身的专业技术以及对教育的理解，开发满足中国市场的编程工具。这是区别于其他竞合产品最为关键的差异化核心资源。目前，除了编程猫之外，大部分 STEAM 类的竞合产品的企业主要运用外国的工具。编程猫自己的专有工具，也为后来进入公立学校、与教育部合作开发教材、培养师资奠定了资源能力基础；最后是与公立机构的合作关系。众所周知，目前 STEAM 教育最缺乏的是教材、教具与师资，尤其是师资。编程猫在前期的技术研发中非常注重自身的技术工具研发，具备了独立开发面向广大小初高学生的教材、教具、平台以及师资培训的能力。这些能力是编程猫与公立学校、教育部建立合作关系的基础。而这些合作关系也帮助编程猫进一步拓展青少年编程教育蓝海市场，构建了重要竞争壁垒。第三，客户细分。以核心资源为基础，编程猫已经构建了较为完善及成熟的全产品服务线。根据儿童的年龄层，分为 4~7 岁、6~12 岁、以及 12 岁以后的编程课程，同时根据青少年的学习情况推出 1 对 1、1 对多 AI 教育等模式。第四，关键业务与渠道通路。编程猫已经构建了线上与线下、校内与校外的关键业务线，因此其产品通路可通过线上 App、线下加盟店、公立学校以及全国赛事传播产品服务价值。第五，重要伙伴。编程猫十分重视投资机构的选择以及向投资人的学习，例如傅盛、张泉灵等都给编程猫商业模式的设计及开展带来深远的影响。同时，编程猫为了推广品牌，注重与能引发青少年兴趣的 IP 商合作，打造动漫等形象。为了进一步加强对青少年教育成长的研究，编程猫与清华大学、哈佛大学等机构的学者进行合作。第六，收入来源与成本结构。由于编程猫是基于线上课程开发产品，前期的研发投入较大，然而一旦产品成熟后，区别于线下的课程，其边际成本为零，边际效应会增加，扣除必要的师资、营销费用和运营费用后，用户购买服务的净利润会越来越高。同时基于已有的课程，可以降低成本开展加盟店，快速拓展全国市场，并增加收入。另一方面，对公立学校的编程工具、教材、平台、师

资培训的前期投入较大，其带来的效益是长期性的，包括品牌效应、规模效应、校内外的协同效应、课程与赛事的协同效应等等。总的来说，编程猫在创业五年里，构建了具有竞争优势的商业模式。

表 6　编程猫的商业画布分析

<table>
<tr>
<td rowspan="2">重要伙伴
· 投资人
· 公立学校
· 加盟商
· 品牌 IP
· 高校</td>
<td>关键业务
为 4~16 岁青少年提供编程教育（校内 + 校外、线上 + 线下）</td>
<td rowspan="2">价值主张
培养未来的创作者，让孩子通过有趣的方式学习编程</td>
<td>客户关系
· 编程猫用户社区
· 全方位运营服务支持</td>
<td rowspan="2">客户细分
· 4~7 岁学龄前幼儿的图形化编程
· 6~12 岁用户的 3D 图形化编程
· 12+ 年龄用户的 python 编程
· 7~16 岁有图形化与 Python 编程知识基础的用户
· 7~16 岁在线</td>
</tr>
<tr>
<td>核心资源
· 强大的研发队伍
· 系统性的编程教学工具
· 与公立机构的合作关系（工具、教材、师资培训、赛事等）</td>
<td>渠道通路
· 编程猫 APP
· 线下店铺
· 公立学校
· 全国赛事</td>
</tr>
<tr>
<td colspan="3">成本结构
· 编程工具、教材的持续开发
· 师资培训
· 营销推广成本
· 运营成本
· 赛事平台搭建成本</td>
<td colspan="2">收入来源
· 课程服务收入
· 加盟费收入
· 服务公立学校收入
（教材、系统及师资培训等）</td>
</tr>
</table>

2. 编程猫的商业模式动态分析

图 8 展示了编程猫聚焦于少儿编程的创业机会，启动、重塑与确立商业模式的过程，以下就各个阶段针对编程猫的资源结构、价值结构和交易结构进行分析。

在启动阶段，中国的少儿编程市场属于起步阶段，充满了不确定性。首先，在资源结构上，编程猫的两位海归创业者并没有直接使用已有的国外工具——Scratch，而是利用自身的专业技术以及对教育的理解，开发满足中国市场的编程工具。这成为了编程猫日后与其他竞合产品差异化的核心资源，也为后来进入公立学校，与教育部、共青团合作开发教材、培养师资、搭建全国赛事平台等奠定了坚实的资源基础。其次，在价值结构上，编程猫选择了当时尚未普及的线上教学方式。同时，尽管编程教育已经受到国家的高度重视，但是公立学校或者与机构合作的方式仍没有真正开始普及，编程猫首先聚焦于校外 C 端客户群体，并缓慢地与公立学校建立关系。最后，在交易结构上，编程猫慎重地选择风险资本以及友好地与投资人合作。例如，两位创业者选择了猎豹移动，并吸纳了投资人傅盛的建议，刚开始就聚焦于风险较高但是未来发展前景更大的线上教育。并且，在傅盛的介绍下，得到了紫牛基金的张泉灵代言，对早期编程教育起到了积极的宣传推广作用。

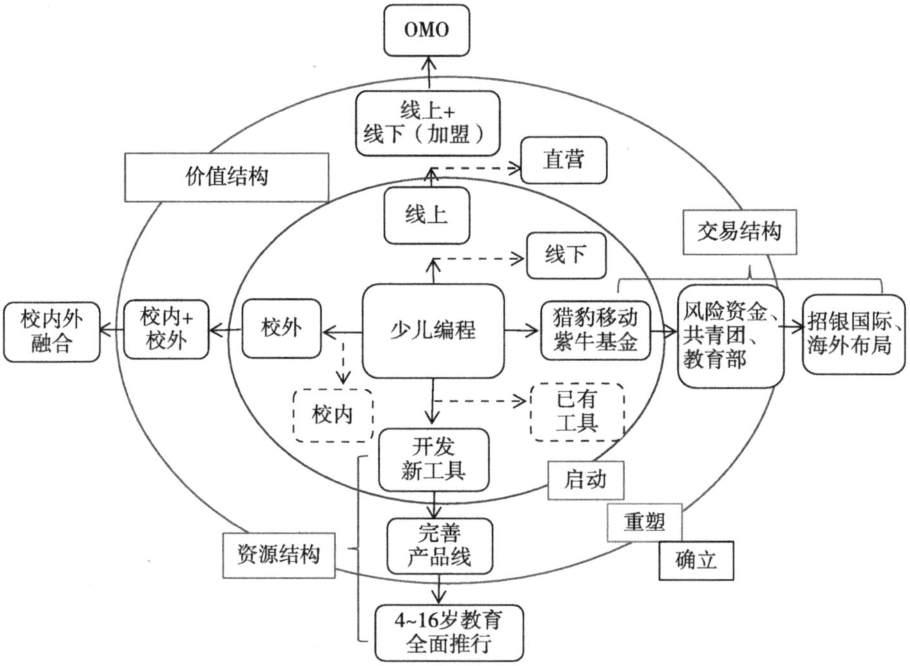

图 8 编程猫的商业模式的动态演进

注：虚线表示没有执行。

在重塑阶段，编程猫连接各个要素，明确发展方向，正式进入快速发展轨道。在资源结构上，编程猫根据细分市场从刚开始仅针对 7~16 岁的青少年提供图形化编程教育，逐步拓展整个产品线，包括开始尝试拓展 4~7 岁的小年龄层市场。市场上新进入的 STEAM 教育机构已开始瞄准 3 岁幼儿开展各种思维教育，如斑马思维、火花思维、数学思维等。为了使得产品线形成闭环，编程猫分别针对不同年龄层开发了小火箭幼儿编程、Kitten 源码编辑器、海龟编辑器，同时也针对学生的学习情况及个性化需求，开展 1 对 1、1 对多的 AI 教学，以及开发交流评价社区等。在价值结构上，编程猫开始通过加盟方式拓展线下市场。编程猫通过新零售模式，准备在三年里开设 1000 家以上的线下加盟少儿编程教学中心的机构，并充分发挥已有的技术、资源优势，全方位地为线下机构提供落地师训服务，协助加盟商打造专业教师团队，并重新研发一套针对机构培训的教材确保教学质量，形成良性循环。同时，通过选择国有资本的加入以及基础性的课程工具，编程猫成功地入驻了12所985公立学校，并与教育部、共青团合作开发教材、培养师资，举办全国性的编程教育大赛。在公立学校的市场中，编程猫串联了教学、教材、软件、师资培训、赛事等各个关键环节，有效地形成了闭环。同样地，在交易结构上，编程猫慎重地选择风险资本以及友好地与投资人合作，并开始与公立学校、教育部、共青团等公共机构搭建合作关系，以帮助其进一步打开公立学校、线下市场。

新冠疫情进一步考验编程猫的商业模式。在此阶段，编程猫进一步确立了商业模式的发展方向，为更好地满足疫情下线上学习的需求，编程猫充分发挥了少儿编程教育的竞争优势。在资源结构上，编程猫通过公益课程推广适用于4~7岁孩子的小火箭编程项目，使得编程猫在2020年第一季度拥有了累计超过40000名付费学员，并以每月数千人的速度递增的业绩。值得一提的是，尽管目前数据显示，疫情给线上教育带来了发展机遇，火花思维、斑马思维等多家线上教育公司都呈现爆发式增长，但是编程猫的业绩仅仅“跟之前预期”是一致的。编程猫并没有因为扩大的需求而牺牲教育质量。尽管线上教学可以轻易满足暴增的用户需求，但是经过良好培训的辅助教学的教师数量难以在疫情期间随之快速增长。也因此，编程猫的增长速度并没有超出预期。但是5、6月份的数据显示，编程猫并没有出现“退课”“质量不满意”等拔苗助长带来的问题，反之，依然保持快速增长的态势。在价值结构上，编程猫开始真正地融合线上与线下、校内与校外渠道。这意味着，线上与线下市场、校内与校外市场并不是冲突互斥的业务关系，而是相互引流、合作以及共赢的关系，从而使得编程猫能持续引领少儿编程教育市场，并进一步快速且大规模地扩大市场份额。在交易结构上，编程猫开始进一步为上市、进入国际市场做铺垫，引入国际性资本，并逐步与海外机构合作，持续引入关键合作伙伴。

3. 编程猫的快速成长分析

基于有潜力的创业机会、与企业发展相匹配的创业胜任力以创新的商业模式，编程猫在成立5年里迅速地发展成为准独角兽，从“冒险型的新企业”成为“革命型的新企业”（见图9）。下文进一步分析编程猫的商业模式特征（见图10）。

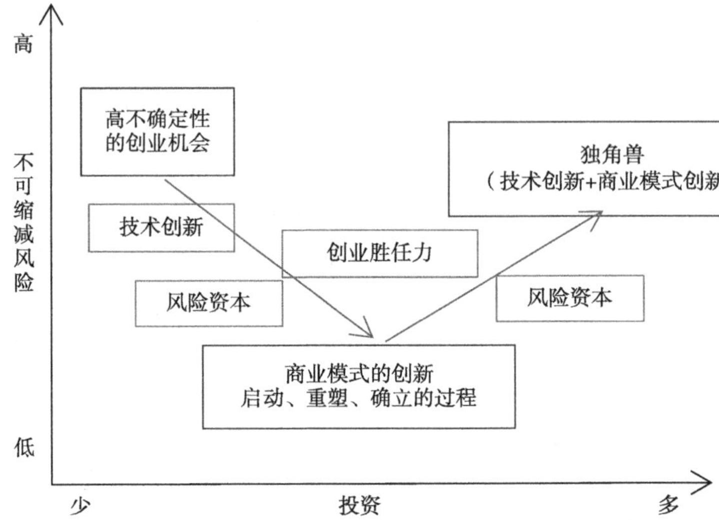

图 9　编程猫的快速成长路径

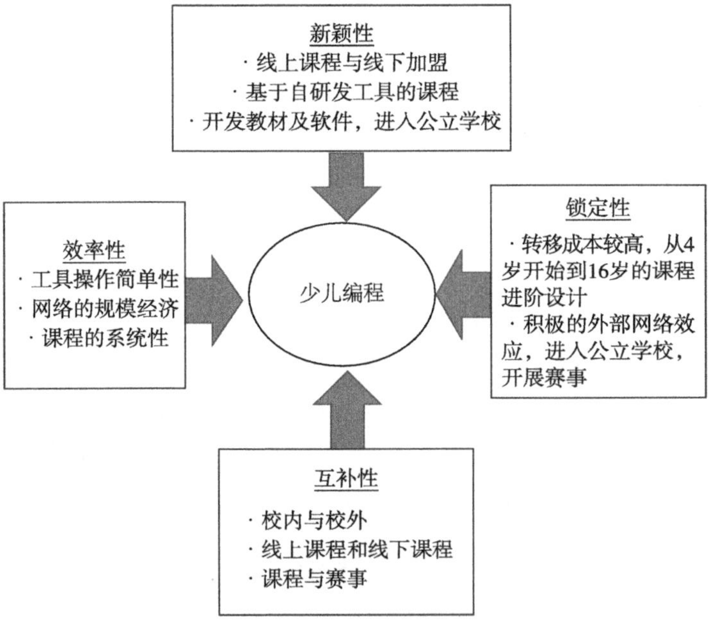

图 10　编程猫的商业模式特征分析

如上文所述，商业模式创新是开发有创业机会价值的载体，有利于提高新企业的创业绩效。编程猫的商业模式设计具有 Amit & Zott（2001）提出的新颖性、锁定性、互补性及效率性的特征，使得在机会窗口的初期就开发少儿编程创业机会的编程猫能够快速成长。就新颖性而言，编程猫能在线上教育还没有普及的时候开展线上教学，并且在众多新进入者都直接采用外国工具时，编程猫自主开发工具。基于我国国情的基础工具，得以获得众多竞争者都虎视眈眈但是难以进入的公立学校领域。由此可见，编程猫是结合了技术创新和商业模式创新的协同效应的。

锁定性特征主要体现在产品线以及配套服务上。在产品线上，一方面编程猫开发了从 4 岁到 16 岁的全套工具及进阶课程，并且能够与普适性的 Python 链接。游戏化、可视化的工具设计以及项目制的课程教学，使得学生产生较强的用户黏性，具有较高的转移成本。另外一方面，编程猫进入公立学校、构建全国性的赛事，进一步锁定了适龄儿童学习编程猫的工具及课程。

在互补性特征上，编程猫衔接了校内与校外、线上与线下课程、课程与赛事之间的联动性，充分发挥不同市场的协同效应。

在效率性特征上，由于编程猫的工具是自主开发，不会受制于外国的工具更新或者使用权限等问题，能更好地根据我国青少年成长的特征及用户使用习惯，开发简单的工具，并基于工具开发系统性课程，向校内外市场推广，达到规模和范围效应。

（四）拓展思考（决策思考题）

题目　疫情在全球的蔓延，一方面使得许多国家地区的中小学生都不得不接受线上教育，也进一步让家长认识到数字技术的重要性。但是另一方面，疫情加速了课外培训行业向 OMO 模式的发展，也推动了课外培训行业的大洗牌，使得课外培训行业的竞争更加激烈。如果你是李天驰和孙悦，你会如何抓住机遇，推动编程猫的进一步发展？

此题为开放性问题，并没有标准答案，旨在引导学生加深对创业机会、创业胜任力、商业模式创新的理解、把握和应用。以下是三个思路，以供参考。

1. 探索基于 OMO 模式的商业模式创新

图 11、图 12 显示我国在线教育的市场规模、用户数量都在快速增长。与之相对应，表 7 总结了我国线上教育机构在 2020 年疫情期间的主要措施以及效果。由此可见，尽管线上教育是必然的趋势，但是针对青少年校内外培训的各类机构竞争非常激烈。同时，疫情加速了各大线下机构的线上发展趋势，越来越多的机构选择 OMO 模式。但是如何真正发挥 OMO 模式的优势，实现可持续发展盈利性，仍未明确，尚在探索求证之中。

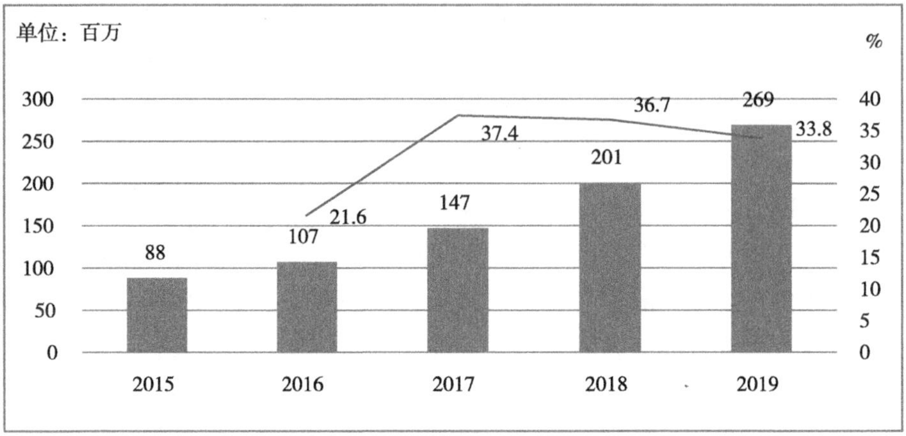

图 11　在线教育用户数量变化趋势

来源：网经社 2019 年度中国在线教育市场数据报告 www.100ec.cn

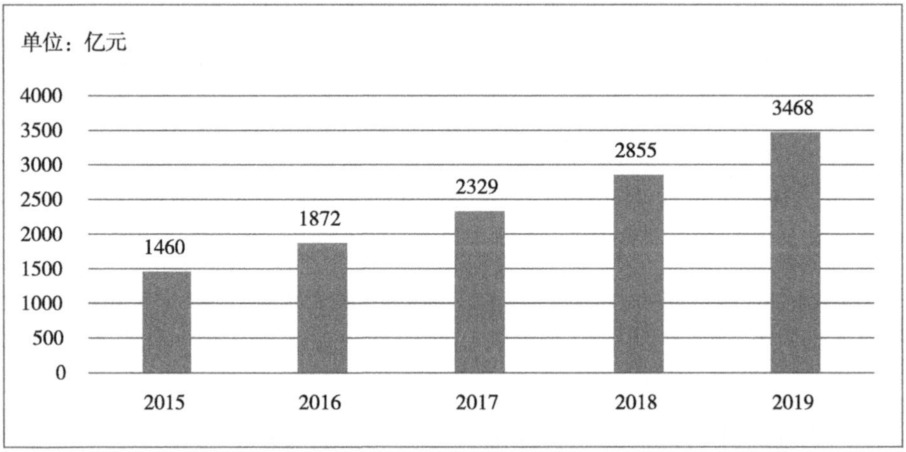

图 12　在线教育市场规模增长趋势

来源：网经社 2019 年度中国在线教育市场数据报告 www.100ec.cn

因此，编程猫应该发挥已有线上线下的优势，探索基于 OMO 模式的商业模式创新。这主要体现在三个方面。第一，在交易内容上，明确线上线下课程的优势，实现互补而不是互斥关系。具体来说，既有可能是线上向线下引流，也有可能是线下向线上引流，从而形成一个用户同时接受“线上＋线下课程”的模式。因此，该部分需要进一步合理的课程设计。第二，在交易结构上，梳理编程猫与加盟商、加盟商与公立学校、线上线下课程机构与赛事之间的关系，这些并不是竞争关系，而应该是合作共赢关系。第三，在交易治理上，治理好不同主体的关系。例如，编程猫应该处理加盟商之间的竞争与合作关系，公立学校与加盟商之间的竞争与合作关系。最终实现不仅仅是编程猫自身，还包括加盟商的蓬勃发展，融合线上与线下、校外与校内机构之间的优势，创造更多的价值，真正意义上在全国普及高质量的、科学的、系统的少儿编程教育。

表 7　2020 年疫情期间各类线上机构的主要措施及效果

系列	产品	时间	主要措施	主要效果
在线编程产品	编程猫	2 月 4 日	推出“线下护航公益计划”，为所有线下合作机构免费提供教学平台；在“学习强国”平台免费开放 40 节优质编程课	让孩子们足不出户就能享受到最优质的教育，为他们打好人工智能时代必备的编程基础
K12 产品	学而思	2 月 6 日	与西瓜视频、抖音达成合作，用户可以在字节跳动旗下的产品内学习相关课程	春节后半个月 ios 下载量较前半个月上涨 345.3%
	猿辅导	2 月 3 日	免费为全国中小学生提供所有学科课程，并推出多门直播课程	直播课首日就超过 500 万人学习，截至目前免费直播课报名人数超过两千万
	跟谁学	2 月 6 日	免费开设直播课程，涵盖小初高全科目课程	三款直播课吸引了 1500 万名学生报名
	作业帮	2 月 10 日	为全国中小学生提供 100 万份所有春季班直播课程	截至 2 月 15 日，作业帮免费直播课的报名人数已达 2800 万人
在线英语产品	VIPKID	1 月 29 日	为 4~12 岁的孩子提供 150 万份免费英语课程	除了免费公益课程外，1 对 1 北美外教课程的需求也达到历史新高
	流利说	1 月 27 日	捐赠总价值超 1200 万元的在线英语课程，并免费开放 10 万份经典绿钻课礼包	课程开通首日 DAU 较前一天增加超 1000 万

2. 开展国际化战略

编程猫可以进行两手准备，通过在海外资本市场上市（如：新加坡、美国），进一步打开国际市场。

海外证券交易所上市的财务战略。第一，可以吸纳充足的资金，用于进一步海外的课程体系研发；第二，可以顺势吸引全球媒体的关注，使编程猫的品牌在全球推广；第三，完善已有 3500 余人的组织结构，完善公司的治理结构，提升公司的管理能力；第四，吸纳全球的研发、管理人才；第五，顺势打进国际市场。

"东南亚→欧洲→北美→全球"的全球化市场开拓战略。根据对心理距离、文化距离、政治风险等的评估，从"东南亚→欧洲→北美→全球"的路线，进入全球市场。目前，编程猫在东南亚、美洲、非洲以及欧洲的 21 个国家已经进行了相应的合作和业务的部署。在疫情影响下，全球众多地区的中小学生需要在家学习网课。由于并不是所有国家、地区都有足够的编程工具及课程，许多学校都有开展线上编程教育的需求，愿意主动购买服务。编程猫应该抓住这个机遇，加速东道国的本土化课程开发，进入国际市场。从表 7 可见，竞争对手极客晨星、核桃编程、西瓜创客等已经不同程度地着手开发国际市场，编程猫不应错失最佳时机，开拓国际市场。另一方面，由于各地区的文化差异较大，不同地区的课程设计、用户使用习惯都不太一致，同时由于疫情使得中美关系比较紧张，编程猫应选择文化距离和心理距离都较短，并且与中国关系较好的国家或地区开展业务，在积累国际化经验以及国际化人才储备的过程中，逐步打开欧洲、美国等市场。

3. 制定少儿编程教育的生态战略

由表 8 可以看出，随着少儿编程的机会窗口打开，越来越多的新企业、在位企业都涌入该市场。同时，疫情加速了这个市场的扩张速度以及竞争激烈程度。因此，编程猫需要立足已有的核心资源，构建竞争壁垒，制定教育的生态战略。

公共机构。这一次疫情以及中美关系的紧张，加强了政府对自主研发基础软件、应用工具的重要性的认知。编程猫因有自主研发的基础性工具，而不是纯粹依靠美国 MIT 开发的 Scratch，疫情后更容易进入公立学校，与政府、教育部门等开展合作，迅速占领全国的各个地区的公立学校，参与未来正式考试的教材、题库等制作工作。

加盟商。加速与三线城市以上的加盟商合作，进一步拓展下沉市场份额。为了保证教学质量，既要提供一站式的教学扶持服务，又要维持好加盟商之间的竞合秩序。进一步来说，设计好公共机构的学生流量如何引导到编程猫的线上课程、加盟商的线下课程，使得校内与校外、线上与线下形成闭环，开展闭环战略。

赛事联盟。编程猫通过参与教育部、共青团等对编程教材、教辅、教学软件的开发，建立了行业相关标准、考级标准等。同时联合大小的竞合企业，建立了全国性乃至全球性的编程赛事。

高校、研究所。加大与世界各地高校、研究所的科研合作，既包括儿童成长、创造力开发等内容的合作，又包括编程教学及应用等技术方面的合作，以快速提升编程猫的科研能力，提高项目开发的效率，同时保持在行业里的领先地位。

编程社区。针对初学者、中级者、专业人士就编程的问题、编程工具、编程结果等开拓交流的社区，进一步构建知识创造与共享的社群战略。从而及时地了解客户需求、发现现有工具不足之处，增加用户黏性，进一步拓展未来发展空间。

融合国内与国外市场。线上教育可跨越国界的限制，编程猫应加快脚步拓展全球市场，并且融合国内外资源，构建全球性的编程社区、赛事联盟等。

表 8　编程猫与其竞争者的比较分析

	编程猫	极客晨星	编玩边学	核桃编程	西瓜创客
融资进度	C+ 轮	A+ 轮	Pre-B 轮	B 轮	B 轮
业务覆盖	合作 7000+ 所院校	覆盖全球 20 多个国家	覆盖 9 省 17 座城市	覆盖了含英、美在内的 30 多个国家	覆盖 61 个国家、483 座城市
营收规模	2020 年 3 月营收破 1.27 亿元	2019 年现金收入近亿元	月流水近千万，毛利水平约 65%	2019 年暑期营收超 1 亿元	2019 年 8 月营收为 2018 年同期的 10 倍
授课方式	在线 1 对 1 直播、1 对 1AI 辅助教学	在线 1 对 1、1 对多	1 对 6 小班教学直播 / 录播	在线录播、AI 人机双师模式	1 对 1 直播课、AI 双师模式
教学体系	矩阵式计算思维课程体系，以个体认知水平为划分前提定制课程	循序渐进教学理念与无缝衔接课程体系、独创进阶式课程体系	获得 ISTE 国际标准认证的课程体系，课程内容包括创新思维、计算思维等	参照 CSTA 美国计算机科学教育体系研发的十级进阶课程体系	LEAP 课程体系，根据孩子年龄设置各种编程课
师资 / 教研能力	1. 教研人员均来自国内外知名大学和机构； 2. 独立研发了小火箭、Kitten、Turtle 等编程工具	1. 拥有上千名名师，均来自国内外顶尖工程学院； 2. 围绕“教学断档”部分，研发课程体系、搭建教学平台	1. 由名校毕业生、海归留学生和名企精英人才组成课程研发团队； 2. 积极建立师信度标准； 3. 自主研发了 S-A-P-N 课程体系	打造了一支超过 400 人的高素质教研团队	/

来源：根据公司官网、易观智库、企查查、鲸媒体、多知网、亿欧网、广证恒生咨询、艾瑞咨询、睿艺等公开资料，由作者绘制而成。

五、关键要点

本案例陈述了两位海归连续创业者识别出少儿编程的创业机会，果断辍学回国，从 0 到 1 把编程猫打造成准独角兽的过程。主要从创业机会、创业胜任力、商业模式与新企业成长的角度来分析独角兽企业的创业过程。

第一，创业机会。创业机会是创业的逻辑起点。首先要把握独角兽企业的创业机会特点，可以比较众多低成长的小微企业创业机会的差异性。

第二，创业胜任力。识别出机会并不代表能够真正开发机会的价值。独角兽企业的创业机会充满不确定性。创业者必须要不断提升自身的创业胜任力来匹配以及领导新企业快速成长。因此，要准确把握独角兽企业的创业胜任力内涵及其与创业绩效的关系。

第三，商业模式。商业模式是创造机会价值的载体。独角兽企业如何设计与构建商业模式？独角兽企业的商业模式有什么特征？要理解如何通过构建有竞争优势的商业模式来推动新企业的快速成长。

1. 案例分析关键要点

· 分析两位海归创业者如何识别创业机会以及该机会的特征；

· 分析两位海归创业者在高度不确定性的情况下如何提升创业胜任力，引领企业的快速成长；

· 分析独角兽企业的商业模式特征与形成过程。

2. 关键知识点

· 掌握创业机会的基本定义、分类及内涵；

· 掌握创业胜任力的基本定义及内涵；

· 掌握商业模式的基本定义、特征及形成过程。

3. 关键能力点

· 对独角兽的创业机会特征的总结与洞察能力；

· 对创业胜任力的分析与提炼能力；

· 对商业模式演化过程分析、与同类企业商业模式对比分析的总结能力；

· 对案例开放性问题持续性思考、发散性思维、综合运用的能力。

六、建议课堂计划

本案例可以作为专门的案例讨论课来进行，也可以结合“独角兽训练营”等 MBA 课程进行探究。以下按照时间进度提供的课堂计划建议，仅供参考。

整个案例课的课堂时间控制在 80~90 分钟。

1. 课堂计划

（1）课前计划

· 提出启发性思考题，请学员在课前完成材料阅读，并要求学员找国内外独角兽成功与失败的案例；

· 请学员思考独角兽企业与一般新企业的异同；

· 请学员针对“疫情下教育行业”进行思考；

· 请学员事先分好小组，完成启发性思考题，并告知课堂发言要求；

· 阅读创业管理中有关创业者、机会识别与开发、商业模式、新企业成长等章节和参考文献。

（2）课中计划

· 老师简要的课堂前言，明确“独角兽”主题（5~10 分钟）；

· 老师依次提出第 1~3 题设问，请小组进行简单的回答；老师根据每一题的回答引导相关概念和理论，然后结合理论进行点评（50 分钟）；

· 老师提出决策问题，请小组进行简单的回答，引导全班同学一起讨论，然后进行点评（15 分钟）；

· 老师归纳总结本案例，然后进行理论梳理（10~15 分钟）。

（3）课后计划

· 请各学员就课堂讨论进行总结并进一步分析；

· 针对课堂讨论，写出书面报告。

2. 课堂板书设计（针对四道题目的提问与回答设计）

引言：

· 疫情下大家对教育培训行业发展有什么看法？

· 为什么有些企业会快速成长为独角兽，而大部分企业则一直处于低成长、小规模状态？这些企业的创业过程有什么异同？我们应该如何反思？

导入：阿玛尔 · 毕海德《新企业的起源与演进》，对新企业演进的介绍图，以方便学生理解。

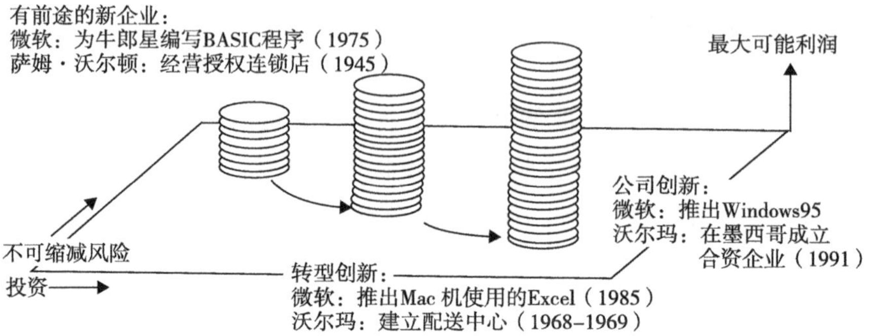

图 13　创业的分类

来源：阿玛尔·毕海德.《新企业的起源与演进》[M].中国人民出版社，2017：1—22.

（1）思考题 1.

➢ 提问：编程猫能发展成为独角兽，那么其创业机会有什么特点？跟一般的创业机会有什么区别？（例如：可以比较一下周边社区的培训机构的差异性）两位创业者如何识别到少儿编程教育的机会？

➢ 讨论与分析：独角兽的创业机会的特征。

➢ 总结板书：展示图 2（案例内容）与表 2（理论部分）。

（2）思考题 2.

➢ 提问：两位连续创业者跟一般创业者有何不同？新企业快速成长意味着创业者也需要快速成长，那么两位连续创业者是如何提升创业胜任力的？（此处，可鼓励学员探讨一下其他独角兽创业者的特征）

➢ 讨论与分析：独角兽创业者的创业胜任力内涵及其如何随着新企业快速成长而提升。

➢ 总结板书：展示表 3。

（3）思考题 3.

【特别提醒】此题是本案例最关键部分，对创业者如何基于有发展潜力的创业机会设计与构建商业模式有一定的参考价值。教师可以适当增加此题的思考与讨论时间。

➢ 提问：对于一个充满发展潜力但是具有高度不确定性的创业机会，应该如何去开发其价值？独角兽的商业模式有什么特征？是如何构建与演化的？

➢ 讨论与分析：从编程猫的成长历程来看，编程猫的商业模式有什么特征？如何演化？什么样的商业模式能够促进新企业的快速成长？

【引导思考】

*在商业模式设计中，2015 年无论是编程教育还是线上教育仍然处于起步阶段，如果您是两位创业者会如何设计商业模式？采用线上还是线下？ To B 还是 To C? 采用已有工具还是自己开发工具？

*这一次疫情给编程猫的商业模式带来什么考验？疫情影响之下，编程猫是否应该加速发展？

➢ 总结板书：展示图 8、9、10 与表 5。建议老师可以结合图 8、9、10，拓展思考，让学生进一步思考“创业机会－创业胜任力－商业模式－新企业成长”之间的关系。

（4）思考题 4.

➢ 提问：疫情对企业是一种大考验。许多知名大企业、独角兽都传来轰然倒下的噩耗。疫情给编程猫带来了何种机遇与挑战？编程猫应该如何顺势而为，进一步发展壮大？

➢ 讨论与分析：在竞争日益激烈化的后疫情下，编程猫如何规划未来发展战略？

➢ 总结板书：可以在中间写着“青少年编程教育”，从国内外市场、竞争者、用户、公立学校等多重利益相关者的多个维度，开展发散性讨论。

七、案例的后续发展

【帮助其他教育机构】

2020 年 3 月，编程猫宣布推出“谷雨计划”，帮助因疫情而无法开业开课的“非编程猫线下教育机构”，寻求疫情时期线下教育机构运营“最优解决方法”。编程猫的线下合作机构作为本次计划执行的主力军协助处理生源、运营和校区安置等问题。以公益的形式，提供线下课程，帮助其他线下教育机构渡过难关。

【继续推进公立教育，普及编程教育】

编程猫于 2020 年 3 月 30 日正式发布“1+2+N”公立教育整体解决方案，协助公立学校全面开展编程教育，共同推进编程课程开发与实践，为建设人工智能与编程教育示范区提供基础，以此来积极响应国家《新一代人工智能规划》《教育信息化和网络安全工作要点》《教育信息化 2.0 行动计划》等政策部署，深化普及青少儿编程教育，进一步完善课程方案和课程标准。在这套方案中，编程猫将为公立学校制定新技术、新课程、新成果应用模式；协助公立学校编程教师培训，促进教师专业化发展；提供人工智能编程教育课程体系；加快新技术学习方式的融合和学习方式的变革。编程猫“1+2+N”整体解决方案，是国内首个以自主研发工具、课程平台、教师管理系统及激励工具为基础，以完善的编程教育教材与课程体系为支撑，以编程学科课程为核心的人工智能教学方案，未来还将集无人驾驶、语音识别、VR/AR 技术、3D 打印、机器人等前沿科技教育为一体，形成完善、全面、可持续、可扩展的整体教育解决方案。

【全球教育，全球市场】

2020 年 4 月，为积极响应教科文组织的全球号召，助力亚非发展中国家共克疫情，保障学习连续性，由联合国教科文组织高等教育创新中心与亚太和非洲 11 所顶尖高等院校、中国 4 所高等院校及 8 家高科技企业共同发起的“国际网络教育学院”（International Institute of Online Education，IIOE）正式在云端发布。编程猫作为联合发起单位，免费提供自主研发的 Turtle 海龟编辑器、Python 课程作为教学辅助和课程内容，其中，技术培训、师资培训等也包括在内，深刻践行了“编程无国界”的教育信念。

【等级官方标准考试】

2020 年 4 月 18 日至 19 日，2020 年春季 NCT 全国青少年编程能力等级测试成功举办。这个测试是基于清华大学与编程猫领衔起草的《青少年编程能力等级》标准并结合我国青少年编程教育的实际情况、社会应用及发展需要所设计开发的编程能力水平测评项目，同时该测试应用了编程猫设计的 Kitten 源码编辑器和海龟编辑器等工具产品作为考试软件，是国内首个权威少儿编程能力等级测试项目。受疫情因素影响，为有效避免线下人员大规模聚集，全力保障广大考生和涉考工作人员的生命安全和身体健康，本次测评开创性地首次采用线上考试方式，考生通过电脑和网络摄像头，足不出户即可接受统一在线考试。来自全国 34 个省市自治区考生、港澳台同胞考生及加拿大、美国、新加坡等地区华人考生共 1 万多人参加了此次线上测评考试。

八、参考资料

1. 教科书

[1] 张玉利 . 创业管理：第 3 版 [M] . 机械工业出版社，2013.

[2] 罗伯特 D. 赫里斯，迈克尔 P. 彼得斯，迪安 A. 谢波德 . 创业学 [M] . 北京：机械工业出版社，2017.

2. 参考文献

[1] 陈建安，金晶，法何 . 创业胜任力研究前沿探析与未来展望 [J] . 外国经济与管理，2013，35（09）：2–14+24.

[2] 张炜，王重鸣 . 中小高技术企业创业者组合模式与胜任特征研究 [J] . 科学与科学技术管理，2004（03）：90–93+135.

[3] 张玉利，杨俊，任兵 . 社会资本、先前经验与创业机会——一个交互效应模型及其启示 [J] . 管理世界，2008（7）：91–102.

[4] Amit R，Zott C . Value creation in E - business [J] . Strategic Management Journal，2001，22（6）.

[5] Ardichvili A，Cardozo R，Ray S. A theory of entrepreneurial opportunity identification and development [J] . Journal of Business venturing，2003，18（1）：105–123，10.

[6] Barney J. Firm Resources and Sustained Competitive Advantage [J] . Journal of Management，1991，17（1）：99–120.

[7] Dimov D.From opportunity insight to opportunity intention：The importance of person–situation learning match [J] .Entre–preneurship Theory and Practice，2007，31（4）：561–583.

[8] Eckhardt J T，Shane S A . Opportunities and Entrepreneurship [J] . Journal of Management，2003，29（3）：333–349.

[9] George G，Bock A J . The Business Model in Practice and its Implications for Entrepreneurship Research[J] . Entrepreneurship Theory & Practice，2011，35(1)：83–111.

[10] Magretta Joan. Why business models matter [J] . Harvard business review，2002，80（5）.

[11] Sarasvathy S D，et al.Three views of entrepreneurial opportunity [A] .Acs

Z and Audretsch D（Eds.）.Handbook of entrepreneurial research［C］.Dordrecht：Kluwer，2003：1411–1460.

［12］Shane S，Venkataraman S . The Promise of Entrepreneurship as a Field of Research［J］. The Academy of Management Review，2000，25（1）：217–226.

［13］Timmons，Jefry A. “New Venture Creation：Entrepreneurship in the 21th centuries.” Homewood，IL（1999）.

3. 产品、企业和行业相关资料

（1）视频材料

➢ 创始人采访视频：艾诚对话编程猫李天驰：谁在抢夺孩子的时间？

✓https://m.v.qq.com/play.html?vid=w0862gi60go&ptag=v_qq_com%23v.play.adaptor%233

➢ 编程猫宣传片

✓http://v.qq.com/vplus/a37ce28bacd0d9a37edffb7b1c782739?page=covco

（2）编程猫官网

✓https://www.codemao.cn

（3）编程猫主要竞争对手网站

➢ 极客晨星：https://www.jikestar.com

➢ 编玩边学：https://www.codepku.com

➢ 核桃编程：https://www.hetao101.com

➢ 西瓜创客：https://www.xiguacity.cn/official

（4）产品分析报告

➢ 简书：少儿编程竞品分析

✓https://www.jianshu.com/p/2449b103a18e

➢ 简书：线上编程平台竞品分析：编程猫 VS 编玩边学（一）（二）（三）

✓https://www.jianshu.com/p/d8293c258a31

✓https://www.jianshu.com/p/78d48e66d4de

✓https://www.jianshu.com/p/05cb48acf59e?from=timeline

（5）行业相关资料

➢ 艾媒报告：2019—2020 年中国在线教育行业发展研究报告

✓https://www.iimedia.cn/c400/68955.html

➢ 艾瑞咨询：2018 年中国少儿编程行业研究报告

✓https://www.iresearch.com.cn/Detail/report?id=3279&isfree=0

➢ 广证恒生：素质教育行业报告

✓https://www.vzkoo.com/doc/11711.html

➢ 华创证券：教育行业深度研究报告——少儿编程专题研究

✓https://wk.askci.com/details/0a6062d6cc0b4571af6969827efe33a0/

（6）编程猫相关新闻报道

➢ 腾讯网：李天驰 穿越“黑暗森林”的切线

✓https://new.qq.com/omn/20180704/20180704A0D8FK.html

➢ 搜狐网：全方位解析编程猫成长之路

✓https://m.sohu.com/a/234634756_99938903/?pvid=000115_3w_a

➢ 砍柴网：编程猫普及在线编程教育登上《人民政协报》

✓https://baijiahao.baidu.com/s?id=1670734888271714978&wfr=spider&for=pc

➢ 搜狐网：编程猫联合创始人兼 CTO 孙悦混沌大学直播 以工具为抓手

✓https://www.sohu.com/a/361731555_100176249

九、相关附件

（1）有关编程教育的相关政策

时间	相关政策	主要内容
2014	浙江省发布《深化高校考试招生制度综合改革试点方案》	考生从技术（含通用技术和信息技术）等 7 门没有加试题的高考选考科目中选取 1 门
2016	教育部发布《教育信息化“十三五”规划》	有条件的地区要积极探索信息技术在“众创空间”、跨学科学习（STEAM）教育、创客教育等新的教育模式中的应用，着力提升学生的信息素养、创新意识和创新能力
2017	国务院发布《关于印发新一代人工智能发展规划的通知》	实施全民智能教育项目，在中小学阶段设置人工智能相关课程，逐步推广编程教育，鼓励社会力量参与寓教于乐的编程教学软件、游戏的开发和推广
2018	教育部发布《普通高中课程方案和语文等学科课程标准（2017 年版）》	必修课程要求涉及和表示简单算法；掌握一种程序设计语言的基本知识，利用程序设计语言实现简单算法；能够运用数据结构合理组织、存储数据，选择合适的算法编程实现、解决问题；会利用开源人工智能应用框架，搭建简单智能系统
2018	教育部发布《教育信息化 2.0 行动计划》	完善课程方案和课程标准，充实适应信息时代、智能时代发展需要的人工智能和编程课程内容，推动落实各级各类学校的信息技术课程，并将信息技术纳入初、高中学业水平考试

续表

时间	相关政策	主要内容
2018	教育部办公厅发布《关于加快推进校外培训机构专项治理工作的通知》	对培养学生兴趣、发展学生特长、发展素质教育的校外培训机构，要鼓励支持其发展
2018	重庆市教委下发《关于加强中小学编程教育的通知》	中小学要切实保障编程教育课时数量，开足开齐编程教育课程，小学 3~6 年级累计不少于 36 课时、初中阶段累计不少于 36 课时；规范中小学编程教育内容；鼓励社会力量参与寓教于乐的编程教学软件、游戏的开发和推广
2018	山西省教育厅印发《山西省基础教育信息化“十三五”推进意见》	以项目学习方式积极推进创客教育、STEAM 教育和机器人教育，开展创新教育模式实验研究，每市至少建设 3 所创新教育基地学校
2018	河南省电化教育馆印发《2018 年河南省中小学创客教育工作要点的通知》	建议在中小学开设 Scratch、Python 等程序设计课程，培养编程思维，普及编程教育；同时，将开展电子、机器人、三维创意设计作为课程建设重点内容
2019	国务院出台《关于深化教育教学改革全面提高义务教育质量的意见》	坚持“五育并举”，全面发展素质教育
2019	教育部办公厅印发《2019 年教育信息化和网络安全工作要点》	2019 年将启动中小学生信息素养测评，并推动在中小学阶段设置人工智能相关课程，逐步推广编程教育；同时，推动大数据、虚拟现实、人工智能等新技术在教育教学中深入应用

《明日之子Ⅲ 水晶时代》
——个人 IP 品牌的打造之路①

案例正文

摘要：2017 年夏天，毛不易的原创歌曲《消愁》红遍大街小巷，“一杯敬明天，一杯敬过往”霸屏当年各大音乐榜单，承包了暑期档网络的大部分热度，成就了《明日之子》现象级网综。然而，随着 2019 年影视寒冬的到来，不论是卫综还是网综都在经历一场“倒春寒”。面对激烈的市场竞争，《明日之子Ⅲ 水晶时代》作为明日系列的综三代，通过打造选手个人 Intellectual Property（IP）品牌，从而战略性重塑节目品牌。本案例重点介绍了《明日之子Ⅲ 水晶时代》如何基于创新节目赛制建立一系列个人 IP 品牌，并通过社交媒体平台进行个人 IP 及节目品牌整合营销策略的实施。期望有助于学员了解并思考如何在新媒体场景下实施品牌重定位战略和打造个人 IP 品牌。

关键词：品牌重定位；个人 IP 品牌打造；个人 IP 品牌传播；个人 IP 品牌盈利

引言

2017 年夏天，《明日之子》“最强厂牌诞生战”的直播轰动一时。社交媒体

---

① 1. 本案例由深圳大学管理学院的陈星宇、黄泳淋、林宇佑、胡显琦和姜令共同撰写，作者拥有著作权中的署名权、修改权、改编权。2. 本案例授权中国管理案例共享中心使用，中国管理案例共享中心享有复制权、修改权、发表权、发行权、信息网络传播权、改编权、汇编权和翻译权。3. 由于企业保密的要求，在本案例中对有关名称、数据等做了必要的掩饰性处理。4. 本案例只供课堂讨论之用，并无意暗示或说明某种管理行为是否有效。

平台上，诸多年轻人在观看直播的同时，还发动亲友给自己喜欢的选手点赞或转发微博。综艺正披着网络的外衣，以全新的姿态渗透到我们工作和生活的每一个角落，成为一种伴随式体验，它的名字也跟着简单演化，叫作网综。接下来的一年更是网综的“巅峰时期”，即便影视圈风雨萧瑟，网综节目依旧风景独好。

然而，从 2019 年开始，随着各大卫视、“优爱腾”三大巨头进入养成类综艺的混战，市场竞争进入白热化状态。综艺节目面临着同质化严重、影响力难出圈、新人匮乏等一系列困境，尤其受到广告市场整体“降温”的影响，不论是卫综还是网综，都在经历一场“倒春寒”。面对低迷的综艺市场，《明日之子Ⅲ 水晶时代》如何“出奇制胜”“逆风翻盘”，重新爆发综三代的生命力？

一、明日之子：开启网综选秀

（一）前世：明日之子第一季燃爆网综

2017 年 6 月，《明日之子》第一季横空出世，全新的节目形式，开辟了互联网时代观众与节目深度互动的先河，获得爆红。腾讯视频《明日之子》官方微博账号发布的数据显示，自节目播出以来，累计播放量超过 40 亿，单集最高播放量达 4 亿，创下网综播放总量、单集播放量最高纪录。

2018 年，网综欣欣向荣，据腾讯娱乐白皮书公布的数据，全年各大视频平台共播出网综 124 档，较 2017 年增长 9.7%（见图 1），其中，芒果 TV、优酷、爱奇艺、腾讯视频四大主流视频平台共产出 105 档网综（见图 2），且除芒果TV 外，“优爱腾”三大巨头均聚焦于打造自己的偶像养成类节目，促使偶像养成类节目在众多网综节目中异军突起。

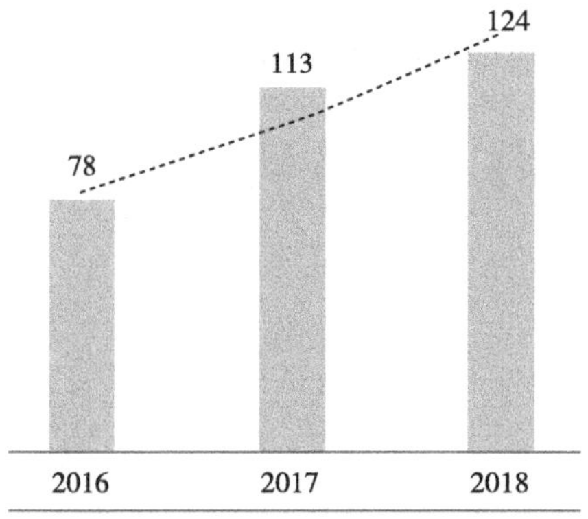

图 1 2016—2018 年网络综艺上线数量

数据来源：2018 腾讯娱乐白皮书公布。

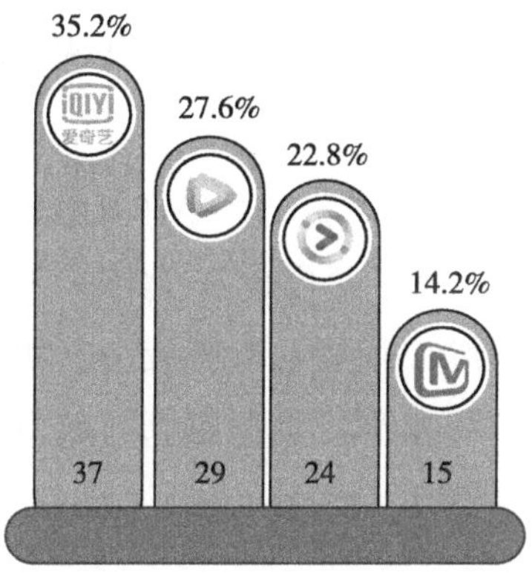

图 2 2018 四大平台自制网综数量。

数据来源：鲸准研究院。

作为综二代的《明日之子》第二季，与同期题材类型及受众方面更加接近的男团综艺《偶像练习生》（爱奇艺出品）和女团综艺《创造 101》（腾讯出品）网综节目相比，虽然整体仍然保持一定的热度（见图 3），但远不及这两个团体网综节目，尤其是选手个人影响力方面，存在显著差距，例如《创造 101》《偶像练习生》均有多名选手入选 2018 年度男女综艺明星热度排行榜前 10 名，但《明日之子》第二季却没有。此外，《中国新说唱》以及《这！就是街舞》的加入也使得网综这片红海市场竞争更为白热化。整体来说，《明日之子》第二季的表现不尽如人意，节目口碑、选手影响力均难以出圈。

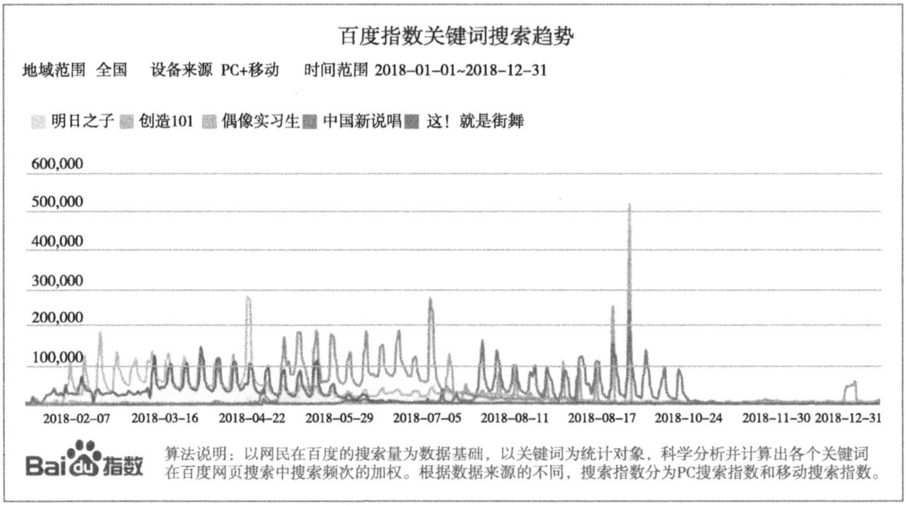

图 3　2018 年主要网综品牌百度指数对比分析

数据来源：百度指数

凭借第一季的爆红，《明日之子》第二季还未播出就拥有很高的关注度，但实际节目热度却遭遇滑铁卢，选手热度也不及第一季。《明日之子》原创概念在推出初期确实吸引眼球，但综二代后已渐露疲态。如何维系观众的口碑和粉丝黏性，并从激烈的竞争中突出重围，重新翻红，成为第三季节目组必须思考的严峻问题。

（二）今生：水晶时代重新出发

随着头部网综节目的女性用户占比越来越大，一大批女性综艺应运而生，关于女性的网综节目也越来越多，但这些节目更多的是聚焦在亲子、时尚以及情感类题材的内容上（艺恩《女性综艺数据研究报告》），加之综艺市场上团体综艺节目的火爆，《明日之子》第三季该从哪个方向发力，成为了困扰出品人龙丹妮的首要问题。在节目策划会上，核心成员们各抒己见，导演马昊感慨："当下整个综艺市场上，很多人都会觉得女性歌手的生命周期比较短，因此做个人女歌手的选拔节目太少了，这是一个市场机会。"此话一出，便获得龙丹妮的强烈认同，节目组决定以此为突破口，将第三季打造为女生季。

鉴于近年来女性综艺热度持续升温，节目组决定独辟蹊径，主打女性个人类音乐综艺，突破团体类综艺的"包围"，重新焕发"现象级网综"的强大生命力。为了区别于前两季的男歌手选拔，节目组决定对节目品牌进行重新定位。在接下来的讨论中，策划团队经过激烈的思想碰撞，最终把第三季的品牌理念设定为“选拔出真正热爱音乐、真诚、有梦想、独特的女性音乐人”，并以“肆意生长，热爱无休”为节目口号确定第三季的节目名称为《明日之子Ⅲ 水晶时代》。

原有的节目赛制已经沿用了两季，观众已经产生了审美疲劳，因此节目组就赛制设计也进行了深入的研讨。赛制负责人表示：“节目的目标受众是95后、00后群体，他们更热衷于养成模式，我们在制作过程中，可以将更多的镜头渗入到选手的日常生活中，不再是单纯地展示舞台的表演，而是要全方位展示选手的个人特色及成长历程。”这一想法获得了大家的肯定。于是，节目组也对赛制进行了创新，启动了全新的职场视角，突出对选手音乐专业素养的重视，以职场视角定义星推官属性，“面试”选手职场化分组，并引入职业训练、考核等方式，呈现崭新的节目风格。

二、打造个人IP品牌

在确定了品牌定位后，节目组把节目品牌的核心聚焦在打造选手个人IP品牌上。为何个人IP品牌的打造如此重要？龙丹妮说出了自己的想法，“全世界技巧好的人太多了，但是有趣和独特的灵魂太少了；没有灵魂一切白谈，声音技巧再好，都是一个苍白的作品。”在她看来，个人特色、风格就是选手的灵魂。同时，她还补充道：“我们要突出选手个人性格及音乐喜好，尊重选手之间风格各异。让观众在观看的过程中更容易产生代入感，淡化‘造星’，拉近选手与观众之间的距离，从而与观众产生情感共鸣。”因此，整个节目过程中，节目组通过强化个人特色、建立情感共鸣、输出价值观和源源不断地输出真诚优质的内容来打造并深化个人IP品牌，并利用社交媒体平台对个人IP品牌进行整合营销传播。

（一）建立个人IP品牌标识：赋予特色标签

在综艺选秀类节目中，选手“标签化”已经是常规化操作，“标签化”备受青睐的原因在于：不仅能够为节目的宣传提供良好的切入点，同时也能够很好地与选手自身的特点、特色结合起来，制造更高的话题度。但这种操作并未被龙丹妮采纳。在无锡的节目策划会议上，龙丹妮斩钉截铁地说：“我从来不认为我们的节目是要去改变一个人的个性，所有的星推官以及幕后的团队的作用，只是帮选手提纯和放大自身的好，我们要突出选手本身自己的个性。”她的想法得到在场所有成员的赞同。

于是，节目组一改常态，不再套用前两季的选手自带标签上场，而是将标签化的工作留给了选手个人、星推官以及观众，让观众亲手塑造选手个人标签。节目组通过选手个人自述、其他选手的对比及互评等多种方式突出选手自身的特点；再通过后期剪辑、幽默的旁白潜移默化突出选手的个人品牌标识。比如在第一期节目中，通过对首位六星选手洪一诺的采访和选手的自述，突出其与世无争的佛系心态，树立了洪一诺与众不同的“老灵魂”个人标识。

在节目赛程的层层推进中，节目组相继打造了一系列让观众印象深刻的选手个人 IP 品牌标识：“最佳原创”“最酷的娃”张钰琪；“复古女孩”“老灵魂”洪一诺；“重返舞台”“舞台魅力”“自我突破”BY2；“扫地僧”“OST 专业户”“天籁嗓音”冯希瑶；“表达者”“音乐大夫”叶禹含；“暗黑系”“创作大拿”李泽珑；“老嗓门”“欧美嗓”的徐若侨；“苏大哥”“气氛担当”“灵魂歌手”苏北北；“异域魔音”“甜心女孩”徐嘉琳。

（二）延展个人 IP 品牌内涵：挖掘多元价值

在打造了选手个人独特的品牌标识后，在不同 IP 品牌的背后，更要挖掘多元价值，这样既丰富了个人 IP 品牌内涵，同时也能满足观众的差异化需求。因此，为了充分满足不同受众群体对选手个人品牌的个性化需求，就必须打造不同特色的选手。在选手的考核过程中，针对不同类型的选手，六位星推官及节目组以个性化的标准进行考核。针对毫无舞台经验的“白菜”，考察核心是选手是否能够结合自身特色，用自己独特的方式进行音乐的表达，再通过每一次的小考核来帮助“白菜”提升专业能力，鼓励“肆意生长”；对于有过舞台经验、相对成熟的选手，节目组更加关注的是“回归初心、丢下包袱”的突破，是否对音乐充满热爱，是否勇于不断挑战、突破自我。

纵观《明日之子Ⅲ 水晶时代》整个进程，节目前期突出选手特色、形成差异化价值。随着节目的发展，选手也不断突破自我，打破标签，塑造立体的、多元化的个人 IP 品牌特色，这一过程也赋予节目更真诚客观的表达和更有意义的价值内涵。例如在前两期中，选手洪一诺的“复古风格”深入人心，但到了第五期，洪一诺开始挑战不同的音乐风格——硬核风、说唱，打破观众认知的同时，也用实力证明了自己不是风格单一的选手。

（三）升华个人 IP 品牌共鸣：激发社交传播

龙丹妮深刻地明白，在网综的市场需求方面，纯轻松娱乐的节目已经无法满足观众精神情感方面的需求，想要从众多综艺节目中脱颖而出，必须通过真诚优质的内容，塑造人格化的个人 IP 品牌，从而与观众之间产生情感共鸣。因此，第三季节目没有刻意去消费选手们的个人背景来争取观众的同情分，也没有刻意制造矛盾冲突来博取眼球，始终坚持呈现真诚而又纯粹的表达。同时，节目组鼓励改编、原创，精心打磨选手的每一次舞台演出，力求给观众呈现出高水准的舞台表演，源源不断地输出优质的内容，进而沉淀个人 IP 品牌。除此之外，第三季还通过一系列衍生节目，如《明妹的日子》《明妹闪光记》等，全方位展示明妹们是如何从“白菜”选手日趋走向成熟，观众在伴随选手成长蜕变的过程中，也会不自觉地将个人投射在节目中。

除了打造优质内容，节目组也意识到借助社交网络媒体扩大个人 IP 品牌传播同样是至关重要的一环。因此，节目组致力于通过社交媒体平台建立选手与观众的直接互动，升华个人 IP 品牌与观众的共鸣，进而达到选手个人 IP 品牌广泛传播的目的。在大考环节中，星推官不评星，由场内及场外观众的点赞数量来决定选手在明日舞台的去留。为了更好地连接选手与观众的互动，节目组通过官方平台、腾讯视频、微信小程序、腾讯微视、微博、知乎等社交平台的联动，既为观众开放了多渠道的点赞和互动通道，让观众能够更好地为自己喜爱的选手进行助力点赞和传播，同时维系粉丝的黏性，并由此激发节目在社交网络中的口碑传播。除此以外，节目还与三大音乐版权合作平台开展了专访、选手与观众在评论区在线问答、赠送粉丝见面会门票、亲笔签名照等互动活动。

（四）个人品牌重塑节目品牌：强化品牌融合

个人 IP 品牌与节目整体品牌相辅相成、相互成就。节目组注重打造个人 IP 品牌，并着力于凸显个人品牌之间多样化、差异化的特点，成功地抓住了平衡整体用户收看曲线的关键，因而备受热捧。而每一位选手个人 IP 品牌打造的过程，也是节目成长的过程（见表 1）。

表 1　明日系列节目各大权威平台数据对比

各大权威平台数据		明日之子 3 水晶时代 2019 年 6 月 22 日	明日之子 2 2018 年 6 月 30 日	明日之子 1 2017 年 6 月 10 日
骨朵	全网热度均值	76.74	66.76	无明日之子 1 数据
豆瓣	豆瓣评分	6.4	5.5	5.9
Vlinkage	连续蝉联 TOP1	8 天	7 天	1 天
微博	主话题阅读量	107 亿	105.1 亿	82.8 亿
	主话题讨论量	4224.3 万	2621 万	5154.7 万
	微博微指数峰值	1319 万	\	162.7 万
猫眼	猫眼最高热度	9939.68	8539.03	8556.77
	猫眼评分	7.8	6.2	7.1

同时，在这一过程中，选手们不懈追求实现自我价值、努力奋斗的态度呼应了节目“肆意生长，热爱无休”的口号，也进一步被观众所知晓，这更加强化了节目品牌新定位。腾讯视频明日之子官方微博公布的数据显示，自 2019 年 6 月 22 日节目播出后，正片累计总播放量达 32.92 亿次，弹幕数达 760 万，在全网平台共斩获 893 次热搜，成为 2019 年夏天关注度最高的网综。

三、个人 IP 品牌实现商业价值

（一）个人 IP 品牌节目广告收益

节目组除了致力于节目内容的升级突破，还在品牌的植入形式上寻求自然融入和创新点。节目组充分结合赞助品牌的调性，带动参赛选手的商业价值，实现节目品牌、选手个人 IP 品牌以及赞助品牌的三向赋能，发挥“1+1 > 2”的营销效果。在节目中使用创意中插、情景植入等多种形式，“因人制宜”，为不同选手个性化定制广告内容及呈现形式，体现个人 IP 品牌形象背后的商业价值。除此之外，在比赛期间九大厂牌选手还参与了赞助品牌的线下推广宣传活动；与知名杂志展开合作；洪一诺更是与独家赞助冠名品牌展开深度合作，担任品牌挚友助力新产品。

节目组通过“软”植入的形式让广告毫无违和感，达到“润物细无声”的效果，使得赞助品牌既得到了深度传播，又大大提升了流量转化率。根据艾瑞

SVC监播数据整理，《明日之子Ⅲ 水晶时代》节目赞助品牌平均品牌资产提升指数高于行业平均水平20%，成绩喜人。同时，选手参与中插广告的场景化演绎，又能拓宽节目和选手的外围话题声量，帮助选手提升人气，进一步提高选手个人IP品牌的商业价值。

（二）个人IP品牌付费衍生节目

随着知识经济的兴起，观众为优质内容付费的意愿日趋增强。艺恩发布的《2018年中国网络综艺市场白皮书》显示，衍生节目既能够提高节目素材的利用效率，也能够提升用户在平台的付费意愿。在其调查中，59%的用户愿意为网综付费，44%的用户愿意为衍生节目或产品付费（见图4）。

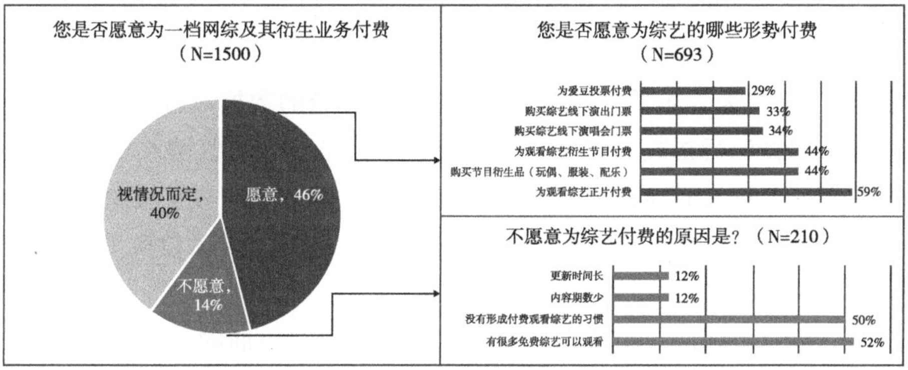

图4 网综及衍生业务付费意愿调查结果

为了延展节目的热度，增加用户的付费意愿，节目组共衍生了5个节目（见表2），包含了明妹初面试、精彩幕后、练习室、宿舍生活等多个视角，内容涉及节目花絮、选手访谈及互动，给观众展示了明妹的全方位成长，让观众产生代入感，既增强了观众黏性，又维系了观众口碑。5个衍生节目自播出以来，播放量超过2.1亿次，弹幕数突破61万。

表2 《明日之子Ⅲ 水晶时代》衍生节目

衍生节目	期数	播放量	弹幕数	简介
评星全纪录	4	5160.8万	17.5万	完整展示明妹们的首次评星考核表演全过程
明妹闪光记	6	4755.8万	11.3万	展示导师课及明妹们的日常训练情况、生活趣事等
不打烊练习室	8	4306.9万	13.2万	主要包含明妹们的练习室生活

续表

衍生节目	期数	播放量	弹幕数	简介
明妹的日子	18	3420.8 万	13.0 万	展示明妹们生活中的细节，看当代年轻人整体面貌和生活习惯。感受明妹们在舞台下更真实可爱的一面
查房啦	6	3460.7 万	6.2 万	主要包含明妹们的宿舍生活

数据来源：腾讯视频。

（三）个人 IP 品牌内容版权代理

为了维护个人 IP 品牌优质内容版权，节目组与主流音乐平台（QQ 音乐、酷狗音乐和酷我音乐）合作，授权官方音乐版权，这样既能够向观众输送优质的音频服务，也能够为节目、选手带来版权的收益。同时，借助音乐平台的社交属性，更好地连接选手与观众之间的互动，带动选手的热度。在节目播出期间，选手在三大音乐平台上表现出色，官方微博的数据显示，9 首金曲入围 QQ 音乐巅峰榜流行指数 TOP10，7 首金曲入围 QQ 音乐人气榜人气值周排行榜 TOP3，14 首金曲入围 QQ 音乐歌曲评论数周排行榜 TOP3，8 首金曲入围 QQ 音乐流行指数飙升率排行榜 TOP3。在酷狗飙升榜上明妹们同时包揽 TOP10，9 首金曲入围酷狗指数 TOP5。

除了热度高涨外，《明日之子Ⅲ 水晶时代》节目歌曲的其他数据也十分喜人，QQ 音乐官方公布的数据显示，截至 2019 年 9 月 2 日，歌曲播放总量达到 5.3 亿，下载总次数超过 595 万。音乐版权的代理，不仅延伸了节目与选手的热度，还使九大厂牌选手在三大音乐平台收获了大批忠实粉丝，总数量超过了 418 万，进一步提升了选手的个人商业价值。

四、展望未来

作为综三代的《明日之子Ⅲ 水晶时代》自上线以来，无论是节目热度还是观众口碑都取得了不菲的成绩。作为一个成熟的综艺品牌，《明日之子》第三季摆脱了第二季的疲弱之态，经受住了市场的考验，实现了节目品牌在第三季的华丽转身。

《明日之子Ⅲ 水晶时代》通过打造个人 IP 品牌，进而重塑节目品牌，极大地增强了个人 IP 品牌以及整体节目品牌的影响力，重新焕发了该综艺的生命力，并取得观众口碑和商业价值双赢。第三季的成功也许提供了一种新思路及其可行性，但是探索如何进一步打造优质的新时代个人 IP 品牌，还有很长的路要走。

The Coming One 3: Building IP-based Personal Brands

Abstract: In the summer of 2017, Mao's original song "Sorrow" suddenly turned into a hit song, especially thanks to its breathtaking lyrics, dominating the top of music charts in that year. The song had grabbed so much attention that it made "The Coming One" a phenomenal musical talent program aired online. However, with the downturn of the film and television industry in 2019, both traditional mass media and Internet entrainment producers are confronted with the recession. As the third season of the Coming One series, in the face of fierce market competition, "The Coming One 3: All Girls" defeats its opponents by building an array of individual Intellectual Property (IP) brands to reposition the program brand strategically. This case focuses on a series of innovations in program schedule design and contestant-oriented personal IP branding, and elaborates how to implement the integrated marketing strategy for individual and program branding across social media platforms. It is expected to help students understand and think about how to perform brand repositioning strategy and build IP-based personal brand in the context of new media.

Key words: Brand repositioning; IP-based personal brand building; IP-based personal brand marketing; IP-based personal brand monetization

附录：

附录 1　星推官个人情况概要

星推官	年龄	出道时间	节目职位	节目职责范围	职业	个人情况、评价	评审角度
孙燕姿	41	2000	艺术总监	专业表现 艺术定位 声乐指导	流行乐女歌手	以独特的嗓音和唱腔，扎实的音乐功底著称，华语乐坛天后，深受听众喜爱	声乐专业表现
华晨宇	29	2013	声乐总监	声乐培训 专业提升 舞台表现力指导	流行乐男歌手	2013 年获得《快乐男声》总冠军后出道。他擅长声情并茂的演唱方式，极富舞台表现力。从独唱出道一路走到国内顶尖音乐人的位置	声乐舞台表现力
宋丹丹	58	1983	人力总监	工作态度 心情管理	国家一级话剧演员	优秀的话剧演员、女演员，曾先后 10 次登上春晚的舞台。她热爱艺术、热爱音乐	从个人感官发表真实想法
龙丹妮	46	\	行业总监	行业打造	导演、制片人	从事音乐选秀制作 20 余年，富有创新能力，被大家称为“选秀之母”。曾推出《超级女声》《快乐女声》《快乐男声》等选秀节目，创造了电视、音乐的奇迹	从市场角度打造个人品牌
毛不易	25	2017	2017 年度六星员工	陪伴新人成长 创作培训	流行乐男歌手	2017 年参加《明日之子》，获得全国总决赛冠军后正式出道。被称作“少年李宗盛”，是一名极具音乐创作才华的创作型歌手	歌曲创作
孟美岐	21	2018	2018 年度六星员工	陪伴新人成长 舞台舞蹈表现力培训	流行乐女歌手、演员	2018 年参加《创造 101》，以第一名的成绩 C 位出道，成为组合火箭少女 101 成员。拥有高水准的唱功和出色的舞蹈实力，唱跳型歌手	舞蹈、唱功舞台表现

附录2 《明日之子Ⅲ 水晶时代》十期节目的比赛环节项目信息

赛程	比赛环节
第一期 第二期 初选	➢ 选手自选歌曲、才艺进行表演。 ➢ 星推官根据选手的表现决定是否给星，最高为六星，最终只有一位选手获得六星，没有获星的选手将被淘汰。
第三期 声乐小考核	考核标准：情感、节奏、音域、音准 ➢ 通过声乐考核重新评星：在声乐小考核中获得六星的选手将与上一期六星选手 Battle，选出唯一六星选手。 ➢ 选手随机从四首考核曲目中抽取一首进行分组演唱。 ➢ 唯一六星选手在下一期大考中将获得上水晶舞台；五星选手获得个人表演舞台，单独演奏一首歌曲；三星和四星选手将获得共享串烧舞台；二星选手将获得合唱舞台；一星选手无法登上下一期的考核舞台；没有获星的选手将被淘汰。
第四期 第一轮大考核	➢ 选手们根据自己的不足自行选择一组导师（共3组）进行针对性训练。 ➢ 根据上一期小考核的结果，公演将舞台分为不同的舞台：1. 合唱舞台，选手共同演唱同一首歌；2. 共享串烧舞台，每人演唱一段歌曲（每人一分半的单独演唱时间）；3. 个人表演舞台，单独演奏一首歌（一首完整曲目的表演）；4. 最高荣誉的水晶舞台。 ➢ 每一组演唱结束后，开启点赞时间，由现场的400名观众进行点赞。场内400名观众点赞产生的前9名，将依次获得线上水晶榜第一名点赞数为基准的15%、13%、11%、9%、7%、5%、3%、2%、1%的比例加权。本期结束后水晶榜综合排名25名以后的选手将暂时离开舞台。
第五期 舞台表现力小考核	考核标准：舞台表现力 ➢ 通过舞台表现力考核重新评星：舞台表现力小考核获得六星的选手将与上一期六星选手 Battle，选出唯一六星选手。 ➢ 选手将从三首考核风格迥异的歌曲中选一首进行表演，并邀请了火箭少女101组合成员杨芸晴、Yamy、赖美云帮助训练。 ➢ 本期唯一六星选手在下一期大考中将获得上水晶舞台；五星选手获得个人表演舞台，单独演奏一首歌曲；三星和四星将获得共享串烧舞台；二星选手将获得合唱舞台；一星选手无法登上下一期的大考舞台，没有获星的选手将被淘汰。
第六期 第二轮大考	➢ 星推官在本期进行重新分组，星推官自选需要指导的选手，更有针对性地帮助选手解决问题。 ➢ 根据上一期小考核的结果，公演将舞台分为不同的舞台：1. 合唱舞台，选手共同演唱同一首歌曲；2. 共享串烧舞台，每人演唱一段歌曲（每人一分半的单独演唱时间）；3. 个人表演舞台，单独演奏一首歌曲（一首完整曲目的表演）；4. 最高荣誉的水晶舞台。 ➢ 每一组演唱结束后，将会开启点赞时间，由现场的400名观众进行点赞。场内400名观众点赞产生的前9名，将依次获得线上水晶榜第一名点赞数为基准的15%、13%、11%、9%、7%、5%、3%、2%、1%的比例加权。本期结束后水晶榜综合排名14名以后的选手将暂时离开舞台。

续表

赛程	比赛环节
第七期 音乐创造力小考核	考核标准：找到歌曲与自身的共鸣点、清晰的自我表达 ➢ 此次考核限定范围为 7 首歌曲，在歌曲的基础上进行再创造，改编、改词，也可以选几首歌曲来混编、重新编曲等等，形式不限。 ➢ 在同一首歌曲的基础上进行再创造的选手们，将一起进入面试间接受考核，每组表演完毕后，六位星推官进行星级评定，如果同时出现多个准六星将由星推官讨论出唯一六星；如果人气第一选手获得六星，直接成为本期唯一六星选手。 ➢ 本期唯一六星选手在下一期大考中将获得上水晶舞台；五星获得个人表演舞台，单独演奏一首歌曲；三星和四星将获得共享串烧舞台；二星选手将获得合唱舞台；一星选手无法登上下一期的大考舞台；没有获星的选手将被淘汰。 ➢ 排名 15~25 名的选手，准备的小考核作品，将作为练习室版发布。
第八期 第三轮大考	➢ 请来帮唱嘉宾帮助完成合作，帮唱嘉宾是第一季和第二季的明日之子以及创造营 Rice 成员，共同推出一个作品，并且找到大家共同发挥的点。 ➢ 共享串烧舞台的选手没有帮唱嘉宾，而是选手间的合作。现场粉推团点赞以 1∶1 的比例记入水晶榜点赞数。 ➢ 本期结束后，根据水晶榜综合排名前 9 名产生九大厂牌。
第九期 半决赛	➢ 最强厂牌半决赛，九进四将分为两轮，第一轮是水晶排位战，九位选手将依次进行演唱，九强席位分成了三个不同区域：安全区（前三名）、危险区（后三名）、待定区（四到六名），在九位选手演唱结束后，主持人抓取实时水晶榜点赞数，水晶榜点赞数将直接决定选手的去留；安全区的三位选手将直接成为四强，危险区的选手将被直接淘汰，待定区的选手将进行第二轮水晶抢位战来争夺最后一个四强名额。 ➢ 水晶抢位战，待定的三名选手，将根据水晶榜点赞数由低到高依次演唱，在演唱结束后，抓取实时点赞数结果，排名第一的选手成为最后一个晋级四强的选手。
第十期 总决赛	➢ 分为四轮冲刺，第一轮是星推官助力冲刺，不产生结果；后三轮的结果，都由水晶榜的点赞排名来决定，最终产生《明日之子Ⅲ 水晶时代》的最强厂牌。 ➢ 第一轮：孟美岐助力 BY2；毛不易助力冯希瑶；孙燕姿助力洪一诺；华晨宇助力张钰琪。 ➢ 第二轮：选手依次进行独唱，在所有演唱结束之后，抓取实时水晶榜点赞数，排名前三的选手继续比赛，最后一名成为第四名。 ➢ 第三轮：剩下的三位选手通过串烧的形式，向最强厂牌发起进攻。 ➢ 第四轮：最后的两位选手进行个人最强厂牌秀，点赞数较高的成为这期节目的最强厂牌，获得水晶唱片。

案例使用说明

一、教学目的与用途

1. 适用对象：本案例适用对象为本科生、研究生、MBA、EMBA 等学员。

2. 适用课程：本案例适用于《品牌管理》《网络营销》等课程。

3. 教学目的：

新媒体时代的综艺产品，品牌重定位以及个人 IP 品牌的市场影响力日趋显著，本案例通过描述《明日之子》（简称《明日》）节目第三季品牌重定位以及如何打造个人 IP 品牌的历程，帮助学生理解和掌握如何重定位节目品牌、如何打造个人 IP 品牌及进行商业化。在这一过程中，可以让学生：

（1）分析《明日》品牌面临的市场机遇及挑战，了解品牌重定位的背景；

（2）了解品牌重定位的相关内容，并掌握品牌重定位所采取的策略；

（3）掌握个人 IP 品牌打造与传播的策略；

（4）掌握实现个人 IP 品牌变现的多种途径。

二、启发思考题

1.《明日》走到第三季，节目品牌面临着怎样的市场机遇和挑战？

2. 面对激烈的市场竞争与挑战，《明日》节目如何重定位节目品牌？

3.《明日》节目如何通过个人 IP 品牌的打造及传播来塑造新的节目品牌？

4.《明日》节目如何实现个人 IP 品牌变现？还有哪些变现途径值得尝试？

三、分析思路

本案例的分析要先从《明日》前两季的发展情况以及网综市场背景出发，在分析该综艺的市场环境后，决定在第三季中实施品牌重定位和个人 IP 品牌的打造策略以及个人 IP 品牌实现变现的途径。首先通过研究网综的市场环境找到机会，其次分析品牌重定位的三种策略研究其品牌重定位，并基于 4V 营销理论探讨其制定个人 IP 品牌 4V 策略，最后讨论其个人 IP 品牌的变现途径。在此基础上，结合目前《明日》的发展情况，对该网络综艺未来的发展方向、发展空间提出自己的看法。案例具体分析思路如图 1 所示：

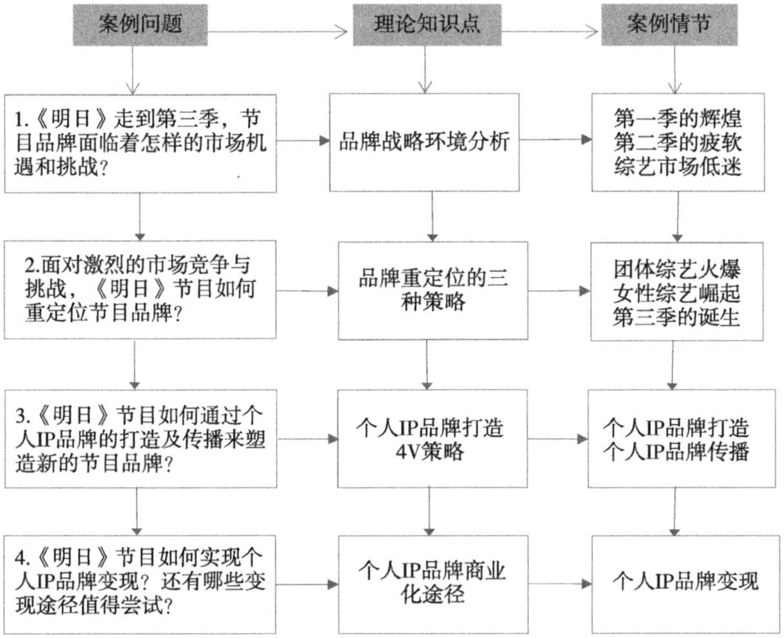

图 1　案例分析框架

四、理论依据及分析

1.《明日》走到第三季，节目品牌面临着怎样的市场机遇和挑战？

【知识点：品牌战略环境分析】

20 世纪 80 年代初由美国旧金山大学的韦里克教授提出的 SWOT 分析法，经常被应用于企业战略指定、竞争对手分析等场景。通过对内外部竞争环境和竞争条件下的态势分析，将与研究对象密切相关的主要内部优势、劣势和外部机会和威胁等依照矩阵形式排列，然后用系统分析的思想，把各种因素相互匹配起来加以分析。运用这种方法，可以对研究对象所处的情景进行全面、系统、准确的研究，从而根据研究结果制订相应的发展战略、计划以及对策等。

【案例分析】

《明日》一方面面临着综艺市场的“寒冬”，另一方面面临着“优爱腾”三大巨头加入到偶像养成类网络综艺的激烈市场竞争，同时还面临着《创造101》《偶像练习生》等团体综艺的威胁。在进行节目筹划时，要找到机会所在，需要对市场环境进行分析才能找到新的突破口，具体分析如下：

通过SWOT分析以及对这五档网综进行竞品对比分析（见表1、表2），《明日》的机会在于个体女性综艺市场，同时，制作团队中龙丹妮、马昊等人曾参与了红极一时的《超级女声》《快乐女声》等女性歌手音乐选秀节目的制作，具有丰富的经验优势。因此，为了焕发节目品牌的生命力，节目组提出了全新品牌的重定位品牌战略。

表1 主要网综品牌对比分析

节目对比	《明日》第二季	创造101	偶像练习生	中国新说唱	这！就是街舞
播出平台	腾讯视频	腾讯视频	爱奇艺	爱奇艺	优酷
播出时间	暑期档	初夏档	新年档	暑期档	新年档
题材类型	个人男歌手养成	偶像女团养成	偶像男团养成	说唱音乐	街舞竞技
受众	95后、00后	18~34岁	18~34岁	18~30岁	18~29岁
热度	4,603,336	8,448,276	8,092,299	4,528,105	3,114,849
入围综艺明星热度排行前10	无	5人	3人	无	无

数据来源：2018腾讯娱乐白皮书、爱奇艺指数、优酷微博官方账号。

表2 《明日》SWOT分析矩阵

内部环境	优势（Strength） 1. 作为综三代，拥有大量的粉丝用户，节目关注度高； 2. 节目策划团队拥有丰富的音乐、选秀节目策划经验。	劣势（Weakness） 1. 赛制缺乏创新，观众产生审美疲劳； 2. 第二季节目口碑下滑； 3. 第二季选手热度低。
外部环境	机会（Opportunity） 1. 头部网综节目的女性用户占比大，女性综艺热度持续升温； 2. 个人女歌手选拔节目的匮乏。	威胁（Threat） 1. 市场竞争激烈，各大视频平台加大了网综的投入力度； 2. 偶像养成类团体综艺的兴起； 3. 偶像养成类综艺节目的受众差异小。

2. 面对激烈的市场竞争与挑战，《明日》节目如何重定位节目品牌？

【知识点：品牌重定位的三种策略】

一个企业在品牌重定位过程中可能会采取如下三种品牌重定位策略（Youngme Moon，2005），如图 2、表 3 所示，具体包括逆向定位、分离定位以及隐匿定位。

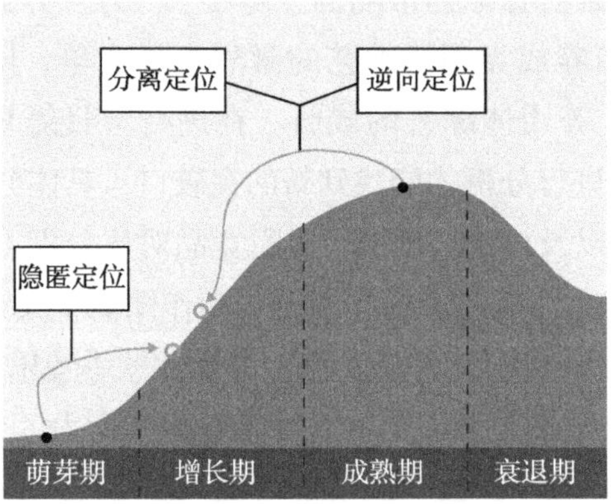

图 2　品牌重定位的三种策略

表 3　品牌重定位的三种策略内容

逆向定位	通过采取打破常规的属性组合战略，有利于改变产品在同一个类别中的竞争地位，并促进产品从生命周期的成熟期重新回到成长期
分离定位	让产品与不同的类别建立关联，使其脱离原属类别，从而改变产品的消费方式与企业的竞争对手，重新迸发生命力，使其避免走向衰落
隐匿定位	采取较为隐蔽的策略，化解消费者对产品或企业的偏见，使得他们更容易接受该产品或该企业，并能够为他们带来想要的价值

【案例分析】

如今国内综艺节目如火如荼，如何使得节目脱颖而出、取得理想的节目收视率已成为各综艺平台亟须解决的核心问题。尤其是像《明日》这类的选秀节目，一方面需要面临例如《中国有嘻哈》《中国好声音》等在内的其他同类型选秀节目的竞争，另一方面还面临着第二季的疲软状态，因此《明日》如何重定位是其发展的关键。具体来说，《明日》第三季在进行品牌重定位时需要考虑如下品牌重定位的策略：

（1）逆向定位（Reverse Positioning）

经过国内几波大型偶像生产浪潮之后，2018 年《创造 101》《偶像练习生》

使得中国团体类综艺选秀节目火爆全国，甚至《创造101》和《偶像练习生》被称作开启了选秀3.0时代。根据2018年腾讯娱乐白皮书公布的数据（见表4），2018年全网共有10档偶像养成类节目，其中热度[①]排行前2名的均为团体类节目，10档节目中仅有2档Solo类选秀节目。

表4　2018年度偶像养成类综艺成绩对比

综艺名称	热度	类型	综艺名称	热度	类型
创造101	8,488,276	团体	SN hello星梦学院	33468	团体
偶像练习生	8,092,299	团体	咕噔咕噔banana	30972	团体
《明日》第二季	4,603,366	个人	NINEPERCENT花路之旅	27602	团体
火箭少女101研究所	264,566	团体	萨瓦迪卡！ Banana	22617	团体
最优的我们	129,777	团体	易安少年成长计划	8017	个人

虽然市场上团体类综艺选秀节目非常火，但是《明日》第三季依然坚持做Solo歌手市场，直面女性歌手生命周期短的市场现状。以打造个人IP品牌作为突破点，突出每一位选手的个人特色，迎合了不同的受众需求，对更多的用户产生吸引力。节目组选择逆向定位，通过打造差异化，实现在激烈的市场竞争中脱颖而出。

（2）分离定位（Breakaway Positioning）

《明日》前两季做的都是男歌手，原创概念在推出初期确实吸引眼球，但经过综二代后已渐露疲态。如何维系观众口碑、粉丝黏性，是第三季面临的严峻挑战。在前期经过对市场环境的分析发现，头部网综节目的女性用户占比越来越大，且女性用户更热衷于观看女性综艺，因此《明日》第三季决定做女生季，打破观众对节目的原有认知。同时还通过开启职场视角对赛制进行再创新，缓解了粉丝用户的审美疲劳，提升粉丝黏性。

（3）隐匿定位（Stealth Positioning）

传统的音乐选拔类节目更多的是突出选手的舞台表演效果，但《明日》第三季不只是单纯地展示节目中的表演，而是将95后、00后群体热衷的养成模式注入到传统音乐选拔节目中，镜头渗入到明妹们的生活日常，选手们不再是舞台上单纯的表演者。整个节目更像是选手们蜕变成长历程，能够让观众在观看的过程中更容易产生代入感，淡化了“造星”印象。同时，在个人IP品牌的

---

① 热度：综合反映媒体及公众对于研究对象的关注、曝光、谈论及提及情况，通过媒体曝光量、转载量、新闻热度及互联网社交平台网友的讨论量及讨论热度经过加权计算得出。

打造过程中，选手的个人成长过程也更容易与观众产生情感上的共鸣，进一步突出了第三季节目的品牌理念：选拔出真正热爱音乐、真诚、有梦想、独特的女性音乐人。主线看似强调个人 IP 品牌的打造过程，但实则进一步强化了节目品牌在观众心中的新定位。

3.《明日》节目如何通过个人 IP 品牌的打造及传播来塑造新的节目品牌？

【知识点：个人 IP 品牌打造 4V 策略】

国内学者吴金明于 2001 年综合性地提出了 4V 营销理论，即包含差异化（Variation）、功能化（Versatility）、附加价值（Value）以及共鸣（Vibration）在内的 4V 营销理论，如图 3、表 5 所示。4V 营销理论首先强调企业要实施差异化营销，一方面使自己与竞争对手区别开来，树立自己独特的形象；另一方面也使消费者相互区别，满足消费者个性化的需求。其次，4V 营销理论要求产品或服务有更大的柔性，能够针对消费者具体需求进行组合。最后，4V 营销理论更加重视产品或服务中无形要素，通过品牌、文化等满足消费者的情感需求。

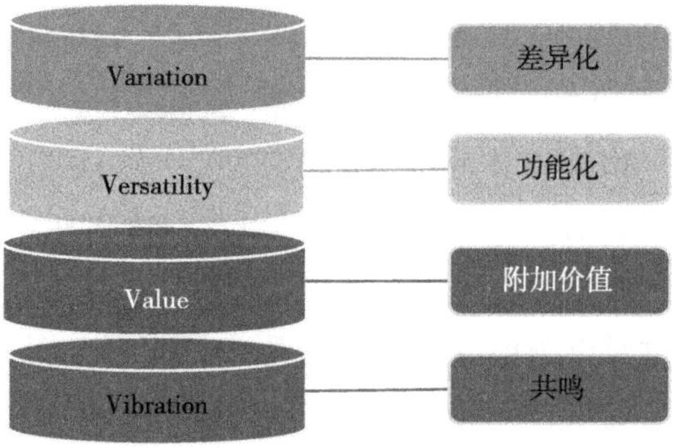

图 3　4V 营销理论

表 5　4V 营销理论内容

差异化	针对目标市场的个性化需求，通过品牌定位与传播，树立鲜明的形象，建立品牌差异化和个性化核心竞争优势
功能化	根据消费者消费要求的不同，提供不同功能的系列化产品供给
附加价值	提高企业文化或品牌在产品中的附加价值，如品牌价值、企业文化
共鸣	将企业的创新能力与消费者所重视的价值联系起来，培养忠实顾客，从而使企业与消费者之间产生共鸣

【案例分析】

结合 4V 营销理论，我们可以看出，对于个人 IP 品牌的打造与传播而言，从差异化、功能化、附加价值到共鸣这四个方面的营销都是至关重要的。因此，我们需要从以下四个方面阐述《明日》第三季在针对选手特点打造个人IP品牌的过程中，是如何进行相关营销的。

（1）Variation（差异化）

《明日》第三季的差异化营销主要体现在两个方面：一是注重选手个人的差异化营销，在养成类节目中差异化最常规的操作是人设“标签化”，但是《明日》第三季节目组却一反常态，没有直接给选手“贴标签”，而是通过大量运用采访手法与其他选手的对比、互评和自述采访的方式以及使用各种镜头突出选手的个人特色；二是在结合后期剪辑、旁白的作用下潜移默化突出选手的人设。最后成功打造了“最酷的娃”“复古女孩”“舞台魅力”等九大厂牌个人IP标识，满足用户个性化需求的同时，使得九大厂牌个人特点深入人心。另外，节目组还充分考虑选手个人特性与赞助品牌调性相结合，进行广告的个性化定制，从而差异化个人IP品牌的打造。

（2）Versatility（功能化）

随着综艺市场的竞争日益激烈，观众不再单纯追求娱乐，对节目的品质有了更高的要求。部分纯轻松娱乐的综艺正面临着短视频的冲击。在这一背景之下，优质内容是吸引用户的根本，节目组没有刻意去消费选手们的个人背景来博取观众的同情分，也没有刻意制造矛盾冲突来博取眼球，而是坚持以音乐为主体呈现真诚而又纯粹的表达。重视选手们的每一次舞台演出，鼓励改编、原创，力争给观众呈现出高水准的舞台表演。同时为了满足观众在追剧过程中的不同需求，除正片外，还衍生了5档节目，内容涉及节目花絮、选手访谈及互动，给观众展示了明妹们的全方位成长，总有一款能够满足观众的口味。

（3）Value（附加价值）

个人IP品牌的附加价值更多是通过营销为选手带来更大的热度与流量来体现的，通过大量的曝光，选手的关注度越高，个人IP品牌的商业价值就越高。在附加价值营销方面，节目组主要采用了两种途径：一方面是在第八期节目中邀请《创造101》《创造营2019》《明日》第一、二季的人气选手来担任帮唱嘉宾；另一方面是节目组充分结合赞助品牌的调性，带动参赛选手的商业价值，实现节目品牌、选手个人IP品牌以及赞助品牌的三向赋能，发挥“1+1＞2”的营销效果。邀请选手担任赞助品牌的广告模特，参与拍摄创意中插和宣传片，助力产品的推广和选手人气的提升。同时，签约人气选手担任品牌形象大使，并开展线下宣传活动，深度绑定赞助品牌与选手个人IP品牌，帮助选手提升人气，进一步提高选手个人 IP 品牌的商业价值。

（4）Vibration（共鸣）

新媒体时代，粉丝维护和运营才是价值的最终体现。内容可以与内容产生共鸣，互动可以满足观众的精神体验。首先，通过 5 档衍生节目，全方位展示明妹们的生活日常以及练习过程，观众能够全程伴随选手的成长蜕变，在观看的过程中，不自觉地将个人投射进节目中，拉近了选手与观众之间的距离，从而与观众产生情感共鸣。其次，节目组通过腾讯视频、微信小程序、腾讯微视、微博、知乎等社交媒体平台的联动，给观众开放了多渠道的点赞和互动通道，让观众与观众之间产生更多的互动，使得观众有更多的渠道与他人分享，用户在相互分享的过程中收获了满足感，同时又助力节目品牌与个人 IP 品牌在社交网络中的口碑传播。最后节目组还积极开展了许多的线下活动，如粉丝见面会、出席赞助品牌线下发布会等，增强了选手与粉丝之间的互动。

4.《明日》节目如何实现个人 IP 品牌变现？还有哪些变现途径值得尝试？

【知识点：个人 IP 品牌商业化途径】

【案例分析】

对于个人 IP 品牌变现而言，广告模式、订阅模式以及代理模式是最主要的变现渠道。因此，可以从以下三个方面阐述《明日》个人 IP 品牌变现途经。

（1）节目广告收益（广告模式）

现阶段中国综艺的商业模式，以广告招商为主，广告招商是综艺收入的主要来源。节目组充分考虑了选手个人 IP 品牌的商业价值，通过结合选手的个人特色与赞助品牌调性，邀请人气选手担任广告“模特”，使得赞助品牌既得到了深度传播，又大大提升了流量转化，提高了节目招商的议价能力。同时，赞助品牌也陪伴着选手的成长，当选手具备足够的人气与热度后，与相关赞助品牌签约，成为品牌大使，成就节目、选手、赞助品牌的三赢。

（2）付费节目内容（订阅模式）

开发衍生节目能够从不同的视角展现一档综艺节目的内容，在很大程度上延展节目的热度，满足观众的观看需求，提升广告的营销效果。同时，衍生节目既能够提高节目素材的利用效率，也能够提升观众在平台的付费意愿。

（3）内容版权代理（代理模式）

作为一档音乐类选秀节目，在节目进程中，选手会创作出很多优秀的原创作品。为了维护个人 IP 品牌优质内容版权，节目组与主流音乐平台（QQ 音乐、酷狗音乐和酷我音乐）合作，授权官方音乐版权。观众通过购买会员或购买版权播放和下载歌曲。音乐版权代理给节目出品方及选手个人带来收益，同时借助音乐平台的社交属性更好地连接选手与观众之间的互动，带动选手的人气。

你认为还有哪些变现途径值得尝试？此问题为开放式问题，学生合理应用互联网商业模式进行作答，以下回答供教学参考。

综艺内容品质的日益提升，以及与社交媒体的融合愈加紧密，将不断推进其他商业模式的成熟。社区模式的发展主要依赖用户忠诚，而《明日》系列节目作为综N代，积累了大量忠实的用户粉丝，满足社区模式的基本条件。且目前“电商＋社区”的营销形式正在蓬勃发展，社区通过形式多样的互动（如打卡、问答、直播等）促进个人IP品牌与粉丝关系的维护，大量拥有一定知名度的网络红人纷纷通过社区将粉丝互动与产品推荐有机结合，因此未来综艺节目的个人IP品牌可以尝试社区形式的变现渠道。

五、背景信息

2017年6月，《明日》第一季在腾讯视频独家播出，一共15期，节目以音乐为载体，首次集中展现年轻人多元的价值观，让每一位参赛选手可以根据自己的特点、喜好选择一条赛道进行报名参赛。腾讯视频《明日》官方微博账号发布的收官战报数据显示，自节目播出以来，累计播放量达40亿，单集最高播放量达4亿，创下网综播放总量、单集播放量最高纪录。一曲《消愁》传唱度颇高，堪称红遍大街小巷，霸屏各大音乐榜单，承包了那年夏天的大部分热度，被称作现象级网综。

2018年6月，《明日》第二季在腾讯视频独家播出，一共12期，核心价值观是“带领、冲撞、正流行”，旨在接受多元的价值观和才华的选手在舞台上碰撞，选拔出带领正流行的音乐偶像。借助第一季节目的火爆，第二季的播放量虽然不错，但是热度却遭遇滑铁卢，选手热度止于节目播出期间。以最强厂牌蔡维泽为例，他次年发行的新专辑《夜长梦少》，虽然口碑不错，但传唱度并不高。原创概念在推出初期确实吸引眼球，但两季后已渐露疲态。

六、关键要点

1. 关键点

本案例的关键点包括以下四个方面：

（1）在面临各大网络综艺遍地开花且自身品牌疲软的情况下，如何给品牌重定位是当前网络综艺必须思考且亟须解决的问题。

（2）《明日》节目在确定品牌重定位的战略后，如何使用品牌重定位的三种策略来重定位节目品牌。

（3）选秀类节目打造个人 IP 品牌时需要充分认识选手的特点，基于 4V 营销理论来进行个人 IP 品牌的打造并充分利用社交媒体网络进行推广。

（4）在打造个人 IP 品牌的过程中，如何实现个人 IP 品牌变现、帮助企业获得利益，也是网络综艺节目必须要考虑的问题。

2. 关键知识点

（1）品牌重定位背景分析；

（2）品牌重定位的三种策略；

（3）个人 IP 品牌在打造以及传播过程中所采取的营销策略；

（4）个人 IP 品牌的变现途径。

七、建议课堂计划

本案例可以作为专门的案例讨论课来进行，通过小组讨论的方式分析本案例，以完成本案例的教学目标。以下是按照教学课程时间进度、课堂讲授思路，并结合品牌重定位、品牌组合战略以及网络整合营销等实践建议以及所需的教学设备及材料提供的课堂计划建议，仅供参考。

1. 教学课程时间

案例讨论课的课程实践控制在两个课时（每个课时 45 分钟，共 90 分钟）。

2. 课堂板书设计

根据案例分析思路及课堂计划的建议，教师可以根据图 4 所示的课堂板书设计，从《明日》打造个人 IP 品牌所进行的品牌重定位策略出发，引导学生思考、讨论发言，并对学生的发言进行归纳总结。

3. 课堂讲授思路

（1）课前：教学准备阶段

根据课程教学班级学生专业知识背景，对课程教学班级进行分组，每组人数控制在4~5人，要求各小组成员做好分工与合作，将事先打印好的案例发给学生。

（2）课中：小组讨论阶段

第一步，简要的课堂前言，明确课堂教学主体（10 分钟）。授课老师主要介绍案例大致背景（《明日》介绍、网络综艺节目发展现状等）、案例大致内容

(《明日》第三季的诞生、品牌重定位过程尤其是在个人 IP 品牌的打造与传播等)、案例涉及问题，提醒学生带着问题仔细阅读案例材料，初步明确案例分析主题。

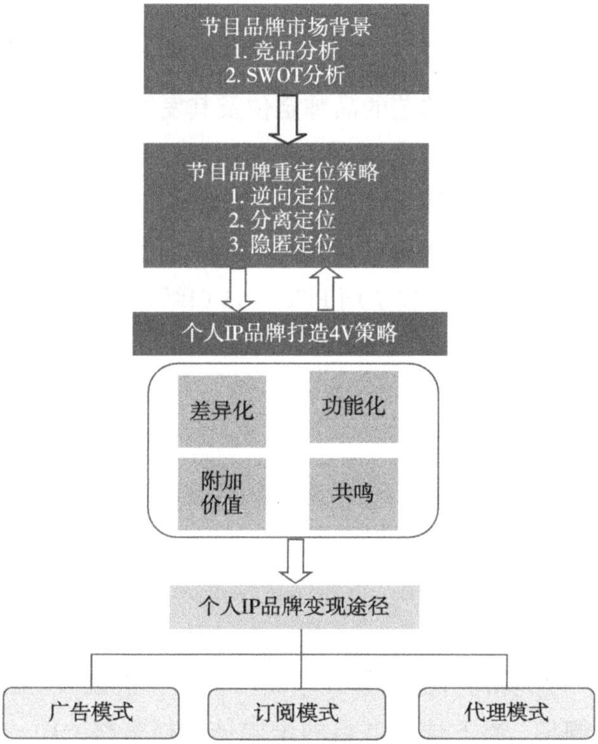

图 4　本案例课堂板书设计

第二步，开展小组分组讨论并根据案例问题要求提出自己的见解与答案（30 分钟）。首先根据小组事先分组情况，先安排各小组案例阅读和问题讨论，根据所提出的 4 个问题阐述品牌在重定位以及打造个人 IP 品牌过程中所需要注意及解决的方案，并把每个问题总结和归纳成自己所在小组整体的看法和相关结论。

第三步，授课老师主持案例讨论（35 分钟）。授课老师可以逐条抛出案例所涉及的问题，让学生主动发言，代表小组陈述自己的观点，其他各小组学生可以就每个学生的发言提出不同意见并进行相关讨论。在这个阶段，授课老师不做出对案例问题的任何评论，引导学生大胆陈述他们的讨论结果，并适度引导不同观点的学生进行交锋讨论。

第四步，授课老师进行归纳总结（15 分钟）。在每组学生代表都陈述和讨论完毕后，授课老师应该就各小组分析问题的思路和解决的方案进行总结，提出各观点或方案存在的优缺点，并提出自身对案例的看法，引导学生思路，以供借鉴。对于最后一个开放性的问题，可以提出一些公司未来的可能性，供学生课后继续思考。

（3）课后：课后计划

提醒学生关注不同网络综艺的品牌定位及其发展情况，为案例的后续进展和讨论做准备。

4. 所需的教学设备及材料

（1）设备：多媒体教学设备（多媒体计算机、投影仪、投影屏幕等）；

（2）材料：案例打印稿、教学用 PPT、A3 白纸、便利贴。

八、参考文献

［1］戴维·阿克著（雷丽华译）. 品牌组合战略［M］. 北京：中国劳动社会保障出版社，2005.

［2］乔均，储俊松，傅培培 . 品牌权益模型综述［J］. 南京财经大学学报，2006，6（142）：54–58.

［3］秦阳，秋叶 . 如何打造超级 IP［M］. 北京：机械工业出版社，2016.

［4］徐伟，卿苒 . 当下选秀节目的全媒体传播策略［J］. 西部广播电视，2019，20：140–141.

［5］吴金明 . 新经济时代的"4V"营销组合［J］. 中国工业经济，2001（06）：70–75.

［6］余明阳 . 市场营销战略［M］. 北京：清华大学出版社，2016.

［7］唐·舒尔茨（何西军等译）. 整合营销传播［M］. 北京：中国财政经济出版社，2005.

［8］Keller，K. L. Conceptualizing，Measuring，and Managing Customer–Based Brand Equity［J］. Journal of Marketing，1993，57（1）：1–22.

［9］Youngme Moon. Break Free from the Product Life Cycle［J］. Harvard Business Review，2005，83（5）：86–94.

［10］Rappa，M.（2001）. Managing the digital enterprise – Business models on the Web. http：//digitalenterprise.org/models/models.html

大宇无限的社会化媒体红人营销之路[①]

案例正文

摘要：在短视频时代的浪潮下，大宇无限，一家新型互联网科技公司，凭借自身开发的一款简单、便捷、免费的视频聚合 App——Snaptube 成功出海。本案例描述了大宇无限公司结合海外目标市场的当地文化和社交媒体环境，运用红人营销进行市场拓展的营销决策过程。重点介绍了大宇无限在初步尝试红人营销之后，在红人选择、灵活定价和内容定制方面不断深化调整红人营销战略的过程。期望借此过程，引导学生深入理解社会化媒体营销理论，掌握相应的营销分析方法，辅助营销决策。

关键词：红人营销；社会化媒体营销；营销效果分析；国际市场营销

引言

近年来，短视频产品已势不可当地闯入消费者的娱乐生活，并保持着快速增长的态势。针对海外新兴市场的机会，大宇无限，一家新型互联网公司，凭借一款名为 Snaptube 的视频 App 产品成功出海。如今 Snaptube 已经成为深受拉美地区用户喜爱的明星产品，其 Facebook 的公共主页更是收获了超过 1000 万的粉丝点赞量，累计服务超过 13 亿用户。

---

① 1. 本案例由深圳大学管理学院的陈星宇、汤烨、林宇佑、吉莉和南方科技大学商学院的王一桐共同撰写，作者拥有著作权中的署名权、修改权、改编权。2. 本案例授权中国管理案例共享中心使用，中国管理案例共享中心享有复制权、修改权、发表权、发行权、信息网络传播权、改编权、汇编权和翻译权。 3. 由于企业保密的要求，在本案例中对有关名称、数据等做了必要的掩饰性处理。4. 本案例只供课堂讨论之用，并无意暗示或说明某种管理行为是否有效。

一、初探：试水红人营销，初尝甜头

大宇无限（Mobiuspace）是一家新型互联网公司，总部坐落于深圳南山区，产品和研发团队主要来自腾讯、华为、阿里巴巴、字节跳动、豌豆荚和微软等一流互联网公司。在意识到近年来短视频行业快速发展的潜力，但国内人口红利逐渐消退的态势之后，大宇无限发觉互联网产品出海已经是大势所趋。在做了充足的调研之后，大宇无限决定避开欧美、日韩、印度、东南亚这些红海地区，在 2015 年进入了拉美市场，以工具类产品作为突破口，将名为 Snaptube 的视频观看和下载工具推出海外。2016 年，移动出海的产品开始从工具类向内容类转型，Snaptube 通过网页深度挖掘和搜索技术，聚合了包括 YouTube、Facebook、Instagram、DailyMotion 和 Vimeo 等上百家网站的视频，使用户可以看到以上任意平台的视频，还可以下载到手机上反复观看（见图 1）。

图 1　Snaptube 产品界面与官网宣传页

在市场扩张的过程中大宇无限营销团队发现，传统线上营销推广方式，如搜索引擎营销、应用商店广告推送等，虽然在进入市场的初期带来了一定的用户量，但是后期用户增长逐渐缓慢。于是公司开始寻求新的推广策略，尝试通过与当地主流社会化媒体中的红人合作，探索红人营销。

针对红人营销的尝试，大宇无限的管理团队进行了深入的探讨。营销部负责人 Nancy 首先谈起了最近出现的网红现象，“近年来，越来越多独立用户开始在各个网站上创建专门针对时尚穿搭、美容护肤、旅游打卡或游戏等领域的内容，分享自己的心得和有关品牌、产品、服务的第一手信息，为其他用户提供了多样化选择和使用产品的灵感。他们通过自己的不断更新收获了庞大的追随者，与粉丝之间有着密切的联系，深受关注和追捧，并得到粉丝们的高度信任。他们在社交平台拥有一定数量的社交资源，可以带来商业价值，产生转化，大家称其为‘网红’或‘红人’。”

首席运营官 Vicky 说：“如今，用户越来越愿意选择与自己的价值观相一致的信息，并且更愿意在购买、消费行为上跟随具有相似个性和相似品位的红人，选择红人推荐的产品和服务。红人营销很可能是一个咱们迎合新时代消费者行为模式的潜在机会。”Paul 立马接道：“没错，加上这几年媒体平台的高速变革，从电视到电脑再到手机的更迭速度越来越快，从大屏向小屏的转换，传统媒介的地位逐渐被移动社交平台取代。移动社交媒体基本锁定了绝大部分用户流量，也为品牌与用户的对话提供了更便捷、更快速的渠道，这些平台上的红人的存在感愈来愈强了。”

听到这里丁总总结道，“目前活跃于社交平台各个垂直领域的红人们已成为最受品牌方欢迎的“野生”代言人。拥有众多粉丝的红人们通过口碑种草，展现了不输明星的号召力和变现力，捧红了许多毫无热度的产品，使其成为了爆款。对我们公司来说，目前在现有营销方式带来的用户增长放缓的情况下，尝试让 Snaptube 与具有良好追随者基础的网红合作，可以迅速将流量吸引到我们的产品并将访问量转化为经济效益。巴西地区用户尤其喜欢社交 App，使用当地网红进行推广应该是不错的方法。让我们先抓住机会，行动起来吧！”

很快，营销部通过搜索引擎、红人经纪公司等途径搜集了巴西市场的红人资料，联系了当地的网红群体，决定通过在红人发布的视频中植入场景化产品介绍和产品下载链接的方式开展合作。在试水红人营销的头一年，86 位合作的红人就交出了不错的答卷，他们以平均每人每月 18256 次的点击量和 11726 次的下载量为 Snaptube 吸引了大量的新用户。但与此同时，丁总也注意到，虽然红人营销整体表现不错，但红人之间的差异却非常明显。最高的红人月下载量能达到 53364 次，而最低的红人月下载量却不达 1000 次。这些表现欠佳的红人会在一定程度上造成公司营销成本的浪费。

二、再征：细化红人营销，另辟蹊径

在红人营销初尝甜头之后，丁总决定带领团队进一步细化红人策略，让公司投入的每一分营销成本都带来足够的效果。在回顾了近一年来的红人营销表现之后，丁总决定在红人的选择、定价和内容定制的每一步过程中，都要进一步做精细化运营。

（一）优化网红选择，保证与品牌契合度

丁总认为，在选择红人之前，要先调研红人的前端数据，例如粉丝量、曝光量、互动数、发帖频率等，同时了解并整理红人之前的合作背景、合作品牌、影响力、营销力，初选出一批有过一定红人营销品牌合作经验且有一定影响力的红人。在此基础上，选择其面向的群体与公司的目标用户定位相符，传播的内容也和品牌形象、审美相符合的红人。比如，Snaptube 作为一款视频软件，其平台上不乏幽默搞笑和潮人生活之类的视频内容。与此相对应，主打幽默搞笑和时尚潮流风格的红人对 Snaptube 来说就是非常契合的选择。

同时，丁总也指出，红人的选择并不是一个单方面的行为，而是一个双方相互选择、持续沟通的过程。营销部门成员在与红人的沟通过程中，应该向红人说明好每一步的转化要求和目标，比如期待红人生产怎样的内容、希望从红人合作中获取哪些成果，以便更好地达成转化。只有当红人在创作过程中将自身频道的个性特点与产品的创意相结合，才能够获得更高的消费者接受度。丁总表示，“消费者千千万万，每个人的兴趣爱好、关注点、需求都不尽相同。我们要做的是选择对的红人，同时让红人提供其个人特征和我们产品特征相关联的内容。与红人的双向沟通和选择过程也是与红人构建信任、携手共赢的过程”。

（二）红人灵活定价，持续激励红人

在过去一年的红人营销中，公司对红人的佣金定价是根据其最近十个视频的播放量，乘以一个固定倍数，作为一支合作广告视频的固定报酬。但管理团队发现这样的固定定价方式没有和推广效果相挂钩。由于红人合作的效果可能是相对长期的，而红人本身的热度又可能是不断变化的，以固定定价开展合作可能会事倍功半，浪费一定的营销成本。此外，除了对红人频道内已有视频播放量的整体统计，还应该区别非合作广告类视频与合作广告类视频。因为消费者对这两类内容的反馈可能是完全不同的。

在回顾之前合作的红人合作背景、成果等数据，并和营销部成员讨论之后，丁总建议不再单纯以红人过去的流量和营销成绩定价。一方面，建议在给

红人的佣金中保留40%基于过去流量和营销业绩给出固定报酬部分；另一方面，鉴于红人流量的易变性，将佣金的剩余60%与业绩挂钩，将此次合作成果转化收益的固定比例作为浮动报酬部分。以这样灵活动态的方式，代替过去的单纯固定定价才是理想做法。只有这样，才能激励红人持续产出与公司产品形象更符合的优质作品。同时，也可以避免公司浪费营销成本。

（三）网红内容定制，直击目标受众

在选择好红人之后，公司需要从自身出发，以目标为导向，结合产品和红人的特征定制合作营销的内容。营销部成员会要求红人在创作过程中需要将自身频道的个性特点与产品的创意结合，并且在完成创作后，需要与公司进行二次内容核后再发布，以保证准确地传播产品信息，并结合红人自身吸引力特质从而获得更高的消费者接受度。如主打趣味视频的红人频道 Pagode da Ofensa na Web！就以脱口秀表演互动的形式制作了合作视频，并邀请用户通过他发布的视频下方的链接下载 Snaptube，以获取更多视频内容。

除了前期产品展示、获取用户外，公司进一步将网红营销深入到用户留存、消费者关系维护、品牌传播等一系列营销环节中。公司邀请网红基于个人频道特色创作社交、互动性强的营销视频，在现有 Snaptube 用户中进行推广，用户通过观看、点赞、评论、转发等多种形式与营销视频进行积极互动。公司通过网红营销提高了用户与营销视频内容的参与度，从而增强 Snaptube 品牌与用户之间的黏性，形成以用户为中心的线上活跃社区。同时，用户自身对营销视频的转发也进一步提高了 Snaptube 品牌的曝光度和传播率。

在视频制作完成后，一方面邀请红人在主流社交平台 YouTube 上进行推广，另一方面，邀请红人入驻公司产品平台 Snaptube，发布相关内容。YouTube 作为成熟、开放的视频平台，作为社交媒体流量聚集平台，已经成为重要的红人营销获客渠道。YouTube 对入驻红人的个人营销活动没有进行限制，同时 YouTube 也会以渠道方的角色从红人营销收益中获利。Snaptube 作为国产新兴的短视频 App，目前主打短视频创作、消费的产品属性，并没有与 YouTube 形成竞争关系，而是有效利用 YouTube 红人聚集的大量粉丝为 Snaptube 导流。

除了红人自己上传在 YouTube 和 Snaptube 两个平台上的内容之外，公司还可以在此基础上进行二次创作，充分结合当前移动终端丰富的内容推广形式，适应用户碎片化时间对接收信息“短、平、快”更明显的需求，如 App 开屏及

首页轮播横幅等，将已有的红人原创内容进行重新整合，用于其他广告渠道，进一步扩大红人营销的覆盖面。通常这些精彩的原创内容相比其他生硬的广告会来得更有说服力。

三、回望：乘胜追击，路在何方

在互联网产品出海的浪潮之中，大宇无限在初步试水红人营销之后，及时反思回顾，细化红人营销策略，通过多项指标对红人进行初期选择，基于各类红人的个性特征定制合作内容，并以灵活动态的定价方式取代过去的固定定价。在红人营销这一片红海中获取商机和流量，大宇无限已经走出成功的一步，但想要乘胜追击，站稳脚跟，获得长久的胜利，还需要通过时间的检验，敏锐地发现市场环境的变化，不断摸索和改进，积极调整公司的营销战略……

Influencer Marketing in Social Media：The Exploration from Mobiuspace

Abstract：Facing the surging trend of short video，Mobiuspace，a new mobile technology company，had successfully entered the overseas markets with its free and easy-to-use app Snaptube for video aggregation. This case describes how Mobiuspace made and improved the KOL（key opinion leader）marketing decision based on the local culture and social media environment in target markets. Through elaborating on Mobiuspace's process from initial attempts of KOL marketing，to its further enhancements in KOL selection，flexible pricing and content customization，this case aims to help students in understanding social media marketing theory and grasping corresponding analysis methods that facilitate strategic decision-making.

Key words：Influencer Marketing；Social Media Marketing；Marketing Effectiveness Evaluation；Global Marketing

案例使用说明

一、教学目的与用途

1. 适用对象：本案例适用对象为本科生、研究生、MBA、EMBA 等学员。

2. 适用课程：本案例适用于《社会化媒体营销》《数字营销》《网络营销》等课程。

3. 教学目的：本案例描述了大宇无限公司在产品的出海征程中，顺应时代发展方向，结合当地文化和社交媒体环境，运用红人营销进行市场推广的过程。通过对本案例的深入分析和讨论，能够帮助学生理解社会化媒体营销的相关理论，并掌握相关营销效果分析工具。在这一过程中，可以让学生：

（1）了解数字时代的消费者行为模型，探索红人营销与传统线上营销的区别，并掌握红人营销的特点；

（2）了解红人营销的选择与定价方式，学会在社会化媒体传播中采取相应的策略推动与红人的合作过程；

（3）了解网络营销的相关模型，学会优化定制红人营销内容的策略；

（4）了解传播效果的评估维度，学会评估红人营销效果的方式。

二、启发思考题

1. 对比红人营销与传统线上营销的区别，你认为红人营销有哪些特点？

2. 分析大宇无限公司使用了怎样的红人选择与定价策略？

3. 分析大宇无限公司是如何优化定制与红人的合作内容的？

4. 在红人营销合作开启之后，大宇无限公司应该如何评估红人营销的效果？

三、分析思路

本案例的分析可以围绕案例正文的情节线展开，首先从大宇无限公司和其 Snaptube 产品的营销需求出发，介绍当今红人经济的大背景，探讨红人营销推广的优劣势。接着，以大宇无限在海外新兴市场探索红人营销推广模式的过程为核心，进一步从红人选择、定价、内容定制三方面分析企业如何优化红人营销模式。主要引导学生了解企业营销方式转型的动因、转型的过程以及怎样评估新的推广方式。具体分析思路如图 1 所示：

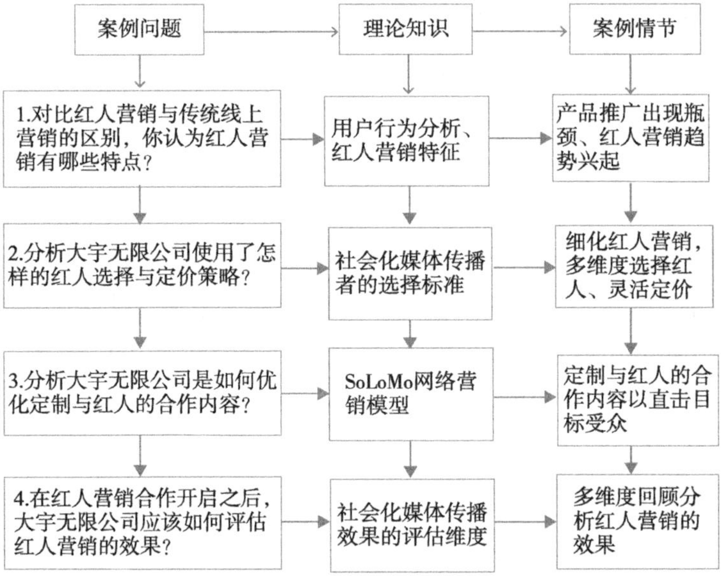

图 1　案例分析框架

四、理论依据及分析

1. 从红人营销与传统线上营销区别的角度出发，具体说明红人营销有哪些特点？

知识点：数字时代的社会化媒体营销、传统线上营销

【理论基础：数字时代的行为消费模型 SICAS】

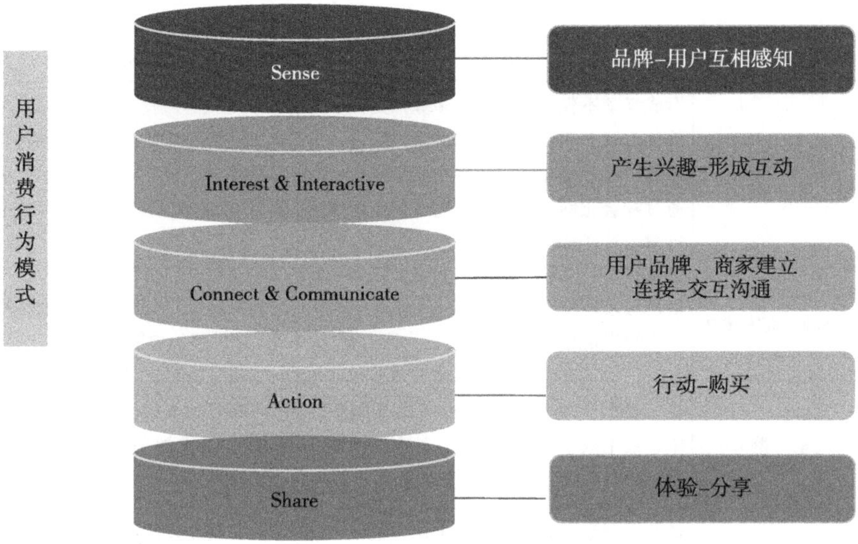

图 2　SICAS 用户消费行为模式

在数字时代，移动互联网与社会化媒体创造了不同于传统媒体的新型消费行为模式——SICAS。相对于大众媒体、大众市场阶段的广播式的“推”式营销系统，SICAS 模式强调移动互联时代消费者的个性兴趣需求，包含品牌－用户互相感知（Sense），产生兴趣－形成互动（Interest & Interactive），用户与品牌、商家建立连接－交互沟通（Connect & Communicate），行动－购买（Action），体验－分享（Share）的多维互动过程。

通过对 SICAS 模型的分析发现（见表 1），相比传统线上营销，红人营销在建立品牌与用户之间的互相感知，让用户对品牌产生兴趣，建立用户与品牌之间的沟通联系，促成购买和分享体验方面都发挥着重要作用。企业通过充分利用社会化媒体中红人的营销价值，可以整合平台资源，借助高质量的红人－粉丝对话内容，最大程度地利用用户关系网络，引爆用户互动、传播与购买。

表 1　SICAS 用户消费行为模式的内容与红人营销的对应特点

名称	内容	特点
Sense（品牌－用户互相感知）	通过比如推动、定制、关注等分布式、多触点的接触方式，建立品牌与用户之间的动态感知网络	使用红人营销能使品牌建立与用户的动态感知网络，时刻了解品牌动态

续表

名称	内容	特点
Interest & Interactive（产生兴趣 – 形成互动）	形成互动不仅在于触点的多寡，更在于互动的方式、话题、内容和关系。目前，单纯的“推”式曝光的效率在逐渐降低，而通过社会化网络理解、跟随、响应用户的兴趣和需求则成为关键	红人营销能辅助品牌获取兴趣需求一致的用户，将红人的流量引流至品牌，让用户对品牌产生兴趣和好感
Connect & Communicate（用户与品牌、商家建立连接 – 交互沟通）	借助移动网络和社会化媒体，品牌应与用户之间建立由弱到强的连接，保持沟通	红人与粉丝之间具有较大的黏性，容易形成较强的连接
Action（行动 – 购买）	用户的行为不仅发生在电子商务网站之中，线上线下、手机软件、社交网络等，都可能成为行动 – 购买的发起点	红人在各线上媒体以及线下活动的曝光都可以增加用户接触品牌的新途径，提升品牌知名度，促成购买行为
Share（体验 – 分享）	体验、分享不只是消费的末尾，也很可能成为下一轮消费的源头	红人及其粉丝的分享行为能推动更多用户去体验产品，吸引更多用户购买

【案例分析】

红人营销中的“红人”，亦称“网红”，是指互联网时代，在社交网络中凭借着其在专业领域（比如时尚、旅行、美容等相关图片和视频）发布的内容吸引大量粉丝而走红的人。他们在社交网络中积累的大量粉丝或追随者形成了他们的一种无形资产，吸引品牌与其开展营销合作。作为一种新型营销模式，红人营销正以一种强势的姿态影响着消费者的信息获取与购物方式。

随着互联网的发展以及 Facebook、YouTube、Instagram 等社交平台的普及，用户可以自由选择他们希望观看的内容，关注他们感兴趣的红人，追踪红人发布的最新信息。在红人营销过程中，红人会发布与品牌相关的信息，由于红人与其粉丝或追随者已建立了一定的信任关系，有较大的黏性，粉丝会打消对品牌的怀疑态度，相信并购买红人所推荐的产品。因此，红人营销是一种变现快的营销手段，可以帮助企业在短期内迅速提升产品的销量，增强品牌知名度。

与传统线上营销相比，红人营销还有人群精准、反馈快的优点。大宇无限推广的 Snaptube App 作为新兴的短视频产品，需要短时间内在短视频消费者中聚集忠实用户，其目标受众与红人营销的精准人群更加契合。由于中间环节少、信息反应速度快，公司可以在准确把握市场反馈的基础上对新一轮生产活动进行指导。

但红人营销也存在一定的局限性，比如由于大部分红人都只在一个专业领域有影响力，故只能针对其粉丝起到营销作用。对于那些适用性广泛的商品而言，红人营销模式明显不能适应他们的需求；且部分红人稳定性低，存在投机取巧的心理，缺乏长期经营个人自身品牌的决心和能力，只是想趁着自己名气正旺的时候尽快将粉丝进行商业变现，而不是通过不断完善自己来保持自己长期的“品牌价值”，导致营销内容质量不高，营销效果低下；而且红人的更替速度非常快，年轻用户群体喜好变幻莫测，因此红人们极其容易被抛弃。这些因素都可能导致转化率不稳定，为企业的红人营销带来一定的风险。

总的来说，一方面传统线上营销模式的规范性、经验的丰富性都是新生的红人营销模式所欠缺的，而另一方面，红人营销模式的简洁性、新颖性也同样可以给传统线上营销模式带来启迪。传统线上营销模式侧重于大范围的营销活动，而红人营销模式则适用于小众商品的营销活动（见表 2）。企业应根据自身产品的特征，选择相应的营销策略，或将二者融合，整合营销。

表 2　传统线上营销与红人营销的对比

对比维度	传统线上营销	红人营销
获客方式	基于线上渠道（如搜索引擎） 中间环节多	基于网红定向精准 中间环节少
受众分布	线上渠道用户人群分散 用户黏性低	线上网红社区人群集中 用户黏性高
营销内容	线上渠道规范化营销内容	网红定制个性化营销内容
营销实施	过程固化 计划制订后难以调整	过程灵活 计划可及时调整
交互方式	营销内容单向推送 模式固定	营销内容与受众双向交互 模式新颖
营销反馈	市场阶段性反馈	市场实时反馈
营销效果	影响持续周期短 转化率低	影响持续周期长 转化率高

2. 分析大宇无限公司使用了怎样的红人选择与定价策略？

（1）红人选择策略

知识点：寻找传播者

【理论基础：传播者的选择标准】

约翰·赫林科在《社交媒体营销：信息有效传播的方法和案例》一书中指出，传播者通常是社交媒体中大众所认为的专家，他们在社交媒体社群中传播新想法和新产品。在缺乏前期合作经验的情况下，公司需要衡量这些传播者过去的背景，了解他们的受众大小、粉丝群体的特征，观察他们在社交媒体传播中的数据表现。

【案例分析】

大宇无限通过搜索引擎、社交媒体平台、专门的红人经纪公司大范围收集网红资料。依据粉丝量、曝光量、互动数、发帖频率等指标判别红人等级，同时根据红人之前的合作背景、合作品牌、影响力、营销力，划分其风格和适合的产品。此外，根据产品的特性和营销预算，选择面向群体与公司的目标用户定位相符的红人。

在此基础上，依据以下两个维度对红人进行筛选：第一，统计红人接广告的数量和频率，这决定着他们的可信任等级。如果一个红人没有接过广告和赞助内容，那他可能还没有相关内容创作的经验；相反，如果一个红人接了太多的广告和赞助内容，就意味着可能很快会失去用户的喜爱和信任；第二，查看该红人曾达成的战绩。如果红人曾经和其他品牌有过合作，他们曾达成了什么样的成果？如果红人过去能够成功完成其他推广活动，那他很可能就是你要找的合作伙伴。

（2）定价策略

【案例分析】

与大部分公司相同，大宇无限以往的定价方案是根据最近的热度数据（比如红人的粉丝数量、以往视频的观看量），以一个固定比例进行定价。但这种合作形式的固定报酬一方面难以激励红人持续产出优质作品、保证合作质量。另一方面，也可能由于红人流量的不稳定性造成公司营销成本的浪费。

为了保证红人的持续创作动机，保证营销投入的有效性，大宇无限决定将之前的固定报酬方式转为灵活动态定价方式。新的定价方案将包括固定报酬和浮动报酬两个部分。在固定报酬部分，还是保持之前的方式，以红人最新广告视频合作的观看数的固定比例定价；在浮动报酬部分，将佣金与这支合作视频的业绩（即销售转化率）挂钩。

3. 分析大宇无限公司是如何优化定制与红人的合作内容的？

知识点：网络营销理论模型

【理论基础：SoLoMo 模型】

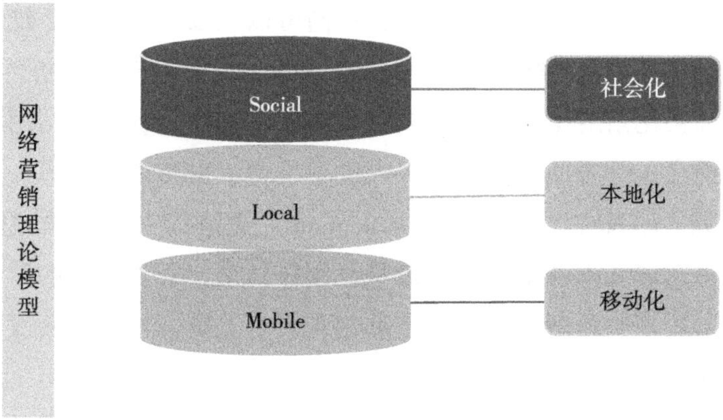

图 3　网络营销的 SoLoMo 模型

SoLoMo 是美国 KPCB 风险投资公司合伙人 John Doerr 在 2011 年 2 月提出的一个网络营销理论模型。SoLoMo 中的 So 即 Social（社会化），Lo 即 Local（本地化），Mo 即 Mobile（移动化）。三者合在一起，SoLoMo 为涉足互联网营销的企业提出了重要的网络营销战略方向，即更加社会化、更加地本化和更加移动化。如图 3 所示。

SoLoMo 网络营销理论的三个推广途径的具体内容如表 3 所示。

表 3　SoLoMo 模型的内容与红人营销的对应特点

名称	内容	特点
Social（社会化）	社会化主要包括两点：第一，社会化营销。即营销应当更多地借助社交媒体扩散品牌口碑。第二，社交购物。在互联网时代，熟人之间、陌生人之间，借助社交媒体彼此沟通信息，可以大大增进消费欲望和交易效率	与社交媒体上的网红合作进行社会化营销，将大大提高产品的知名度和购买率
Local（本地化）	企业可以借助 LBS（地理位置服务），通过在线方式推广消费者所在特定地理位置的线下服务。比如大众点评和滴滴出行这类 O2O 和共享经济产品，可以将巨大的网上客流导入特定地理位置进行线下消费	在不同地域选择相应的红人，对用户进行精准的营销推送，利用当地网红吸引当地用户流量
Mobile（移动化）	企业的产品和营销活动应当适应网络终端移动化的潮流。比如，网络广告应当利用移动终端丰富化的感应功能（比如手机的划、翻、摇等功能）以使广告更富表现力，产品的输入方式应更加适应消费者碎片化时间的输入便利需求	企业应当及时将与红人合作内容推广到用户所在的移动终端，比如手机中的社交视频 App

【案例分析】

结合 SoLoMo 模型图以及相关理论，我们可以看出，对于互联网产品而言，要优化定制与红人的合作内容，从社会化、本地化到移动化这三个方面的营销推广途径来说都是至关重要的。因此，我们可以从以下三个方面结合当今大热的红人营销，阐述大宇无限在巴西市场进行Snaptube产品营销的新型推广方式。

首先从社会化角度出发，企业应尽可能地结合社交媒体，利用社交媒体上的红人进行推广。一方面，邀请红人入驻本平台，发布内容。另一方面，在其他主流平台如 Facebook、YouTube、Instagram 上邀请红人创作视频内容进行定期推广。公司邀请红人基于个人频道特色创作社交、互动性强的营销视频，在现有 Snaptube 用户中进行推广，用户通过观看、点赞、评论、转发等多种形式与营销视频进行积极互动。

其次从本地化角度出发，海外不同国家之间政治、文化因素差异巨大，语言也各不相同。选择红人的目光可以具体到每一个国家，甚至是每一个城市，这样可以快速通过更本地化的方式有效吸引当地用户的流量。另外，红人创作的内容也可以结合当地特色元素，以获得更高的消费者接受度。

最后从移动化角度出发，将红人们的原创内容再利用，除了发布在红人自身活跃的平台或主流平台外，还可以充分结合当前移动终端丰富的表现形式，适应消费者碎片化时间的输入便利需求，对红人原创的精彩内容进行整合，重新投放于其他广告渠道（如 App 开屏及首页轮播横幅）。

4. 在红人营销合作开启之后，大宇无限公司应该如何评估红人营销的效果？

知识点：评估传播效果

【理论基础：传播效果评估维度】

陆明、陈庆渺与刘静丹在《海外社交媒体营销》一书中指出，公司应该根据当前阶段的产品营销目标拟定传播效果的评估维度。比如，当营销目标在于提高产品在消费者心中的知名度时，则评估维度可以包括展示量、参与互动人数、点击次数和转化回报、到达人群的人口学构成。

【案例分析】

想要切实评估红人营销的营销效果，确定可追踪的红人营销效果评估维度是非常重要的。首先是曝光率，营销活动之后，品牌的曝光率越高，代表营销活动越成功。而展示次数和覆盖率则是红人营销的主要曝光率指标。展示次数是指该视频的展示次数，无论它是否被点击。而覆盖率是指点击观看该广告合作视频的用户数量。一次成功的红人营销必然会使视频的展示次数和覆盖率随时间成正比发展。

其次是红人发布内容的互动率。内容互动率越高，代表粉丝对此话题越感兴趣。粉丝对红人的黏性高，对品牌的传播有很大的好处。公司会在后期实时监控评论、点赞、分享、受众反应、品牌提及率和用户生成内容（UGC），若视频的评论数、点赞数、分享数以及品牌提及率几乎没有增长，就意味着这个合作的红人没有向新受众传达足够的价值，未能将粉丝的注意力吸引到该品牌上。

最后是点击率和转化率。因为用户在跳转到品牌信息页面之前，用户必须先点开该视频，这时就会生成一批潜在用户。若他们点击下载，就又会产生实际转化用户。公司可以通过红人产生潜在用户和实际用户的次数，衡量红人的实际营销效果。

在营销数字化追踪的背景下，大宇无限在实施红人营销的同时也为营销效果评价积极进行数据准备。为了基于多个维度有效地评估红人营销效果，公司综合利用 YouTube 平台的用户行为数据，以及 Google Analytics 的营销视频及产品页面访问数据，对用户在每个红人营销视频上的活动进行实时追踪，为红人营销效果评价提供全面、丰富的营销活动数据。

五、背景信息

在短视频时代的浪潮下，大宇无限，一家新型互联网公司，凭借自身开发的一款面向海外用户为主的简单、便捷、免费的视频聚合 App——Snaptube，利用产品加技术的核心竞争力，通过成功的本土化运营完成了产品的落地，成为了拉美市场的泛娱乐短视频独角兽，深受拉美地区用户喜爱。

在已有市场推广方式到达一定的瓶颈之后，大宇无限开始思考营销模式转型。他们关注到近年来不断出现在人们视野中的社交媒体红人，这些人在社交平台拥有一定数量社交资源，并且可以带来商业价值。公司成员在讨论后认为，与具有良好追随者基础的红人合作是进入目标市场，将流量吸引到自己的产品并将访问量转化为经济效益的有效策略。在此趋势下，为了鼓励更多用户了解并接受新产品，提高曝光率和用户量，大宇无限开始了红人营销模式的探索之旅。

六、关键要点

1. 关键点

本案例的关键点包括以下三个方面：

（1）在红人营销日益流行的趋势下，公司如何选择合适的红人，采取怎样的定价策略以提供给红人足够的激励并保证合作的水准是有效执行红人营销的重要前提。

（2）实施红人营销时，结合红人自身特点和公司产品特点，精准设计合作营销的内容是红人营销效果的重要保证。

（3）开启红人营销后，应用合适的评估体系来衡量红人营销的效果是营销成本有效应用的保证。对每个合作视频进行跟踪分析，可以使红人营销以更科学的方式开展，从而获得高性价比。

1）对比红人营销与传统线上营销的区别，你认为红人营销有哪些优缺点？

2）分析大宇无限公司使用了怎样的红人选择与定价策略？

3）分析大宇无限公司是如何优化定制与红人的合作内容的？

4）在红人营销合作开启之后，大宇无限公司应该如何评估红人营销的效果？

2. 关键知识点

（1）红人营销中的红人选择与定价标准。

（2）与红人定制营销内容以实现精准营销的方式。

（3）要保证红人营销效益最大化就必须建立红人营销效果评估体系，以此为基础及时追踪每次合作的营销效果。

七、建议课堂计划

本案例可以作为专门的案例讨论课来进行，通过采取小组讨论的方式分析本案例，以完成本案例的教学目标。以下是按照教学课程时间、课堂讲授思路，结合社会化媒体营销和网络营销等理论和实践建议以及所需的教学设备及材料提供的课堂计划建议，仅供参考。

1. 教学课程时间

案例讨论课的课程时间控制在两个课时（每个课时 45 分钟，共 90 分钟）。

2. 课堂讲授思路

（1）课前：教学准备阶段

根据课程教学班级学生的专业和知识背景，对课程教学班级进行分组，每组人数控制在 4~5 人，要求各小组成员做好分工与合作，将事先打印好的案例发给每个学生。建议每个小组至少有 1 人有互联网知识相关背景或使用过短视频类 App 且关注过红人营销。

（2）课中：小组讨论阶段

第一步，就简要的课堂前言，明确课堂教学主体（10 分钟）。授课老师主要介绍案例大致背景（企业介绍、短视频行业发展现状、红人经济等）、案例大致内容（大宇无限的出海发展过程，在新兴市场开始尝试红人营销，并不断深入细化红人营销策略，提醒学生带着问题仔细阅读案例材料，初步明确案例分析主题。

第二步，开展小组分组讨论并根据案例问题提出自己的见解与答案（30 分钟）。首先根据小组事先分组情况，安排各小组案例阅读和问题讨论，根据所提出的问题阐述企业在进行红人营销过程中所需要注意的问题及可能的解决方案，并总结和归纳自己所在小组整体的看法和相关结论。

第三步，授课老师主持案例讨论（35 分钟）。授课老师可以逐条抛出案例所涉及的问题，让学生主动发言，代表小组陈述自己的观点，其他各小组学生可以就每个学生的发言提出不同意见并进行相关讨论。在这个阶段，授课老师不做出对案例问题的任何评论，引导学生大胆陈述他们的讨论结果，并适度引导不同观点的学生进行交锋讨论。

第四步，授课老师进行归纳总结（15 分钟）。在每个组学生代表都陈述和讨论完毕后，教师应该就各小组分析问题的思路和提出的解决方案进行总结，评述各观点或方案存在的优缺点，并提出自身对案例的看法，引导学生思路，以供借鉴。

（3）课后：课后计划

提醒学生关注身边红人营销的案例以及其后续的发展情况，为案例的后续进展和讨论做准备。

3. 所需的教学设备及材料

（1）设备：多媒体教学设备（多媒体计算机、投影仪、投影屏幕等）；

（2）材料：案例打印稿、教学用 PPT、A3 白纸、便利贴。

4. 课堂板书设计

根据案例分析思路及课堂计划的建议，教师可以根据课堂板书设计，从大宇无限公司尝试并不断深入红人营销战略的过程出发，引导学生思考、讨论、发言，并对学生的发言进行归纳总结。

八、参考文献

[1] 赫林科 . 社交媒体营销信息有效传播的方法和案例 [M] . 电子工业出版社，2013.

[2] 陆明，陈庆渺，刘静丹 . 海外社交媒体营销 [M] . 北京：人民邮电出版社，2019.

[3] 杨银辉 . 基于 SICAS 模型的企业社会化营销模式探索 [J] . 新营销，2011（12）：26–27.

[4] 黄伟 . 社会化媒体发展趋势下的电影营销模式——以电影《失恋 33 天》SoLoMo 营销模式为例 [J] . 时代金融，2012（12）：178–179.

[5] DCCI 互联网数据中心 .2011 中国社会化营销蓝皮书 [EB/OL] . http：//www.dcci.com.cn/media/download/567510a7fc367abdadfb91e23513145263cb.pdf

[6] 网红营销是什么？ 2019 年网红营销攻略 [EB/OL] . https：//www.cifnews.com/article/45005

[7] 营销方法论丨剖析网红营销与传统营销之间的区别 [EB/OL] . https：//www.sohu.com/a/281828785_100169107

[8] 海外网红营销效果评估的几个重要衡量标准 [EB/OL] . http：//www.saibeiip.com/headline/guide-d3172.html

[9] 海外网红营销深度分析和市场报告 [EB/OL] . http：//www.woshipm.com/evaluating/3066349.html

“抱抱”成长记——公益 IP 品牌培育之道①

案例正文

摘要：当前，国内公益项目存在创新不足和 IP 品牌缺失等问题。本案例讲述了一个公益 IP 品牌“抱抱”的成长故事，重点介绍了“抱抱”崭露头角、重新回归、羽翼渐丰、未来展望等发展历程。不同于捐赠、环保等其他公益项目，“抱抱”以拥抱为主题，从“地球拥抱日”公益活动开始，逐渐形成了一个包括“地球拥抱日”“抱抱”“ONE HUG 一个拥抱”“抱抱加油站”“拥抱型空间”等在内的公益人文品牌生态系统，并通过跟商业联合为商业赋能，其中的品牌识别、品牌传播、品牌联合、商业赋能、生态系统等策略都能带给其他公益 IP 品牌一些启示。

关键词：地球拥抱日；公益 IP 品牌；品牌传播；品牌联合；商业赋能

引言

2008 年，汶川地震给当地人民带来了巨大的伤痛，全国各界人士纷纷通过

---

① 1. 本案例由深圳大学管理学院的周志民、郑付成、丁一、汪日香撰写，作者拥有著作权中的署名权、修改权、改编权。未经允许，本案例的所有部分都不能以任何方式与手段擅自复制或传播。感谢乐拥抱（深圳）文化发展有限公司创始人陈乐先生接受访谈并提供相关资料。2. 本案例受国家自然科学基金面上项目“品牌幸福感研究：维度、形成及对粉丝消费行为的影响”（批准号：71772126）和国家自然科学基金重点项目“经济转型与国际化背景下品牌建设的理论创新研究”（批准号：71832015）资助。3. 本案例授权中国管理案例共享中心使用，中国管理案例共享中心享有复制权、修改权、发表权、发行权、信息网络传播权、改编权、汇编权和翻译权。4. 由于企业保密的要求，在本案例中对有关名称、数据等做了必要的掩饰性处理。5. 本案例只供课堂讨论之用，并无意暗示或说明某种管理行为是否有效。

捐赠给灾区人民带去温暖与关怀。有一天，陈乐在家吃晚饭时，妈妈问他：“陈乐，你给汶川捐款没？”陈乐心头一颤，顿了顿声音回答道：“没呢，妈，我明天打电话给红十字会捐。”晚饭过后，陈乐在书房想起今晚与母亲关于汶川地震捐款的对话，感悟到当亲朋离去时，房子、车子、票子都不重要了，只有身边的人才是最重要的，爱才是一切幸福真正的源泉。同时，陈乐也意识到，只要谈及公益与慈善，大家除了捐款捐物几乎就没有其他途径了，公益项目同质化现象比较严重。这让从事多年品牌策划工作的陈乐心里萌生了一个想法——在深圳市原创策划一种主打城市人文情感关怀的品牌活动，并加入中国特色元素，力求在一定程度上改善国内公益同质化现象。

一、行业背景

国内公益行业普遍认为 2008 年四川汶川地震救灾后，现代公益行业雏形基本形成，2008 年被视为“中国现代公益元年”。在 2008 年之前，中国公益行业主要有三个主体，分别是境外非营利组织、国内公益慈善公共事业组织和民营企业公益组织。经过 10 多年的发展，境外非营利组织在国内的影响力逐渐式微；国内公益慈善公共事业组织再次兴起繁荣，并且影响力越来越大；民营企业公益组织一部分分化并入国内公益慈善公共事业组织，另一部分伴随商业资本进入公益行业，在国内公益行业具有一定的影响力。中国社会组织公共服务平台数据显示，中国公益社会组织总数量逐年增长，截至 2018 年底已超过 81.6 万个，其中社会团体 36.6 万个，社会服务机构 44.3 万个，基金会数量达到 7027 家。规模庞大的公益组织在助残救孤、教育、社区发展、科技与互联网+、就业与技能、环境与能源、医疗与健康、扶贫与三农、扶贫赈灾、艺术文化体育等公益领域均发挥了重要的作用。此外，国内人民和企业公益服务意识越来越强，越来越注重公益服务。2018 年全国约 2 亿人次通过常态化和专门化、常规化与个性化、线上与线下一体化等多种方式，从事志愿公益服务工作；万向集团、腾讯集团、中恒集团、阿里集团、万达集团、中国平安、苏宁控股等千行百业企业均在公益领域有所为，其中口碑最好的是腾讯的“99 公益日”。

然而，国内公益行业在快速发展过程中也存在一些不足之处：其一，目前国内与公益行业相关政策的扶持力度有限，政策环境有待进一步完善；其二，我国公益行业生态体系建设还不完善，社会公益组织、社会企业均处于起步阶段，相互之间沟通交流过少，缺乏高效的对接平台；其三，在公益行业内社会企业发展程度参差不齐，全国被认可的社会企业 2018 年仅有 1648 家，且社会企业经济收入很大一部分来源于政府支持和社会捐赠或企业捐赠等，市场商业渠道的收入来源有限，其发展受到一定程度的限制；其四，我国公益行业存在区域不平衡现象。据“中国城市公益慈善指数”数据显示，在我国 26 个省份 221 个样本城市中，华东和华南地区的城市公益行业发展较好，华中和西南地区经济发达的城市发展前景可观；其五，国内公益行业很大程度上存在缺乏有效解决社会问题的能力、专业化程度良莠不齐、优秀的公益品牌项目或活动覆盖面小、参与公益方式单一同质化等问题。

值得一提的是，国内公益行业发展至今，公益品牌创建与培育成为社会公益组织或社会企业可持续发展的新趋势。越来越多的社会公益组织或社会企业认为品牌传播、运营管理资金募集、品牌战略规划是国内公益行业当前发展的三个难点。其中，品牌传播成为社会公益组织或社会企业面临的首要困难。

二、崭露头角

（一）“抱抱”的诞生

在与母亲关于慈善捐赠的对话之后，陈乐一直在思考要策划一个怎样的公益品牌活动才有新意和意义。汶川地震的灾难让陈乐体会到，爱才是永恒的幸福。然而，如何表达对身边最亲的人的爱？彼时，适逢“地球熄灯 1 小时”公益项目刚刚兴起，这让具有敏锐品牌 IP 意识的陈乐察觉到，一个“熄灯”的动作就可表达环保，那么对标“地球熄灯 1 小时”，可以策划一个“拥抱”的动作来表达爱。陈乐认为，可以在每年选一个日子，去给身边最亲的人一个温暖的拥抱，为彼此心中的爱充充电，不要失去对身边最亲的人表达爱的能力。对标“地球熄灯 1 小时”，这个品牌活动就命名为“地球拥抱日”。2008 年 6 月，陈乐拉着几个好友组建团队着手策划这个公益品牌活动。经过充分地讨论交流后，陈乐团队以英文“Earth Hug Day”和中文“地球拥抱日”搭配绿色上下组合为品牌标志（见图 1），以“拥抱，改变世界”为口号，践行“联合一切可以联合的力量以爱为盟，让世界爱无死角”的品牌愿景。此外，在设计开发品牌虚拟代言人时，陈乐团队创造出一个可爱的卡通婴儿形象，身穿象征公益的绿色婴儿内裤，脸上洋溢着微笑，张开双手去拥抱，将之取名“抱抱”（见图 2），倡导人们"重新学会"像婴儿一样去拥抱，重启爱的信任和能力，通过拥抱表达爱、感受爱、传递爱，温暖彼此。

Earth Hug Day
地球拥抱日

图 1 "地球拥抱日"品牌标志

小名：抱抱
性别：帅哥
年龄：12岁 （2008年11月30日 出生）
生日：11月30日
星座：射手座 （单身）
职业：地球拥抱日 形象代言人
使命：让人们重新学会像婴儿一样去拥抱
重建爱的信任和能力

图 2 品牌虚拟代言人"抱抱"

（二）"地球拥抱日"公益活动

2008 年 11 月 30 日，陈乐团队经过近 6 个月的辛苦筹备，以"爱，拥抱世界"为主题，在深圳市园博园发起了首届"地球拥抱日"大型城市人文情感互动公益品牌活动。通过"慈善项目展""慈善大家品茶会""创意产品慈善义卖"及"慈善 MINI 音乐会"四个部分，成功向 20 多家来自政府、企业及民间的慈善机构、NGO 和数百名志愿者交流传达了拥抱表达爱的公益理念，并与部分 NGO 与慈善基金达成了战略合作，取得了不俗成绩。此外，腾讯网、《深圳特区报》《深圳商报》《南方都市报》等多家媒体对活动进行了报道，"地球拥抱日"公益品牌活动进入了大众视野，由此崭露头角。

2009 年，第二届"地球拥抱日"品牌活动由"爱·互动"慈善公益项目城市互动交流展"慈善大家品茶会"暨"财富·责任与传承"慈善沙龙、"2010，爱给愿望希望"全民爱心慈善参与活动等部分组成（见图 3）。陈乐团队对本次

“地球拥抱日”品牌活动在深度和广度上进行了升级，以“交流、合作、服务、传播”为主旨，以“平台”为使命，旨在努力打造具有行业影响力和社会传播力的慈善公益交流合作及互动推广平台。本次“地球拥抱日”品牌活动促进了慈善机构之间以及慈善项目与实力企业之间的交流与合作，进一步创造了慈善项目、慈善文化与普通市民的互动与沟通的机会，为全国更多急需支持的 NGO 项目和组织争取了更加直接而实际的资金和资源支持。40 余家来自全国的公益慈善 NGO 项目、公益慈善基金及相关慈善公益服务组织见证了此次活动，其品牌影响力逐步渗透到青海、云南、吉林、辽宁、广东等省份及北京和上海直辖市。

图 3　第二届“地球拥抱日”公益沙龙

三、重新回归

（一）暂别与重启

随着活动越做越大，团队人力、时间、精力等多方面资源逐渐跟不上项目的发展，同时运营着多个品牌项目的陈乐有点不堪重负。最终，他只能选择暂时放下手中这个刚刚诞生的“婴儿”，因为他知道，这个项目需要更多的积淀来支持它长大。华丽开场虽等来的是抱憾暂别，但后来的 10 年里，陈乐并不甘心就这样熄灭心中的火苗。他利用自身品牌工作的专业优势，持续 10 年为多个公益项目免费提供品牌策划服务。每一次看见自己参与的项目发光发热时，他都在默默思念着那个叫做“抱抱”的孩子……

直到 2018 年的一天，机缘巧合下陈乐受友人之托，代赴一场慈善公益展会。展会上，陈乐偶然碰见了老朋友，寒暄了几句，聊起自己曾经的项目“地球拥抱日”。陈乐无意中问道：“你还记得上一次拥抱你的父母是什么时候吗？”朋友沉默了。而当陈乐抬头一看，朋友竟已泪湿两行……这一幕，深深地触动了陈乐，他从未想到，在车水马龙的繁忙生活里，人们的内心深处有如此强烈的对情感的渴望，而也正是这一刻的触动，让他决心重启“地球拥抱日”项目。

这一次的重启，建立在陈乐 10 年的公益经验积累之上。2018 年 11 月 30 日，第三届“地球拥抱日”10 年之约公益沙龙在深圳市举行，“地球拥抱日”项目正式宣布重启。赴约而来的是十年公益旅程里与陈乐一起奋斗过的行业伙伴，看到业内朋友们有力的支持，陈乐更加坚定了重启项目的决心。“地球拥抱日”的前身以公益活动形式出现，但这种活动形式过于单薄，只能起到短暂的提醒作用，缺少更多的内容，不利于长期多元化的发展。这一次的重启，陈乐决心将它重塑为一个品牌项目，以系统的品牌管理思路去打造全新的“地球拥抱日”，从品牌顶层建设到外化传播、战略合作，构成一套公益品牌体系。

（二）“拥抱”的内涵

首先，陈乐从品牌的顶层设计方面进行了精细化的思考，确定了品牌所要传播的核心价值观，从个体需求、社会关系和未来发展三个层面理解“拥抱”的内涵。第一层是个体需求层面，拥抱是每一个人生理和心理的本能刚需，从呱呱坠地开始，拥抱代表着对安全感的需要，而后发展为亲密情感的表达；第二层是社会关系层面，拥抱由两个人或两个人以上完成，代表着两个及两个以上客体之间亲密关系的建立，这种关系可以是人与人之间、城市与城市之间、国家与国家之间、文化与文化之间，甚至我们与自然环境之间的温暖关系建设；第三层是未来发展层面，科技的进步让人与人之间的沟通更加数字化、便捷化，但反而削弱了线下的沟通和交往，而拥抱这种亲密的肢体接触是传递情感的有效方式，在数字社会下的关系交往中给人们带来陪伴、关怀和疗愈。此外，对标奥运会的品牌传播内容设计，项目设计了独有的品牌精神、品牌仪式及品牌组织。对标“更快、更高、更强”的奥运精神，项目提出了“感恩、包容、平等、爱”的拥抱精神；对标奥林匹克宣言，项目设计了“地球拥抱日·世界宣言”，让每一个参与者通过宣言理解品牌所宣传的拥抱内涵，并对标"地球熄灯1小时"这个简单的动作设计了"拥抱60秒"动作，以签署宣言和沉浸式的拥抱赋予参与者仪式感；对标奥林匹克委员会，项目设立了"地球拥抱日·全球联合行动委员会"，吸纳与品牌一起倡导拥抱文化的优质企业，一起丰富项目内容。

确定了品牌的传播内容后，项目快速启动了传播战略实施，但区别于简单的公益活动，公益项目需要更加专业的背书及确立的主体。2019年6月4日，深圳市慈善会·地球拥抱日公益基金正式成立，确立了项目宗旨：推动"地球拥抱日"项目的全球化社会影响力发展；推动以"拥抱"为文化的人文情感关怀、心灵幸福建设及社会创新创业；推动中国公益创新创业生态和项目的多元化发展及全球化合作；推动中国城市人文建设和软实力升级。同年，乐拥抱（深圳）文化发展有限公司完成注册，作为"地球拥抱日"项目的专属运营机构，公司聚焦"心灵幸福+城市人文+社会创新"，以IP思维和生态模式，推广"拥抱文化"，激活"人文共鸣"，构建"创新生态"为创造更温暖有爱的幸福社会而努力，以商业推动公益的可持续。

（三）亮相慈展会

公益基金会和公司的成立成为了项目推行的有力保障，随后项目开始在慈善行业以及已有资源积累的行业内进行第一步预热传播。2019年9月，第七届中国慈展会上，陈乐带着"抱抱"首次亮相（见图4）。作为一年一度中国最具影响力的公益慈善盛事，来自全国各地公益慈善领域最具影响力和号召力的头部机构、项目和平台悉数参展，同时也吸引了众多来自五湖四海的公益慈善人前来考察交流，寻找合作，其中，不乏知名的国际公益人士。不同于传统的救灾、扶贫公益项目，"人文公益"这个新鲜的词汇让同行眼前一亮。拥抱所传递的人文关怀不仅是个体需要、企业需要，更是城市乃至社会需要，它与生俱来的无界性为行业多元化公益合作打下基础。当场，来自全国专注不同公益慈善领域的小伙伴们，表达了与"地球拥抱日"跨界合作的浓厚兴趣，环保、教育、养老、扶贫、社区服务、社会创新、青年培养、城市人文、跨国联动等，大家在自己的领域，几乎都找到了与"抱抱"牵手的动力和场景。郑州、厦门、珠海、沈阳、天津……这一站让今年的"地球拥抱日"，有了到更多城市展示的机会！

图 4　第七届中国慈展会首次亮相

（四）跨界沟通会

慈展会后，陈乐几乎把所有的时间都用来为年底的项目重启系列活动预热。正当他思考如何运用已有资源做预热传播时，慈展会上的合作邀约让陈乐灵感一现，为什么不去集各行所需来拓展品牌 IP 的可能呢？“1 × N”的传播途径加 IP 跨界的创意积累不就是项目重启最好的铺垫吗？就这样，12 场“跨界沟通会”陆续开展，陈乐与合作方一起头脑风暴，为“抱抱”的品牌 IP 合作打下了战略框架，同时运用合作方自身的传播资源为 11 月 30 日项目的回归储备热度（见图 5）。

2019 年 10 月 19 日下午，深圳优客工场迎来了很特别的客人“抱抱”，以及他的小伙伴们。这些小伙伴们基本上都来自不同的行业和领域——有 2008 年首届地球拥抱日的资深公益人，有刚刚成立冠名公益基金不久的“公益新生代”，有坐拥深圳市多个超级社群大号的资深新媒体领袖，有来自艺术、设计、交互、传媒、科技、电影、音乐、商业等领域的跨界伙伴，还有来自大学基金会和全球 NGO 的代表，充分体现了本次活动“跨界联动”的万千想象。

图5 跨界沟通会

正所谓"心有灵犀一点通"，作为各个领域的资深专家，大家踊跃分享了自己对于"拥抱意义"的理解和感受以及对于项目的认同和期待，并就接下来如何结合各自的专业、行业及资源优势与"地球拥抱日"跨界联动，提出了许多务实可行的思路和计划——或结合科技交互设计，在全国落地"拥抱体验"传播；或与大学学术带头人一起联动城市人文头部机构推动城市课题落地，或聚焦特定群体的心灵疗愈，联动打造主题"拥抱酒吧"；或以跨界艺术联合创作巡展方式推动人们"拥抱感知"的独立艺术策展计划……这些创新提议让现场所有人兴奋不已，而大家丰富的行业经验和执行能力，确保了一切并不只是"说说而已"，许多内容在现场就已成了工作日程上的"任务清单"！

首场跨界联动沟通会圆满结束，紧接着第二站杭州站和第三站上海站如约而至。来自浙江省七彩阳光公益基金会·Enable社会创新平台、火童火娃民族传承、杭州松果仁研习社、浙江省梦守护公益基金会等组织的小伙伴们，陆续冒雨赶来，提出与户外拓展项目结合，建议与"长三角"城市群区域甚至全国大学生的社群活动融合，思考与少数民族文化保护项目捆绑，或是力荐与杭州的未来城市社区创建计划或样板级创意产业园项目动态链接……10月30日下午，在上海社邻家和青年公益创新中心的大力支持下，第三站——上海首站顺利举办。大家重点围绕是否可以在上海尝试创建首批"拥抱型社区"以及如何针对特定人群的关系建设开展"拥抱关怀推广计划"（如今天的校园寝室"冷暴力"），进行了深入的交流和探讨。活动最后，上海公益圈的前辈——社邻家的创办人闫加伟先生，诚意邀请“地球拥抱日”的主题公益快闪空间——抱抱舱，首先入驻上海社邻家的两个社区创新空间。

四、羽翼渐丰

继 2018 年“抱抱”重新回归之后，2019 年，对于“抱抱”来说，既是拥有“特别意义”的一年，也是被赋予全新使命的一年。2019 年，是“地球拥抱日”项目“第二个十年”的第一年；是地球拥抱日公益基金成立后的第一年，是正式提出对标“地球熄灯 1 小时”的第一年；是“地球拥抱日 · 世界宣言”首次发布的第一年；是首次提出倡导深圳市打造全球首个拥抱型城市的第一年；是十一年来首次尝试跨界联动及商业合作的第一年。如此多的“第一年”将带领“抱抱”走向何方？

（一）地球拥抱日 · 世界宣言

2019 年 11 月 30 日至 12 月 1 日，“地球拥抱日”项目重启系列联合活动火热开展。11 月 29 日下午，赶在“地球拥抱日 · 世界宣言”中文版正式发布的前一天，中国公益研究院院长、深圳国际公益学院院长王振耀教授，第一个在“地球拥抱日 · 世界宣言”中文版上签名，正式拉开了“地球拥抱日 · 世界宣言”中文版全球联合发布活动的序幕。11 月 30 日，“地球拥抱日 · 世界宣言”中文版全球首发仪式上，作为一位有近 20 年品牌战略经验、10 年公益行业经验的公益人，陈乐与现场嘉宾分享了“地球拥抱日”项目的价值定位、使命愿景、发展目标和“拥抱，改变世界”大梦想，现场许多第一次了解“地球拥抱日”项目的嘉宾肃然起敬。随后的“地球拥抱日 · 世界宣言”中文版首发联合签名仪式上，“地球拥抱日”公益基金首位个人捐赠人、中华文化促进会主席团成员惠宣女士，IDG 亚洲孵化中心华南区总经理凌恒先生，中国新加坡商会副秘书长李思洁女士，2008 年首届“地球拥抱日”参与者、深圳资深公益人——“好人好事”公益项目创始人范志明先生，受“地球拥抱日”创始人陈乐邀请，先后上台在“地球拥抱日 · 世界宣言”中文版上签下自己的名字，正式与“地球拥抱日”项目一起向全球发出“拥抱，改变世界”的人文倡议（见图 6）。随后，“地球拥抱日”项目创始人陈乐与 IDG 亚洲孵化中心华南区总经理凌恒，举行了“地球拥抱日 · HUG SPACE 拥抱型空间”的正式授牌仪式。

自此，作为与“地球拥抱日”项目正式签约的公益生态战略合作伙伴，IDG 亚洲体育产业育成中心正式成为“地球拥抱日”项目全球首个正式授牌的“地球拥抱日 · HUG SPACE 拥抱型空间”，双方将携手共同推动“人文型创业产业空间”的全球化推广。

图 6 “地球拥抱日 · 世界宣言”签约仪式

作为“地球拥抱日”的首次全国联合行动，地球拥抱日公益基金的公益伙伴在 2019 年 11 月 30 日至 12 月 1 日的这个周末，同时在全国多个城市的社区、校园、商场组织了大大小小、线上线下的“地球拥抱日 · 世界宣言”的联合签名发布、“地球拥抱日 · 拥抱接力”互动、“地球拥抱日 · 60 秒拥抱快闪”等众多全民互动推广活动。这些活动也得到了各地广大市民、家长、大学生、志愿者的积极响应和主动参与，共同传递拥抱文化，推广人文关怀。这次联合行动为“地球拥抱日”项目的回归开启了一个全新的起点，既提升了项目内容的丰富度，打响了知名度，更展示了品牌跨界联合的无限可能。这两天的数场品牌活动后，陈乐看着手机里未读消息不停闪烁，下一步品牌联合行动已蓄势待发……

（二）艺展与原创音乐

艺术是无声的语言，是人文情感天生的载体。因此，在公益品牌传播上，陈乐做出了创新之举，选择艺展和音乐两种艺术形式打开传播路径，作为此次重启联合行动的主体项目之一。“地球拥抱日”同时启动的两个跨界推广创新项目——《HUG YOURSELF 抱抱自己》独立艺术主题展首展和《拥抱的感觉》首张原创数字音乐专辑启动仪式暨首支同名原创单曲首场试听会，于 2019 年 12 月 1 日在上海市同步启动。艺展以“抱抱”为主题集结了 4 大洲、6 个国家的独立艺术家们近 70 幅原创作品，同时独立艺术主题展的巡展计划也将筹备启动，更多原创独立艺术家、艺术机构也将陆续加入，以独立艺术的语言传播拥抱与爱的力量（见图 7），完成独立艺术展的启动。

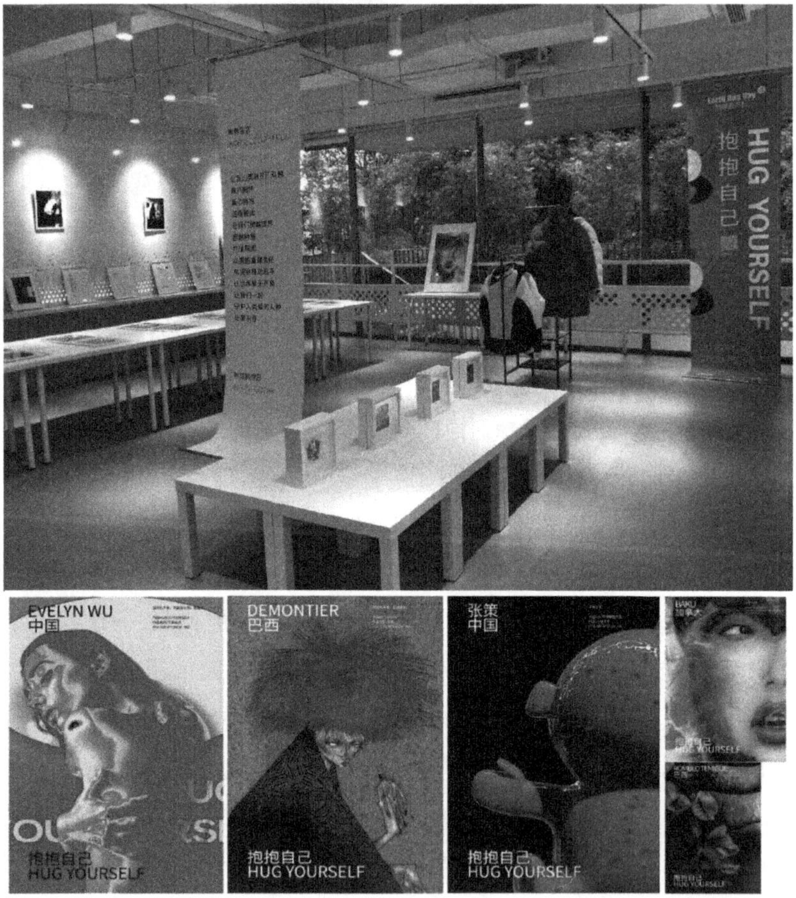

图 7 《HUG YOURSELF 抱抱自己》独立艺术主题展首展

12 月 1 日下午，由蔚来中心 · 上海中心大厦提供场地赞助、由 GREENSCHOOL 和仕和教育提供支持的“拥抱的感觉”首张原创数字音乐专辑启动仪式暨首支同名原创单曲首场试听会在上海中心大厦接力发声。“地球拥抱日 · 原创音乐专辑”项目，计划从 2019 年开始，每年至少发行一张“拥抱的感觉”原创数字音乐专辑。该项目在推广拥抱文化的同时，也希望为中国的原创音乐人开辟一条“人文公益+原创音乐”的新路，推动中国原创音乐新生代的健康成长。试听会现场，上海知名独立音乐人卡萨，现场为大家演唱了由他作词作曲的原创单曲《The Feeling Of Hugging 拥抱的感觉》，圈粉一片，而后续项目中也将有更多音乐人陆续加入。

（三）疫情来袭

2020年1月新冠疫情突发，线下商业面临巨大挑战，唯有自信面对，积极行动，携手互助，才能共渡难关，为国解忧。从2月10日的公众号首发到2月17日的2.0小程序版上线，I’m OK！信心标签公益接力行动“信心星火”（见图8），越燃越旺。疫情当中不适合拥抱，于是动作调整为碰肘。陈乐团队邀请线下商业实体品牌参与“I’m OK！信心标签公益接力行动”联动“线上+线下”传递信心，提振消费，激活城市为商业加油，为品牌助力。“I’m OK”公益海报也亮相子情贝诺全部线下门店，店员佩戴“I’m OK！”徽章。同时向会员、顾客推广“I’m OK！”接力活动，也为参与“信心接力”的小伙伴提供“I’m OK！”信心福利。此举得到消费者的大力追捧，也赢得了消费者的信赖。

图8　I’m OK 信心标签公益接力行动

（四）家庭日活动

2020年5月10日，筹备了近两个月的“母亲节”拥抱推广活动“和妈妈一起晒抱抱”线上线下同时启动。本次活动了联合了深圳市福田区卓越汇购物中心、深圳市蛇口区海上世界汇港购物中心、海口市华润置地N次方公园等8个实体商家（见图9），再次将母亲节“地球拥抱日·ONE HUG一个拥抱”全民训练计划推向一个新的高潮。“和妈妈一起晒抱抱”小程序也在5月10日“母亲节”当天正式上线开放，用户可在线上和线下同时扫码参与。通过使用“和妈妈一起晒抱抱”小程序，不仅可以和妈妈一起晒“最暖拥抱”，秀“最甜瞬间”，还可以获得一张特别版“抱抱加油券”，在深圳市、广州市和海口市的6家合作 SHOPPINGMALL 联合设立的“抱抱加油站”，兑换由上百个合作品牌提供的“母亲节”“加油奖励”，此举为这些品牌带来巨大的流量。另外，“母亲节”当天，“地球拥抱日”创始人陈乐与3米高的“大抱抱”和志愿小伙伴们一起带着丰富的原创“抱抱”礼物现身深圳市福田区卓悦汇购物中心中庭的“HUG STATION 抱抱加油站”与大家一起“拥抱互动，为爱加油”。

图 9　品牌联盟商家（品牌）

继上海市的首展获得成功后，品牌方在 2020 年的“六一”儿童节沿用了这个灵感，在深圳市地标地王大厦开展了“抱抱的感觉”儿童主题绘画作品展，约 50 幅儿童绘画作品亮相首展，其中最小的“投稿人”只有 4 岁。拥抱可以给予孩子安全感与自信心，但许多忙碌的父母却常常忽视“抱抱的感觉”对孩子成长的意义。2020 年的“六一”儿童节，“地球拥抱日 · ONE HUG 一个拥抱”全民训练计划，联合多家公益伙伴和爱心机构发起“多抱抱我——儿童心灵关怀公益推广”，同步启动“抱抱的感觉”儿童主题绘画作品巡展计划及“一个拥抱的承诺”幸福家庭倡议接力活动。

2020 年 6 月 1 日至 7 日，首场“抱抱的感觉”儿童主题绘画作品展亮相深圳市地标深圳地王大厦 69 层——地王观光 · 深港之窗（见图 10），首展特别安排在 384 米的“云端”，是希望每一个参观者也能如站高楼般看到孩子“更远的未来”。父母的拥抱对每一个孩子的身心成长都至关重要，经常拥抱所给予孩子的安全感与自信心将让孩子受益终身，但许多忙碌的父母却常常忽视这“抱抱的感觉”对孩子成长的意义。活动借孩子的画笔和他们心中“抱抱的感觉”，提醒更多或忙碌、或执着报班的父母，拥抱与爱对他们有多重要。以此，帮助更多孩子在他们最需要有爱滋养的童年得到更多“爱的抱抱”。

图 10 “抱抱的感觉”儿童主题绘画作品展

如果你有一位“超人老爸”，那恭喜你，你是幸运又幸福的。2020 年 6 月 21 日“父亲节”，是“超人”的假期。这一天，“超人”要做一天“普通人”。“抱抱”呼吁说：“我们要抓住这个机会，为我们的‘超人’做一件最能让‘作为普通人的他’开心的事，让他知道，我们都有多爱他”。因此，“抱抱”正式推出“老爸，我爱你——超级表白清单”，一份“表白清单”，一次“面对面”互动，一次幸福关系的“共建”，再加上一个“我爱你”的完美拥抱。相信这份清单，将成为这个“父亲节”送给老爸“最好的礼物”（见图 11）。“老爸，我爱你——超级表白清单”幸福关系建设计划的推出，也是“地球拥抱日 · ONE HUG 一个拥抱”全民训练计划“家庭日”活动的收官之战，也预示子品牌“ONE HUG”家庭日体系的完美构建。

图 11　父亲节“表白清单”活动海报

“母亲节”“儿童节”“父亲节”系列活动都属于（“抱抱”公益 IP 品牌）子品牌“ONE HUG”一个全民拥抱训练计划的推广活动，这几个节日活动又被称为“家人日”活动。“ONE HUG”的提出和实践，真正把“地球拥抱日”从每年只有一次的活动中解放出来，让活动变得日常化，对“抱抱”来说，这也是一次巨大的飞跃和提升。

五、未来展望

筚路蓝缕数载，“抱抱”公益 IP 品牌以 IP 思维和生态模式慢慢从个体化、分散化向组织化、规模化一步一步迈进，为创造更温暖有爱的幸福社会而努力，以商业推动公益行业可持续发展。具体而言，体现在三方面：解决爱的全民刚需与社会整体服务生态滞后的矛盾；解决蓬勃发展中的中国公益及社会创新与本土原创的国际影响力公益 IP 缺位的矛盾；解决中国公益社会创业生态中，心灵幸福倡导与城市人文建设领域创新赋能型项目相对稀缺的问题。

“抱抱”公益 IP 品牌与 IDG 亚洲体育产业育成中心联合成立的“IDG 亚洲体育产业育成中心 HUG SPACE 拥抱型空间”已被授牌（见图 12），正在陆续开展“拥抱大使发展计划”项目，落实“一个拥抱”的全民训练计划，预期将在未来1年内成立逾10个拥抱大使俱乐部，推出逾10万个家庭、社区、校园、企业、品牌、城市、国际等拥抱大使，让城市更温暖。与此同时，“拥抱型城市推动计划”项目也在筹备，“抱抱”公益IP品牌将创建拥抱型社区、创业空间、产业园区、餐厅、购物广场、酒店等生活服务类场景设施，拥抱系列场景发展计划将主要进行商业赋能；同时也将会联合公益行业专业伙伴践行城市温暖指数计划，构建城市人文关怀新指数标准及行动指南，激活消费者城市人文情感共鸣。此外，EGAC组织计划也在逐步进行，“抱抱”公益IP品牌期望组建全球联合行动委员会、全球青年联合行动委员会、全球创意及音乐与艺术联合行动委员会、城市人文与心灵文化产业发展委员会、全球品牌跨界合作联盟、全球城市联盟等组织，联合更多企业、品牌、机构和城市推广拥抱文化，让“拥抱，改变世界”的力量被世界看到。

图12　IDG亚洲体育产业育成中心HUG SPACE拥抱型空间授牌

社会经济与科技飞速发展间接导致城市居民生活节奏越来越快，但人们彼此之间的沟通质量和信任度却在逐步降低，家庭关系与社会关系也越来越单薄，再加上国内人们情感表达比较含蓄，城市居民人文情感缺失态势逐步加剧。“抱抱”公益IP品牌积极拥抱未来，其公益基金会品牌理念升级为“关怀、陪伴、疗愈”，未来将更加注重城市人文情感关怀服务，进一步致力于解决“社会越进步，人们越缺爱”的社会问题。在“抱抱”公益IP品牌已推出“抱抱”挂件、“抱抱”玩偶的基础上（见图13），2020年推出“抱抱”原创插画绘本品牌产品，开展深圳特区 40 周年主题书展、24 小时 100 万人完成拥抱接力吉尼斯挑战等品牌活动。此外，“抱抱”公益 IP 品牌正在筹建亲子分享家长学院，运用已引入的区块链技术开展子品牌“ONE HUG”家人日系列活动，如儿童心灵咨询、AI 心理健康检测；同时也为子品牌“抱抱加油战”“I'm OK”公益志愿服务助力。此外，深圳市整个城市人文建设基础较好，但其经济发达、城市化程度高，居民情感缺失现象相对突出，居民对幸福感的理解也有所不同。为配合深圳市实践中国社会主义先行示范区规划——打造“公益人文”城市名片，完善深圳市城市居民心灵幸福建设和城市人文关怀关系建设确有意义和实有必要。基于此，“抱抱”公益 IP 品牌未来将持续扎根于深圳市，构建矩阵式公益 IP 生态系统，努力将自己培育成深圳市原创、全球示范的旗帜性全球人文关怀社会影响力公益 IP 和社会创新赋能平台。世界宣言的国际版也已在积极筹备中，很快将与全球观众见面。

图 13 “抱抱”周边产品

六、结语

从十几年前一个小型的“地球拥抱日”公益活动，发展到今天包含“地球拥抱日”“抱抱”“ONG HUG”“抱抱加油站”“HUG SPACE”等多个 IP 在内的公益 IP 生态系统，陈乐逐步将十几年前的公益情怀付诸实践。然而，尽管理想很美好，但要想将这个公益 IP 品牌真正做成深圳市原创、全球示范的旗帜性全球人文关怀公益 IP 平台，还有很长一段路要走。比如，如何提升“抱抱”公益 IP 品牌的知名度和信任度？如何进一步吸引更多的利益相关者来参与这个公益平台建设？如何让“抱抱”公益 IP 品牌在不失公益性的前提下进行商业赋能，甚至进行商业化衍生？最终，如何通过“抱抱”公益 IP 来搭建聚焦“心灵幸福+城市人文”品牌理念的社会创新赋能平台？这些问题整天在陈乐脑海中盘旋。

The growth of “BaoBao”: The way to cultivate Public Service IP Brands

Zhimin Zhou, Fucheng Zheng, Yi Ding, Rixiang Wang

College of Management, Shenzhen University, Guangdong, China 518060

Abstract: At present, domestic public service projects suffer from a lack of innovation and IP branding. This case tells the story of the growth of the public service IP brand “BaoBao”, highlighting the emergence of “BaoBao” and its re-emergence as a public service brand. Returning, growing, and looking forward to the future. Unlike other public service projects such as donation and environmental protection, “BaoBao” is based on the theme of hugging, starting with the “Earth Hug Day” public service activity. Gradually, a set of public welfare culture brands have been formed, including “Earth Hug Day”, “BaoBao”, “ONE HUG”, “Hug Gas Station”, and “Hug Space” among others. This public service brand can empower business by connecting with business. The “BaoBao” branding strategies, including brand identity, brand communication, co-branding, and brand licensing, will provide some suggestions to other public service IP brands.

Key Words: Earth hug day; Public service IP brand; Brand communication; Co-branding; Business empowerment

案例使用说明

一、教学目的与用途

1. 本案例主要适用于《品牌管理》《市场营销》等课程当中的“非营利组织营销”或“非营利品牌”教学环节。

2. 适用对象：工商管理硕士（MBA）、学术型硕士生或高年级本科生。

3. 教学目标：

公益 IP 品牌将公益力量和品牌力量相结合，能够创造更加多元化的情感价值和商业价值。如何成功培育公益 IP 品牌，是非营利组织营销实战仍在实践探索的课题。本案例的教学目标聚焦“公益 IP 品牌”这一前沿品牌营销实战方向，让学生理解掌握如何培育公益 IP 品牌。在这一过程中，可以让学生：

（1）熟悉公益 IP 品牌的识别系统；

（2）掌握如何进行有效的公益 IP 品牌整合传播；

（3）掌握如何通过品牌授权让公益 IP 品牌为商业赋能；

（4）掌握如何通过品牌联合和组合创建公益 IP 生态系统。

二、启发思考题

1. 作为一个公益 IP 品牌，“抱抱”的品牌识别系统是怎样的？

2. 公益 IP 品牌“抱抱”是如何进行整合品牌传播的？

3. 运用品牌授权理论分析，公益 IP 品牌“抱抱”是如何进行商业赋能的？

4. 运用品牌联合和品牌组合理论分析，公益 IP 品牌“抱抱”是如何创建一个 IP 生态系统的？

三、分析思路

对于案例的分析要紧密围绕案例正文的情节线展开。首先要引导学员从案例正文中提炼“抱抱”公益 IP 的品牌愿景，在进行品牌愿景分析时，分析视角不应该局限于单独的品牌理念，而应站在市场的角度客观分析“抱抱”公益 IP 品牌创立的初衷是什么；其次，引导学员应用整合品牌传播理论，分析“抱抱”公益 IP 品牌多样化的传播方式，以及目前传播方式所面临的问题；再次，引导学员运用品牌授权理论对“抱抱”公益 IP 品牌如何进行商业赋能这一问题，进行发散性思考；最后，引导学员结合品牌联合和品牌组合理论，针对“抱抱”公益 IP 品牌如何创建公益 IP 系统进行深入探究分析。

在案例分析时，应注意实现案例情节线、理论知识点、启发思考题、教学目标之间的相互支撑、相互印证，在启发思考题的引导下，通过理论知识与案例实践的反复迭代，实现教学目标，案例分析总体思路如图 1 所示。

四、理论依据及分析

1. 作为一个公益 IP 品牌，“抱抱”的品牌识别系统是怎样的？

【理论依据】

戴维·阿克（David A. Aaker）在其《创建强势品牌》一书中指出：品牌识别（Brand Identity）是品牌战略制定者渴望创造并保持的一系列独特联想。这些联想意味着品牌代表的事物，表达了组织成员对消费者的承诺。此外，阿克教授认为品牌识别结构包括核心识别和延伸识别两个部分，核心识别处于品牌中心，是永恒不变的精髓，品牌进入新市场，推出新产品，它仍旧会保持不变；延伸识别包括品牌识别元素，它们组成互相联系、富有意义的集合，实现一定的特征和竞争力。核心识别包含的元素应该使品牌既独特又有价值，也因此有助于品牌的价值主张和品牌信誉；延伸识别包括那些提供质感和完整性的元素，使得画面丰富充实，用细节详细阐释品牌代表什么，延伸识别元素通常围绕核心识别元素组成持久的意义模式。核心识别和延伸识别将具有代表性的识别元素安全功能组织起来，共同代表品牌的本质。

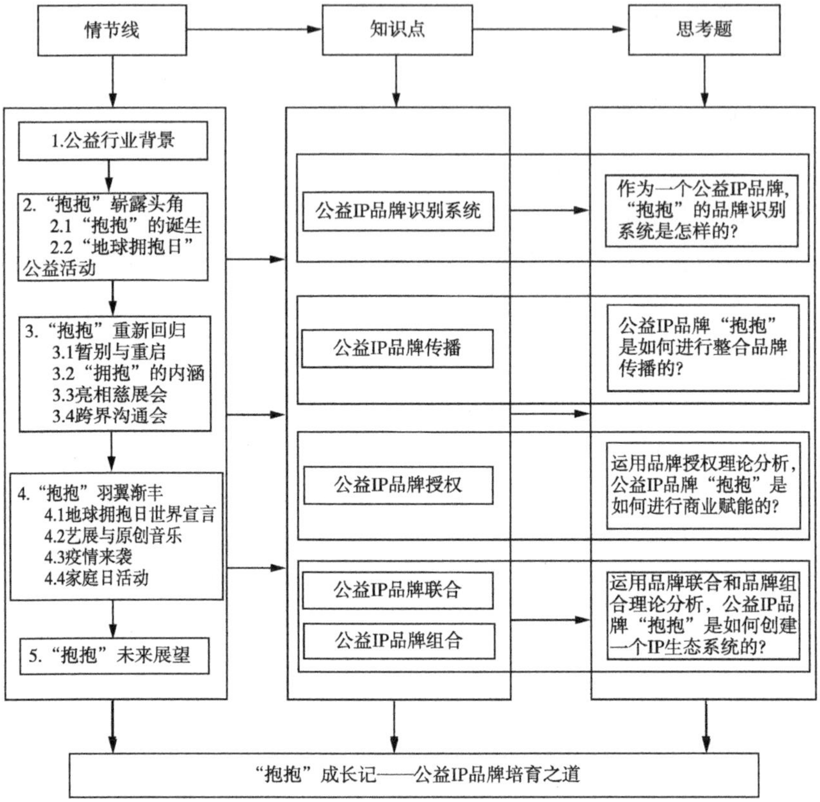

图 1　案例分析思路

品牌识别需要为顾客提供价值主张，具体表现在陈述、表达品牌为顾客提供的功能利益、情感利益和自我表达利益等价值，帮助建立品牌与消费者的关系，驱动购买决策。

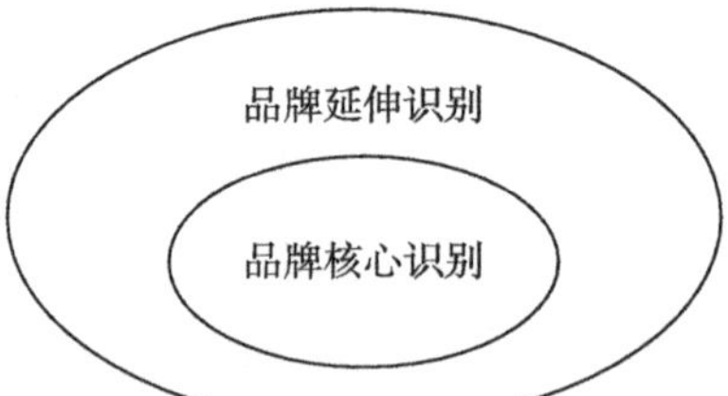

图 2　戴维·阿克品牌识别结构模型

资料来源：戴维·阿克．创建强势品牌［M］．机械工业出版社，2018.

【案例分析】

（1）核心识别

本案例中，"抱抱"是一个公益IP品牌，其向在城市中忙碌工作和生活的人们输出了这样一种品牌理念——像婴儿一样去拥抱身边最亲的人，来表达彼此的爱，不要失去对身边的人表达爱的能力。同时，其也通过策划实施品牌各种活动向消费者传达"爱，才是一切幸福感真正的源泉"的品牌价值观和文化，这在消费者心中留下了深刻的品牌形象。将品牌理念、价值观与文化这些品牌元素融合起来构成了其品牌灵魂，很好地体现了"抱抱"公益IP品牌聚焦"城市人文情感关怀"的价值主张，也为其培育子品牌"ONE HUG""抱抱加油站""I'm OK！"提供了信誉担保，是其品牌核心识别。

（2）延伸识别

本案例中，"抱抱"公益IP品牌延伸识别主要体现在品牌符号方面，具体表现在品牌名称、品牌标志、品牌口号、品牌角色、品牌传奇、品牌音乐和品牌外观七个部分。

"抱抱"公益IP品牌项目，源于"地球拥抱日"公益品牌活动，是乐拥抱（深圳）文化发展有限公司公益IP品牌的统称，其品牌名称实为"地球拥抱日"，这个品牌名称容易让人产生联想到这是一个定位为人文情感关怀的公益项目，具有高远的品牌愿景。品牌标志以英文"Earth Hug Day"和中文"地球拥抱日"标准字，搭配绿色上下对称组合，简洁明了地将其公益品牌的内涵传达出来。"抱抱"公益IP品牌以"拥抱，改变世界"为口号，很好地向不同行业的消费者诠释该品牌所主张的公益价值观和信念。"抱抱"婴儿卡通形象作为品牌虚拟代言人，很好地彰显"拥抱"聚焦"心灵幸福+城市人文"的公益IP品牌个性。陈乐创建"地球拥抱日"公益IP品牌的亲身体验经历，可视为"抱抱"公益IP的品牌传奇，当消费者被其所吸引和打动时，能增加其口碑传播的题材，将蕴含在品牌传奇的公益人文品牌理念在消费者中广泛传播。"抱抱"公益IP品牌音乐——《The Feeling Of Hugging 拥抱的感觉》，能够使消费者从音乐旋律中感受到"抱抱"公益IP品牌的魅力和内涵，加深消费者对品牌名称的记忆。"抱抱"公益IP品牌以"抱抱"婴儿卡通为模具制作推出了优质的2020限量版"爱的抱抱"纯银项链品牌产品，通过产品优质体验拉近消费者与品牌的距离。

这些品牌延伸识别是"抱抱"公益IP品牌识别细化和完整化的元素，它使品牌核心识别更丰满，促进了消费者对核心识别的理解。同时，这些品牌延伸识别有助于强化“抱抱”公益 IP 品牌与消费者的沟通，能够帮助消费者唤起对该品牌的回忆，增强该品牌与消费者之间的信任度，拉近与消费者的距离，促进消费者 – 品牌关系的形成，从而实现消费者与该品牌的有效连接。

本案例中，“抱抱”公益 IP 品牌项目通过举办“地球拥抱日”“地球拥抱日 · 世界宣言”“独立艺术主题展”“母亲节晒拥抱”“六一儿童节”等系列品牌传播活动，以及推出 2020 限量版“爱的抱抱”纯银项链产品，满足了生活在城市中的人们对拥抱的本能需求以及对社交、爱的高级需求。同时，这些品牌传播活动和纯银项链品牌产品给消费者带去了积极的体验，让消费者产生了积极的情绪。此外，这也给扮演着不同角色的人们提供了自我表达和传播自我形象的机会和渠道，有效建立了“抱抱”公益 IP 品牌与消费者的关系，驱动其消费品牌。

2. 公益 IP 品牌“抱抱”是如何进行整合品牌传播的？

【理论依据】

整合营销传播（Integrated Marketing Communication，IMC）是 20 世纪 90 年代兴起的营销传播新理念，由美国西北大学唐 · 舒尔兹教授（Don Schultz）在《整合营销传播》一书中提出，是品牌传播的有效手段。Interbrand 公司整合传

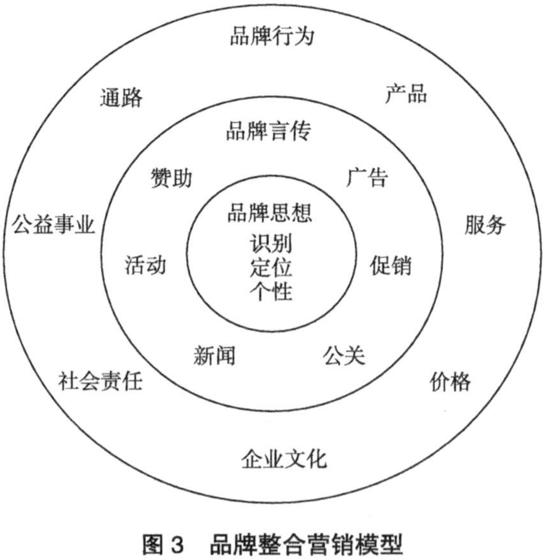

图 3　品牌整合营销模型

资料来源：唐 · 舒尔兹等 . 整合营销传播［M］. 呼和浩特：内蒙古人民出版社，1998.

李忠宽 . 品牌形象的整合传播策略［J］. 管理科学，2003.

播和策划部主任Carolyn Ray对整合品牌传播（Integrated Brand Communications，IBC）进行了定义，指一个整体性的传播策略，整合了所有传播活动，如公共关系、广告、投资者关系、互动或内部传播，用这样的策略来经营企业最宝贵的财产——品牌。从品牌整合营销的结构上来说，品牌整合营销是结合品牌思想、品牌言传、品牌行为从内至外三个层面的整体型传播手段。第一层品牌思想是品牌的内核，明确的识别方案、定位、独特的个性构成品牌的核心思想；第二层品牌言传是品牌与消费者之间的沟通渠道，品牌可通过广告、促销、活动等形式将品牌内容传达给消费者；第三层是与消费者直接接触的品牌行为，包括具象的产品、服务、价格，抽象的企业文化、社会责任等。

【案例分析】

本案例中，创始人陈乐凭借自身20年品牌战略策划经验的专业优势，将品牌IP做成公益项目，创新打造人文公益品牌，弥补了现有公益行业的空缺。在品牌传播方面，陈乐借助自身品牌传播资源的优势以及10年的公益事业经验，为"抱抱"品牌IP设计了全面的整合营销矩阵。

（1）品牌思想

拥抱的深度解读以及对标奥运会的品牌传播内容共同构成了品牌的顶层思想。抓住当代人现实关系弱化的痛点，"抱抱"从个体需求、社会关系和未来发展三个层面深化了拥抱的内涵，利用这个简单的动作唤醒人们对亲密关系的渴望以及包容开放的生活态度。在视觉传达上，品牌设计了婴儿形象的"抱抱"虚拟代言人，将拥抱诉求具象化，并以可爱的IP形象实现多元产品的设计及多场景的传播。

（2）品牌言传

作为一个人文公益IP，"抱抱"传达的拥抱文化是每个人与生俱来的需求，拥抱是一种简单易复制的动作，因此具有多行业的联合普适性，联合委员会的每一位合作方都是"抱抱"的移动广告，覆盖了教育、地产、文旅、餐饮等多个行业。对企业内部而言，温暖关系的建设有益于组织文化发展；对企业外部而言，"抱抱"可以为企业赋予文化公益价值，增强企业在消费者心中的形象。因此，许多企业都主动与"抱抱"进行品牌合作，共同设计活动，提供赞助，帮助品牌传播。在企业赞助形式上，主要提供的是用于活动的场地、与行业相关的素材以及宣传渠道来支持活动内容以及客流引入。其中，行业素材是多元化传播的关键，例如在与艺术培训学校的合作中，孩子们主动报名参展，用画笔描绘出对拥抱的渴望，通过画展这一形式进行传播；在疫情复工活动中，餐饮店以碰肘表示已为顾客准备好安全健康的就餐环节，通过复工广告趣味进行传播。宣传渠道上，双方交换线上公众号、官网资源、线下实体客流资源、分众传媒广告资源进行推广宣传，而创始人陈乐自身的品牌媒体网络资源也不断为活动传播赋能。对品牌自身来说，每一次合作宣传都是渠道的扩展以及病毒式的传播，久而久之积累成以活动性质与应用行业区分的多元化传播模式。

（3）品牌行为

许多企业被“抱抱”吸引主动参与项目合作的原因是其专业化的品牌行为矩阵，打造出了异于传统公益品牌的创新玩法。从正能量的品牌精神，可爱的“抱抱”IP 形象，到标志性的“拥抱 60 秒”，具有仪式感的“世界拥抱日 · 世界宣言”，以及创新的品牌活动策划服务：ONE HUG 一个拥抱全民训练计划、抱抱加油站、原创绘本发行、儿童戏剧比赛、主题音乐专辑、抱抱公益市集、抱抱直播节目、主题创作展、抱抱衍生品开发、100 天倒计时活动，吉尼斯纪录挑战等，无不体现着公益 IP 的多元衍生价值。另一创新之举是，该项目不同于传统公益项目的资金救助需求主导，而是鼓励通过 IP 商品化募资，消费者通过参与购买绘本、IP 周边等产品实现转化，进一步产生公益价值。而在未来，“公益 IP+ 多行业商品”的合作形式也将为“抱抱”家族增加无限可能，共建人文公益产品生态。

3. 运用品牌授权理论分析，公益 IP 品牌“抱抱”是如何进行商业赋能的？

【理论依据】

品牌授权又称品牌许可（Brand Licensing），是指授权者（版权商或代理商）将自己所拥有或代理的品牌以合同的形式授予被授权者使用；被授权者按合同规定从事经营活动（通常是生产、销售某种产品或者提供某种服务），并向授权者支付相应的费用——权利金；同时授权者给予被授权者人员培训、组织设计、经营管理等方面的指导与协助。对于一个公益 IP 品牌如何进行商业赋能，这是一个崭新的话题，也是打破常规、另辟蹊径的创举。传统公益项目（基金）的资金主要靠政府的专项投入和社会捐赠，而“抱抱”打造的公益 IP 品牌主要靠品牌联合、品牌授权等开启公益 IP 品牌商业赋能新模式，摆脱传统公益项目的资金困局，自给自足，做公益的同时为线下商业实体带来巨大流量。公益 IP 品牌如何实现这些商业赋能？暂时还未有成功先例可以参照，但是利用品牌授权为商业赋能是其未来的发展方向。

在品牌授权过程中，那些被授权的品牌名称、标志、卡通形象等被称为授权资产（Licensing Property）。这其中既有商业性品牌的授权资产，如天线宝宝授权儿童摄影店使用其品牌和形象，也有非牟利性品牌的授权资产，如奥运会给予合作伙伴联合商标使用权。在本案例中，随着“抱抱”公益 IP 品牌形象知名度和美誉度的提高，可在未来将其形象授予商家，商家对其进行服装、玩具、图书、漫画、动画片、文创产品等方面的创造，这些产品也将成为“抱抱”的授权资产，在此过程中，无疑也扩大和提升了“抱抱”的商业价值。而其中，品牌授权过程则主要涉及两个关键的利益方，包括品牌授权商（Licensor）和被授权商（Licensee）。就品牌授权的种类而言，可以根据不同的方法进行分类，具体见表 1：

表 1　品牌授权的种类

按授权行业划分	同业品牌授权	品牌授权商将品牌授权给同行业的一些企业使用，也就是通常所说的“特许加盟连锁”
	异业品牌授权	异业品牌授权则是品牌授权商将品牌授权给不同行业的一些企业使用
按授权资产划分	企业品牌授权	常见的企业品牌授权是将企业的品牌名称和标志作为授权资产，包括食品饮料品牌、服饰品牌、服装设计师品牌、汽车品牌、杂志书刊品牌、大学、地标、建筑品牌等
	卡通形象与娱乐授权	卡通形象授权包括电影、电视、卡通动画娱乐类形象、网络动画类形象、电子宠物形象、造型图案类形象。娱乐授权包括所有与娱乐相关的智慧产品、娱乐界知名人士相关的授权，如电影或家用录影带节目名称、电视电动游戏、影艺偶像
	运动品牌授权	以运动品牌作为授权资产的是一些体育赛事品牌、体育团队或体育明星
	艺术授权	艺术授权包括艺术画作或艺术家、图书、漫画、卡片、纸品、印刷品
按授权目的划分	商品授权	商品授权是指被授权商可以将授权品牌的标志、人物及造型图案等无形资产，运用在产品的设计和开发上，并进行销售
	促销授权	促销授权是指被授权商可以将授权品牌的标志、人物及造型图案等无形资产，运用在自身品牌的促销、推广活动中，但不得运用在产品上进行销售
	主题授权	主题授权是指被授权商可以将授权品牌的标志、人物及造型图案等无形资产，策划并经营某一主题项目
	连锁授权	连锁授权也称通路授权，是指被授权商可以加盟授权品牌的连锁专卖店或专柜，统一销售授权品牌的商品
	专利授权	专利授权是指被授权商可以将授权品牌的配方等专利技术，应用于经营活动中

【案例分析】

在本案例中，公益 IP 品牌未来如何进行商业赋能？我们可以从以下几个方面进行探讨：

（1）开发“抱抱”周边产品

周边产品一直是一些品牌的“宠儿”，对于“抱抱”来说也不例外。“抱抱”目前已开发了自己的音乐《抱抱的感觉》、“抱抱”玩偶、绘本、钥匙扣、文化衫等一系列的周边产品。这些只是“抱抱”周边产品的一些雏形和尝试，未来还会开发更多有关“抱抱”的周边产品，比如动画片、图书、漫画、影艺偶像等相关产品，为“抱抱”的商业赋能之路开辟更多的可能。

（2）品牌跨界合作

“品牌跨界合作”成为业态升级变化的代表性词汇，现在更多的品牌为了创新，为了激发消费者的好奇心，频频进行品牌跨界合作，颇受消费者的喜欢和青睐，如奥利奥和完美日记的跨界合作、人民日报新媒体和百事可乐的跨界合作。“抱抱”也通过多次品牌跨界合作，打通了自己的“任督二脉”。

（3）开启品牌授权新篇章

从本案例来看，“抱抱”的授权是以后发展的一个大方向。根据表 1 的划分来看，按授权行业划分时，“抱抱”的授权主要是异业品牌授权，涉及了服装业、首饰业、玩具业、文创业等，行业种类繁多且跨度较广。通过品牌授权，往往可以获得双赢的效果。结合公益 IP 品牌案例进行分析，从品牌知名度来说，“抱抱”这一 IP 多次出现在公众视野，被公益圈的一众大咖所熟知，逐渐获得更多的知名度和美誉度。但由于“抱抱”还只是一个公益 IP 品牌的形象，所以从资本、营销、生产等环节来说，单靠个人的力量无法将“抱抱”这个公益 IP 品牌形象进行有效的商业化，所以，一个低成本高收益的做法就是对公益 IP 品牌进行授权。通过品牌授权，授权方能利用被授权方已有的生产、销售和管理等优势，将公益 IP 品牌实行商业化，开辟一条属于自己的路；而被授权方也能利用授权方特有的公益 IP 品牌形象，为自身打造更强有力的企业竞争力，赢得更大的市场。同时，就目前而言，“抱抱”的品牌知名度在国内并不算太高，此时，被授权方更专业的营销操作也能推动该公益 IP 品牌的传播。可以说，品牌授权让公益 IP 品牌商业赋能之路更顺利，而随着“抱抱”商业赋能进程的推进，也能进行更大范围和更深度的品牌授权，两者相辅相成。

对于“抱抱”在商业赋能的时候要注意的问题，我们可以从以下两方面进行探讨：

第一，综合本案例来看，首先“抱抱”在商业赋能时，要考虑公益 IP 品牌的本质问题。公益IP品牌本身自带有公益基因，因此其本质还是以公益品牌为主，商业赋能为辅；第二，要注意商业赋能的边界问题，不能太商业化，也不能太公益化。太商业化，就偏离了公益的本质，太公益化，就陷入了常规公益品牌发展的困局。因此要合理把握"抱抱"商业赋能的边界问题，方能让"抱抱"的成长更顺利。

4. 运用品牌联合和品牌组合理论分析，公益IP品牌"抱抱"是如何创建一个IP生态系统的?

【理论依据】

品牌联合（Co-branding）定义主要分为广义与狭义两种。广义观点认为品牌联合是指任何将两个品牌捆绑在一起的市场行为，狭义观点则认为两个或两个以上品牌进行联合共同推出一个新产品或服务，且两个品牌名称共同出现在产品上面的营销活动才是品牌联合。品牌联合可以带来良好的市场反应即正面效应，主要表现在感知质量的提高、品牌认知的扩大、品牌态度的改善以及对品牌延伸的保护等方面。品牌联合效应主要受合作品牌、联合匹配性、消费者三个层面的影响。合作品牌层面对品牌联合效应的影响，主要由合作品牌的品牌资产、消费者对各合作品牌的原有认知与评价（质量感知和品牌态度）不同所致。联合匹配性对品牌联合效应的影响主要表现在产品匹配性和品牌匹配性两个方面，产品匹配性是指合作品牌产品类别的匹配性。消费者层面对品牌联合效应的影响主要取决于消费者对品牌的熟悉度、卷入程度以及消费经验等。

品牌组合（Brand Portfolio）是指公司出售的各个特定产品大类下面所包含的所有品牌的组合。品牌组合包括一个组织所管理的所有品牌，包括主品牌、担保品牌、子品牌、描述性品牌、产品品牌、公司品牌、品牌化的差异点、品牌化的活力点、品牌联合等。品牌组合战略具有协同效应、资源配置、应对竞争、战略发展、减轻负担五个方面的作用。品牌组合战略管理可以帮助企业促进品牌之间的协同作用、发挥主力品牌的杠杆作用、创造和保持与市场的相关性、创建强势品牌、实现每一个品牌的清晰化。

为了保持市场份额和持续的现金流，成熟行业的企业在使用新品牌和新产品追求持续增长的同时，并不愿意减少现有的品牌和产品，造成品牌数量以惊人的速度增长的现象。故而，进行品牌组合战略实有必要。戴维·阿克教授提出的一个品牌组合战略模型，更全面和清晰地说明了品牌组合的战略框架（见图4）。

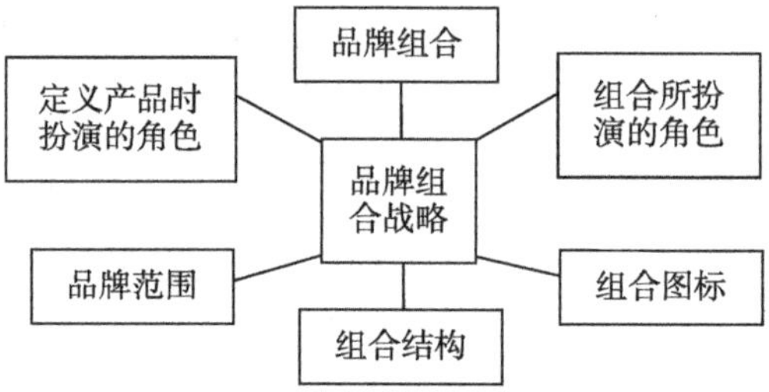

图 4　戴维·阿克品牌组合战略框架

资料来源：戴维·阿克．品牌组合战略［M］．北京：中国劳动社会保障出版社，2005.

【案例分析】

本案例中，“抱抱”公益 IP 品牌与诸多知名品牌进行联合和组合构建了公益 IP 生态系统，主要有三种方式。

（1）“抱抱”公益 IP 品牌寻找业务合作品牌进行品牌联合。“地球拥抱日”与“IDG 亚洲体育产业育成中心”进行品牌捆绑，成立“地球拥抱日·HUG SPACE 拥抱型空间”，携手推动人文型创业产业空间的全球化推广。2020 年新冠肺炎疫情期间，“抱抱”公益 IP 品牌联手社会创新企业 BottleDream×“好消息贩卖机”和深圳市本土烘焙品牌子情贝诺联合开展 I'm OK！信心标签公益接力行动公益服务，为线下商业工作人员加油打气。除此之外，“抱抱”公益 IP 也与英尔科技、卓悦汇、壹方城、IBC、汇港、益创未来、N 次方公园等诸多品牌联合共同策划实施了多场公益品牌活动，“抱抱”公益 IP 品牌与这些品牌进行品牌联合有利于提升它们彼此品牌的认知度，同时品牌联合能够改善“抱抱”公益 IP 品牌单独延伸时的属性组合，而且还会对彼此的品牌起到保护作用。

（2）“抱抱”公益 IP 品牌寻找背书品牌进行品牌联合。“抱抱”公益 IP 品牌让中国联合办公领域的独角兽企业优客工场为其背书。优客工场作为“抱抱”公益 IP 品牌的背书品牌，通过官微面向全国 40 多个城市、200 多个联合办公空间及约 60 万注册会员推荐了“地球拥抱日”项目。同优客工场品牌联合后，“抱抱”公益 IP 品牌能够接触到优客工场的客户群并进行广泛宣传，从而迅速扩大公众对“抱抱”公益 IP 品牌以及优客工场的认知。

（3）“抱抱”公益 IP 品牌通过创建子品牌进行品牌组合。目前“抱抱”公益 IP 品牌开发了“ONE　HUG”“抱抱加油站”“I' m OK！”三个子品牌，形成了品牌组合，共同驱动向前发展，增加了与公众的沟通与交流，同时与公众建立了良好的关系，这在很大程度上完善拓展了主品牌“抱抱”公益 IP 品牌的品牌形象，深化了公众对“抱抱”公益 IP 品牌的品牌理念和愿景的认知，提升“抱抱”公益 IP 品牌的品牌知名度和美誉度。

五、关键要点

本案例在公益 IP 品牌培育问题上进行阐述，展示如何从零开始创建和发展一个公益 IP 品牌。分析时需要聚焦在公益 IP 品牌的品牌价值观、创建公益 IP 识别系统、整合品牌传播以及现有品牌传播存在的问题及解决方法上，对公益 IP 品牌如何进行商业赋能可以简要分析交流，最终回归到公益 IP 生态系统和品牌持续化发展的具体措施上。目前，面对国内激烈的公益 IP 品牌同质化现象，国内企业或非营利组织缺乏进行公益 IP 品牌的品牌价值观创新和商业赋能、公益 IP 生态系统创建的经验。通过对“抱抱”公益 IP 品牌培育的案例分析，在品牌价值观、品牌传播以及商业赋能、创建公益 IP 生态系统等方面，能够给国内企业或非营利组织创建和发展公益 IP 品牌提供一些参考。

六、建议的课堂计划

1. 课堂计划

本案例可以用于专门的案例讨论课，以下是按照时间进度提供的课堂计划建议，仅供参考。整个案例课的课堂时间可控制在 90 分钟以内，大致的时间安排和教学计划如表 2：

表 2　教学计划

序号	内容	主题及要求	形式	时间
1	课前准备	提前发放《“抱抱”成长记——公益 IP 品牌培育之道》案例的阅读材料，鼓励学生关注和收集有关资料，提前熟悉案例，初步明确案例分析主题	个人阅读或分小组准备	不限
2	教师引导	老师以开场白的形式，引出需要讨论的案例	开场白	5 分钟
3	小组讨论	根据案例思考题，对“抱抱”公益 IP 品牌的品牌识别系统、品牌传播、商业化赋能、创建公益 IP 生态系统等进行重点讨论，探究“抱抱”公益 IP 品牌的培育历程	分小组讨论，准备发言提纲	30 分钟

续表

序号	内容	主题及要求	形式	时间
4	小组发言	基于讨论结果，由小组代表轮流发言，其他小组可以点评和提问	小组发言，其他小组可点评提问	30 分钟
5	讨论总结	教师根据小组发言情况进行归纳总结，并留一点时间给其他同学自由发言	教师归纳总结，自由发言	25 分钟
6	课后计划（可选）	为学生提供参考文献及相关资料，结合小组讨论和课堂分析，写出更具体的评述	个人完成或小组完成	不限

2. 板书

请各小组代表将“抱抱”公益 IP 品牌的培育历程流程图在白板上用黑笔绘制出来，老师再用红笔进行点评和修改。

3. 案例开场白

“各位同学，大家好！全民消费升级时代，消费者情感需求不断增长，品牌 IP 化成为时尚的品牌营销趋势。公益 IP 品牌将公益力量和品牌力量相结合，能够创造更加多元化的情感价值和商业价值。与此同时，经济全球化加剧了市场的激烈竞争，企业或非营利组织为进一步增强自己的竞争力或知名度，逐步意识到公益 IP 品牌营销的重要性。

“公益 IP 品牌是‘公益 IP’驱动的具有强大生命力的品牌。品牌建设发展至今已经有了一系列成熟的步骤，然而对于公益 IP 品牌的创建，还属于摸着石头过河的探索阶段。那么，如何成功有效培育公益 IP 品牌呢？有谁听说过或见过‘抱抱’这个婴儿卡通形象没有？（注：此时拿出一个‘抱抱’卡通玩偶或播放一张‘抱抱’婴儿卡通形象照片）大家知道它常和哪些品牌活动联系在一起吗？对，‘地球拥抱日’‘地球拥抱日 · 世界宣言’‘独立艺术主题展’‘母亲节晒拥抱’‘六一儿童节’等等。今天，我们就以“抱抱”公益 IP 为范例（打开案例 PPT 课件），了解一下‘抱抱’公益 IP 品牌培育历程。上周已布置大家课后阅读了《“抱抱”成长记——公益 IP 品牌培育之道》这篇案例，下面，请大家分组讨论案例当中提出的几个问题，讨论时间为 30 分钟。之后，我选 5 个组，请每个小组派 1 名代表上台轮流发言，来报告你们的讨论结果，报告时间为每人 5 分钟。报告完，其他小组的同学可以点评和提问。课程结束前，我做最后的总结。下面大家开始小组讨论。”

4. 结束总结

（1）首先请其他小组的同学点评上一组同学所汇报的内容，不同小组之间的观点必然有所异同，小组间的相互点评可集思广益，让学员的思路更为清晰。

（2）等全部汇报和点评完之后，老师做最后总结。总结不能就事论事，当今消费市场上，打着公益 IP 品牌旗号的企业如雨后春笋般涌现，必须从“抱抱”公益 IP 品牌的案例上升到更普遍的公益 IP 品牌打造上，为公益 IP 品牌的培育总结出一套较为规范的流程以及需要规避的问题。

（3）课后，请各组同学提交一份更完善的案例分析报告，就所讨论的 4 个问题进行回答。

雪球网——网络社交时代激活投资的三重奏①

案例正文

摘要：信息时代催生了一大批基于“众人智慧”逻辑进行投资的社交投资平台，原本属于专业投资经理提供的投资分析服务，此时亦以社交投资这种方式飞入了寻常百姓家。众多互联网企业应声而动，纷纷寻找着社交网络与金融相结合的有利契机，而雪球网正是社交投资坚定的追随者和践行者。本案例回顾了雪球网的发展历程、业务模块以及4位投资者在雪球网的投资体验，旨在启发读者了解雪球网的社交投资模式如何提高信息在投资者中的传递效率以及激活投资者参与市场的积极性。

关键词：社交投资；信息共享；活跃投资者；雪球网

引言

2020年，世界投资环境格外复杂。全球股市遭遇了“黑色星期一”，美股在两周内熔断4次，A股行情亦是跌宕起伏……市场在面临经济形势重重不确定性带来风险和挑战的同时，也蕴藏着盈利的机会。在全球防疫形势未明朗前，许多投资者面对心仪的股票往往欲买还休，新手投资者更是不敢迈出投资

① 1. 本案例由深圳大学管理学院陈雪、杨金娟、孙慧莹、赵雅雯撰写，作者拥有著作权中的署名权、修改权、改编权。未经允许，本案例的所有部分都不能以任何方式与手段擅自复制或传播。2. 本案例授权中国管理案例共享中心使用，中国管理案例共享中心享有复制权、修改权、发表权、发行权、信息网络传播权、改编权、汇编权和翻译权。3. 由于企业保密的要求，在本案例中对有关名称、数据等做了必要的掩饰性处理。4. 本案例只供课堂讨论之用，并无意暗示或说明某种管理行为是否有效。

的第一步。在此背景下，国内领先的社交投资平台雪球网于3月10日到4月3日举办了“寻找组合交易王”大赛，参赛选手最高组合收益率达到107.59%，前20名的收益率均大于29.92%，由此可见，在雪球网潜伏着一群具有专业知识和投资经验的投资达人。那么，定位为社交投资平台聚焦投资社区的雪球网是少数人的投资盛宴还是多数人的理财福音？

在证券市场，信息对于投资者而言，就像水对鱼儿一样重要。但有时，面对市场产生的海量信息，普通投资者会感到无所适从。由于受到专业知识不足和投资经验缺乏的限制，他们希望求助于证券市场的专业人士，利用投资高手的专业能力和他们掌握的共享信息选择前景乐观而又鲜为人知的理财产品。可是专业人士往往很难接触到，所以普通投资者大多数都处于盲人摸象的状态。社交投资平台则既可以实现投资者的信息共享意愿，也可以达到专业人士带动普通人士理性投资的目的，可谓实现他山之石可以攻玉的作用。

雪球网是一个投资者的社交网络，为投资者提供跨市场、跨品种的数据查询、新闻订阅和互动交流服务，覆盖了A股、港股、美股和债券、基金、信托、理财等方面，将投资产品、投资者、上市公司与投资机构链接起来，参与方在互动中获取信息并持续产生新的信息，实现内容的不间断生产。作为我国较早的社交投资平台，雪球网将社交网络和投资平台进行融合，从技术面、基本面、消息面对股票行情进行列示，独创性地建立了用户之间的投资交流社区，打破了时空的局限，帮助投资者以一种更加灵活便捷的方式接收市场信息，扫除信息死角和思维盲区，降低了市场中的信息不对称性。无论是股市交易的“老司机”，还是初入股市想小试牛刀的“小白”，雪球网都是投资路上不容错过的实用工具。

作为国内社交投资平台领头羊的雪球网，通过投资者之间交互式的信息共享，提高了证券投资市场中信息的传播效率，打破了以往证券投资中机构投资者和券商机构的绝对优势地位。然而看似造福万千投资者的雪球网却面临着发展困境，如何将平台现有的用户深度激活完成从投资组合策略的虚拟构建到利用雪球网进行交易实战？进一步地，如何从投资社区转型为具有社交特色的专业投资平台，从而实现持续盈利仍是雪球网下一步发展需要正视的真正考验。这些问题都关系着雪球网能否从各类投资平台的竞争中脱颖而出，继而拔得头筹。所以对于这样一家有潜力的社交投资平台而言，想要获得持续的用户红利并将雪球越滚滚大，依然任重而道远。

一、社交投资 众人智慧

社交金融，最早诞生于美国，Lending Club 在 2006 年利用 Facebook（社交平台）进行的熟人借贷业务，但由于前瞻性较强，未能被用户理解和接受，所以在推出后反响平平，并未达到预期目标；而 2011 年由美国 SoFi 公司推出的建立在斯坦福大学人际关系网上的大学生低息校园贷则以由毕业校友出资、成本低于市场利率、名校学生信誉担保的方式受到了众多用户的追捧。

早期的社交金融主要是基于朋友圈的金融互助行为，随着社交网络的隐形功能渐渐被人们熟识和利用后，除了在贷款领域的尝试外，证券投资中的社交金融也如火如荼地开展起来。如 2007 年由 Yoni Assia、Ronen Assia 和 David Ring 等在以色列特拉维夫创办的 eToro，目前 eToro 提供 5 大类金融产品：外汇、大宗商品、股指、股票和比特币。与传统券商相比，eToro 的创新之处在于允许投资者直接“跟投”，在 eToro 的投资社区中，每个投资者的交易记录都是实时公开的，投资者可以通过查看其他人的历史交易数据选择合适的交易高手进行证券组合的直接跟投。除此之外还有 2007 年创办于希腊以回测模拟器（Simulator）为特色功能的 Zulu Trade；2007 年创办于美国以高手分级功能为特色的 Covestor；以及 2009 年创办于德国以发现最好跟单者为特色功能的 Ayondo，四个平台的具体介绍见图 1。

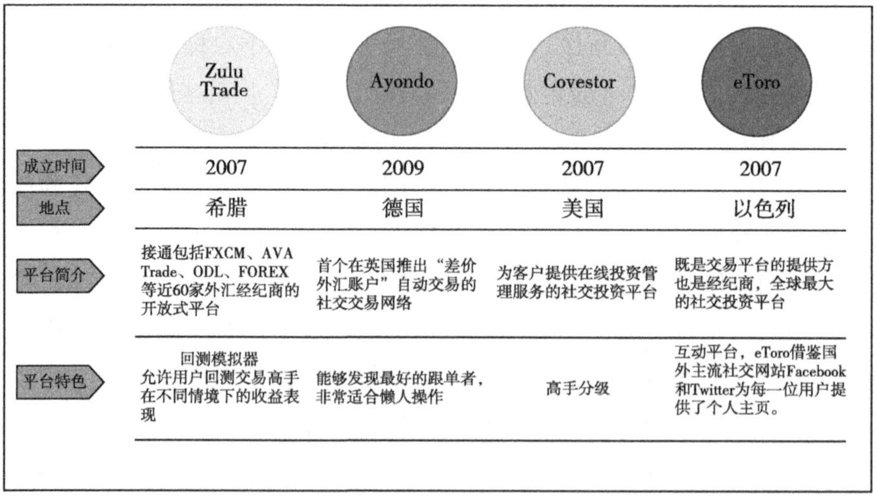

图 1　国外四家社交投资平台概况

资料来源：作者根据网络资料整理。

社交金融理念最早传入中国是在2013年，主要以社交工具为媒介，提供各种金融产品，涉及投资理财、小额借贷、众筹等领域。2013年，腾讯推出的社交软件微信开始引入金融支付业务，用户可以在该平台使用好友转账、公众平台打赏以及扫码付款等功能，这种新兴的方式引起了许多用户的关注。2014年除夕夜，微信更是以最新推出的发红包功能赚足噱头，短短几天内，“微信红包”的收发总量就达到了32.7亿次，一时间风光无两，连支付宝这个在支付平台领域稳坐第一把交椅的企业都被抢了风头。这一现象引起了社会各界的广泛关注，许多机构纷纷开始推出以社交网络为载体的金融服务，如清华大学、北京大学等高校建立的校园借贷“靠谱鸟”；人人网推出的“人人分期”大学生分期服务；平安集团从衣食住行玩等不同方面推出的“壹钱包”“天下通”“一账通”“万里通”“医健通”等服务；以及轻松筹、水滴筹等面向病患、孤寡老人等弱势群体的众筹业务等都着重强化了社交金融在普通民众心目中的地位。

当然，证券投资领域也不甘寂寞，继网络配资火爆之后，社交投资平台悄然兴起。创业公司、门户网站、电商平台、投资社区等纷纷推出相关产品。结合了社交元素、交易功能，强调投资组合、移动属性等新特点的“炒股神器”究竟长什么样子？表1列示了我国的七个社交投资平台。中国已稳步进入社交金融时代。与此同时，一些传统的金融机构也开始在社交网络中寻找新的利润点，一时间各类企业都开始向社交投资方向迈进。

表1　国内社交投资平台概况

	成立时间	功能简介	平台特点	参与形式
雪球网	2011	个人投资组合的管理工具，强调社交属性；基于原有的社群基础，用户数量庞大且非常活跃	有趣的晒实盘功能； 自建投资组合； 投资者交流便捷	PC App
新浪理财师	2014	提供专业人士和普通投资者的沟通渠道，但用户与用户之间的沟通较弱	专业人士分享自己的投资组合，普通投资者需付费才能查看；明显的流量优势，用户基础较好	PC App
牛股王	2014	量化交易软件	大数据选投资组合； 免费牛人追踪、交流； 强调技术细节和实用性	App
一起牛	2015	社交属性较强，基于好友关系和投资组合的移动社交投资平台	必须是微信或者手机通讯录的好友才可查看对方的投资组合与持股比例等情况；“一篮子股票”一键买卖的全新交易方式	App

续表

	成立时间	功能简介	平台特点	参与形式
金贝塔	2015	社交投资组合平台：背靠嘉实基金，平台投资者多为专业投顾和券商、基金公司的投研人士，草根达人相对较少	一个“金贝塔”就是一个投资组合，投资组合选择便利	App
财说	2015	社交化网络投资交易平台，连接全球主流市场股票、债券、基金、理财等金融产品	一站式投资全球股票； 股票组合投资模式； 实时跟随高手的投资组合及调仓情况； 通过全年不间断地开展股票投资比赛，筛选投资高手	App
京东财迷	2015	股票平台，邀请专业证券分析师带领大家学习股票投资。	为以私募基金研究员、证券分析师为主的专业证券从业人员提供技术服务及交流；对普通用户提供“模拟跟投”及“投资教育”	PC App

资料来源：作者根据网络资料整理。

在近几年的发展中，社交投资所提供的服务渐趋成熟，但仍然有众多细分市场有待深入挖掘；同时，社交投资在发展过程中出现的一些问题也逐渐引起人们的思考和重视，如沉淀资金产生的利息归属不明确、技术风险导致的数据信息泄露、金融欺诈现象难以防范以及交易过程可能涉税等。但毋庸置疑，从目前来看，社交投资在中国的发展仍然处于上升期，潜在用户的发掘仍然是这类企业关注的重点。未来，社交投资将更多以大数据作为支撑，通过分析不同类型用户的偏好与行为特征，提供更加个性化和更具有针对性的服务。

二、雪球网的发展历程

（一）创业伊始 道路初探

2010 年，在网易供职 6 年的执行副总编方三文在权衡之下，做出了影响自己一生的决定——离开网易，自主创业。多年职业媒体人的经历练就了他对社会走向问题的敏锐洞察力，也使他看到了互联网所蕴含的巨大商机，再加上他本身对研究股票的浓厚兴趣，创办一家投资类资讯网站的念头在他脑中渐渐成型。这一年，恰恰是中概股发展一片向好、股价随之水涨船高的关键时期，方三文顺应时势，建立了垂直型美股资讯网站—— i 美股，为用户提供各类新闻资讯和股票时评。平台在成立一个月内就积累了众多注册用户，且成功邀请到薛蛮子成为第一个天使投资人。i美股在用户的期许与推动下迅速发展起来。

就像看似平静的大海之下也有暗潮涌动一样，在i美股平稳的发展进程之中，也出现了新的问题。首先，i美股网站上的用户不仅仅关注美股，他们对H股、A股市场的诸多股票资讯也有同样迫切的需求，很显然在这些领域还潜藏着待发掘的巨大市场和未探知型用户，所以提供跨市场的服务迫在眉睫；其次，用户对于股票信息的需求往往是海量的、个性化的，随着时间的推移也会不断变化，仅仅依靠i美股10多人的内容团队进行内容生产，无异于在本就浩瀚的信息大海中再舀入一瓢水，起不到实质性的作用，难以吸引用户的眼球，即使扩大内容生产团队的员工规模也不是长久之计，所以i美股必须考虑如何转变内容的生产方式以实现长足发展；再次，投资分析师虽然能够运用专业知识对投资行情发表独到的见解，但他们的投资动机却远远比不上普通投资者，因为这些普通投资者在市场上投入了“真金白银”，股票的起伏波动可能关系着他们的“身家性命”，所以这些人才最关心投资动向，也最有意愿进行投资分析；最后，在互联网技术的强力助推之下，国内外众多社交平台如雨后春笋般纷纷崛起，人们也逐渐开始习惯于利用互联网进行线上交流，方三文看到了社交网络与投资平台相互碰撞可能产生的巨大能量。于是，2011年11月，重构的i美股——雪球网正式上线了。

（二）搭建平台 信息分享

雪球网从建立开始，就致力于打造跨市场、跨品类配置资产的平台，努力将社交功能融入投资网站中。

2011年，雪球网主要将精力用来积累高质量用户，为此，它专门成立了一支用户挖掘团队，在各类投资网站进行搜寻。通过在大量的帖子库中寻找高价值的交流帖，进一步挖掘帖子背后与雪球网气质相投的资深投资人，然后再通过这些投资人所处的社交圈，找到更多投资理财界的高手，将“聪明的雪球”越滚越大。在这个时期，雪球网采用的是封闭式邀请注册制，只有拥有邀请码的境外IP才能成为雪球用户。

2012年，在积累了相当数量的优质用户后，雪球网面向公众开放了注册功能，不设置任何门槛，鼓励各类股民积极参与。同时由于用户使用手机上网的时间远远大于使用电脑上网的时间，所以雪球网开始着手开发雪球App，并且采用了 Mobile First 的原则，任何新功能都先在移动端实现，征询用户的意见和反馈并进行优化，待功能成熟之后，再同步到 Web 端。

2013 年，雪球网开始对用户社区建设进行重新架构。雪球网一直推崇用群体智慧战胜专业智慧，所以为用户提供一个充分接触、进行思维碰撞的平台是非常必要的。在这个阶段，雪球网推出了聊天以及群组功能，这是投资平台社交化的一次比较充分的实践，用户不仅可以关注自己感兴趣的投资大 V，订阅他们的最新发言与投资动态，还有机会与这些专业人士进行线上交流或者组建聊天群组，对共同关注的话题交换彼此的意见，避免信息不对称的现象出现。

雪球网非常推崇用户生产内容（User Generated Content，UGC）的方式，鼓励用户在他们所熟知的领域踊跃发言，扫除思维盲点，所以雪球彻底关闭了之前 i 美股的内容业务，员工生产内容的时代彻底一去不复返了。同年，由于用户不再仅仅将注意力集中于股票领域，而是在不同理财产品间发散，雪球网开始将投资产品的范围扩大，着手引入债券、期货等产品。为激发用户的积极性，建立投资组合的念头也渐渐在方三文的脑中萌生。

2015 年，雪球网旗下的各类理财产品已具备相当规模，为完善投资通路，雪球网开始着手接入各类券商，如平安证券、国金证券、国联证券等，为用户提供一站式购买服务，此举获得了广大用户的积极响应。与此同时，更多的理财产品也开始进入到大众的视线，雪球网以前所未有的速度飞快发展。

雪球网独特的发展模式受到了来自社会各界的广泛关注。2010 年到 2019 年间雪球网先后完成了五轮融资，融资总金额超过 3.5 亿元人民币（见表 2）。

表 2　雪球网的五轮融资

阶段	时间	提供商	金额
天使轮	2010 年	薛蛮子、明势资本	100 万元人民币
A 轮	2011 年	红杉资本	2000 万元人民币
B 轮	2013 年	红杉资本，晨兴资本	1000 万美元
C 轮	2014 年	人人集团领投，晨兴资本跟投	4000 万美元
D 轮	2018 年	蚂蚁金服	1.2 亿美元

资料来源：企查查 https：//www.qcc.com/product_d430808a-bdf9-4ae0-8b86-0b7c1547c9d2.html.

雪球网作为股民的交流圣地，有超过 3500 万的用户规模，每天活跃着 100

万用户，他们围绕A股、B股、港股、美股乃至各种基金期货和理财产品进行着激烈的交流和讨论，日新增内容逾30万条，雪球用户创建的策略组合超过80万个①。平台目前已经形成了包括股票、债券、基金、期货和投资组合等在内的众多理财产品的鼎立之势，理财产品及交易合作对象详情见表3。

表3　雪球网的理财产品及交易合作对象

理财产品	合作机构	主要特点
A股交易	平安证券、国金证券、国联证券、国泰君安等	支持一人多户、佣金利率低、支持新股申购、余额自动理财、创业板在线转签等功能
美港股交易	盈透证券	一个账号即可投资港股、美股、A股；客户资金受美国花旗银行等托管；账户受美国相关监管部门保护
蛋卷基金（公募）	天弘基金、大成基金、博时基金、汇添富基金	4000余只基金产品，拥有证监会核发的第三方基金销售牌照，中国证监会全程监督，浦发银行全程监管资金，并通过中登公司登记资产
私募工场	中金公司	募集对象范围相对公募基金窄，基本都是资金实力雄厚、资本构成质量较高的机构或个人
期货交易	海通证券	极速开户，操作过程简单

资料来源：作者根据雪球网官网资料整理。

（三）注资换帅　打造社区

2018年7月16日，雪球网完成1.2亿美元D轮融资，蚂蚁金服成为雪球网的战略投资者，本轮融资主要用于投资社区及交易系统的产品研发和优秀人才的招募，进一步改善了雪球的社交投资体验，并给用户提供跨市场、多品类的股票基金交易服务。同年8月14日，联合创始人兼COO李楠升任公司CEO，全面负责雪球各项业务推进，雪球网创始人方三文继续担任董事长职务，更多关注雪球未来的战略布局。自注资换帅后，雪球网在新的分工体系下继续坚持以用户需求为出发点，持续改善用户体验，提升用户效率，给用户创造价值，主要基于核心价值进行业务整合，对雪球网的现有产品做减法。由投资者构成的投资社区是雪球网的核心价值和竞争力。基于投资社区，并辅以行情资讯和交易，雪球网在明确这三个需求之后把所有的功能和模块进行归类。

① 数据来源：https://www.sohu.com/a/243270396_518824.

雪球 App 新版上线，利用热门音频进行投资者教育。音频栏目针对不同的用户，提供针对性有趣有料的内容。首期音频共包含《新股民的第一堂课》《雪球精选》《玩转指数基金》三档音频栏目，具有大咖主讲、案例分享和精准匹配等三大亮点。其中，《新股民的第一堂课》是专为刚入市且投资经验不足的新股民量身打造的系列课程，邀请 13 位雪球超级大咖作为主讲人，通过基础通识、方法技巧等 13 节课程，使新股民能够学到有趣且有料的股票投资理念和知识，帮助其快速成长，成功迈出财富第一步。《雪球精选》则精选雪球网站内优质干货，解读热门个股、热点事件，分享投资理念、方法技巧等；而《玩转指数基金》是蛋卷基金专为基民打造的，带领基民进入指数基金的世界，轻松管理资产的指数基金专题栏目。后续根据用户需求不断上线新的音频栏目，如疫情专题的《疫情下的投资策略》、女性投资专题《投资她知道》、基金专题《择基而动》、每交易日的《六点半热评》等。

（四）收入困局　亟须创新

雪球网已逐渐成为股民了解股市热点最快、最全面的投资社区之一。但是在未来，从资讯分享到社区金融的高级阶段，激活投资成为了雪球重点发力的目标。

"人生就像滚雪球，最重要的是发现很湿的雪和很长的坡"，依靠用户创造内容的"雪"和投资热潮的"坡"，雪球已成为投资应用领域的领头羊。雪球网上一直都聚集着一大批优秀的投资人，内容产出的质量和社区氛围也值得肯定，然而，雪球网依然没能形成稳定的收入来源，虽然团队内部已有关于盈利模式的共识，但在产品上一直没有完成盈利模式的闭环，过去频繁的版本迭代就印证了这一点：雪球曾做过自有货币体系"雪球币"，类似电商的推荐功能"买什么"等尝试，但都被证明不算是一个一劳永逸、可以持续运行的盈利模式。甚至到底应该面向专业用户，还是面向"小白"，雪球都有过挣扎。但雪球在其所处领域的领先优势是确定的，通过大量用户形成的投资社区是最不容易复制的壁垒，这也给了雪球尝试的资本。

雪球网目前在提供交易的一站式服务时，主要还是依靠不同类型的券商接口来完成盈利，在为券商导入新用户时，可以向这些券商收取一定比例的交易费用，用户增量越大，雪球网的收入空间就越大。雪球网还参与了平台内整个私募行业的所有环节，包括发行、运营和销售，资金管理规模巨大。在对私募产品进行遴选时，雪球网推出了加速计划，利用全面的量化工具多方面地表达和跟踪私募产品成长状况，同时雪球网也会直接投资一些私募基金产品获取利润分成。值得一提的是，雪球网的运营可以算作一种多边平台式的运营模式，它由两类相互区别又相互依赖的客户群体组成，对于普通的投资者，雪球网所提供的多数是免费服务，即使是通过这个平台进行交易，也只收取少量佣金；而对于拥有证券组合、私募基金的专业投资者而言，雪球网利用为他们搭建平台、匹配用户的方式获取较大比例的利润分成。另外，雪球网 App 启动界面以及新闻板块上会呈现出一些与投资有关的广告，一些媒体机构也会与雪球网合作，在雪球平台上发布与科技、房地产、股票相关的内容资讯，雪球网可以通过出售“广告位”的方式赚取利润。

线下的雪球活动也比较丰富。雪球在取得平台内知名大 V 的授权后，将他们的投资言论整理成书籍，在当当网等平台上发售。相比较而言，这种收入渠道更偏重于雪球文化的传播，宣传价值可能会高于盈利水平。雪球每年都会举办线下交流会、“雪球之夜”等活动，这些活动的门票，以及合作企业的参展费也是一大收入来源。另外，雪球掌握着大量的交易信息和证券行情分析资料，通过对网站中产生的大数据进行分析整合，可以向用户提供付费财务报表、分析报告、投资建议，进而收取一定费用。

雪球网虽然看似收入来源多元，实则长期处于入不敷出的状态，这对于一家社交投资平台而言可谓是致命的打击，因为难以盈利就意味着无法壮大规模，无法填补资金空缺，只能通过继续融资来运营社交平台。然而雪球网最大的价值体现在其将社交网络与投资理财相结合，降低了市场的参与门槛，使市场参与者更加大众化，资金量和专业性不再成为普通人参与金融活动的障碍，从金融服务的实现方式上实现了证券投资在互联网时代的金融创新。而同时随着国内其他社交投资类平台的崛起，如投资脉搏、财神、摩尔金融等，雪球网想要在同类平台中继续保持领跑优势，尽快明确并清晰自己的盈利模式就显得尤为迫切。相对而言，国外社交投资平台 eToro 的盈利模式则比较清晰，在差价合约的基础上，eToro 利用点差、佣金、隔夜手续费等方式获得持续的收入现金流，形成了良好的资金循环体系。然而，创始人方三文坚信，只要抓住最有价值的人群，找到最有价值的投资信息，赚钱只是时间问题。

三、激活投资 步步为赢

为了进一步形象深入地理解雪球网的社交投资模式及其与传统投资模式相比存在的优势，我们对平台用户进行了调查，找到 4 位具有代表性的投资者进行深入访谈，通过 4 位投资者的切身体验来揭秘雪球网激活投资者的具体模式设计（见图 2）。

被访者一是 2017 年 8 月刚刚大学毕业进入 IT 公司的小李，除了如愿以偿成为一名软件工程师外，他也获得了一笔稳定的收入。在繁忙的工作之余，小李开始思考如何利用空闲资金进行投资。由于小李并不是专业投资人士，之前也没有相关的投资经历，所以他打算采取稳妥的办法，在一些投资网站先“潜水”观察一段时间，对感兴趣的股票进行充分了解之后再持仓交易。

经过一番比较之后，小李选择了几家不错的投资网站进行注册，并选择了房地产领域的几只股票作为重点观察对象，小李自信地认为，不需要太长时间，他就能够成为投资理财界的高手。可是经过一段时间的认真观察与细致研究后，小李不但没有找到合适的理财产品，反而越来越感到力不从心。

究竟是哪里出了问题呢?

原来，他在对股票市场的持续观察中发现，这个市场并不像想象中那样严格地按照一些简单的经济规律所规定的轨迹平稳运行，而是受到内部和外部等多种因素的混合交叉影响；而且不同股票在同一时间的变化趋势也常常千差万别，初学者仅仅根据 K 线图很难洞悉股价波动背后真正的原因。由于手头并不宽裕，小李很担心自己本就不多的积蓄会“竹篮打水一场空”，尽数落入股票市场这个无底洞中，所以他又一次采取了保守的行动，打算到投资论坛上寻找自己的答案，他希望找到一些具有丰富投资经验的专业人士，听听他们的独到见解。可是现实的打击让小李再一次陷入了困惑之中，通过与论坛中的投资者们接触，他感受到论坛上有很多像自己一样到处乱撞的“菜鸟”，有一肚子的疑问，却不知道向谁倾吐，而真正懂投资的人又很少出现在论坛里，每个人眼前都仿佛被蒙上了一层纱，无法看清投资市场这个庞然大物的真实面目，却又求助无门，不得不孤军奋战。更加可怕的是，在这个市场内，还广泛存在着像“羊群效应”这样的投资乱象，在本就不平静的“大海”上掀起了惊涛骇浪。面对这样的情形，小李萌生了想要放弃的念头。

一次偶然的机会，小李经同事介绍接触了一个新兴的投资平台——雪球网，最初他并没有抱太大希望，认为它和其他投资网站一样，仅仅提供资产价格动态查询、股票行情实时监控等基础性业务，对自己的投资策略并没有太多指导性作用。可是渐渐地他却发现，这个网站与以往所接触的有很大不同。

雪球网独树一帜地打造了特别的品牌形象——互联网投资社区，提出“聪明的投资者都在这里”。比起投资者的专业智慧，它更加推崇群体智慧，认为每个人都在特定的领域拥有比别人更丰富的体会和见解。雪球网希望能够为广大投资者提供一个信息交流的平台，发挥每个人独特的优势，在思维的碰撞中产生投资新想法。这是它的新颖性所在。

小李发现，众人团结力量大，雪球网主张汇集来自各行各业对证券具有浓厚兴趣的投资者，依靠他们在各自专业领域的经验与见解，使普通投资者对证券走势有更加清晰的把握。这样的方式，能够有效缓解信息不对称，对于投资风险也会起到一定的规避作用。

雪球网还解决了小李一直以来所苦恼的难以获得专业人士指导的问题。这个社交性投资平台在成立之初采用了封闭式邀请注册制的方式，在各大投资网站挖掘了一批与雪球网气质相投的资深投资者，并利用在线访谈等途径提高这些投资高手在平台内的活跃度，这就为普通投资者提供了便利的学习途径。

雪球网新颖的投资见解和独特的价值主张使小李对投资市场不再感到恐慌，相反，他开始在交流社区内学习投资知识，积累经验。怀着期待与兴奋的心情，小李的投资之路正式启程。

随着日子一天天过去，小李对于雪球网的认识逐渐加深，好感度也与日俱增。他每天下班后都会在雪球社区里积极地向前辈们讨教经验，同时分享自己对于投资的感悟与体会。经过一段时间的接触，他拥有了几个志同道合的投资伙伴，也从侧面了解了他们的投资经历与投资志向。

被访者二是来自深圳一家知名投资机构的金融分析师梁先生，他持有投资顾问执照，拥有丰富的投资理财经验，凭借着过人的专业水平和引以为傲的投资业绩，从业多年来一直享有很高的声誉。在访谈的过程中，我们发现梁先生对市场的分析直接而深入，往往一下子就能搞清楚问题的本质；而且梁先生在做决策时目的性很强，出手也非常果断，特别是在房地产行业的股票投资方面，他常常能够做出快人一步的决定。同时梁先生非常希望在雪球社区内自行经营一些风险与收益同高的项目，帮助具有雄厚资金实力的“球友”进行资产管理。

被访者三是北京的一位 67 岁的退休教师老张，虽然没有接受过专业的投资培训，但他已经是一个拥有 30 多年投资经验的“老江湖”了，老张在社区的发言，并不像其他人一样堆砌很多专业名词，而是简单平实的话语，是需要几十年摸爬滚打才能钻研出的深刻道理。比较有趣的是，老张很多时候的投资决策看似不按常理出牌，实际上却往往有着很深的用意。

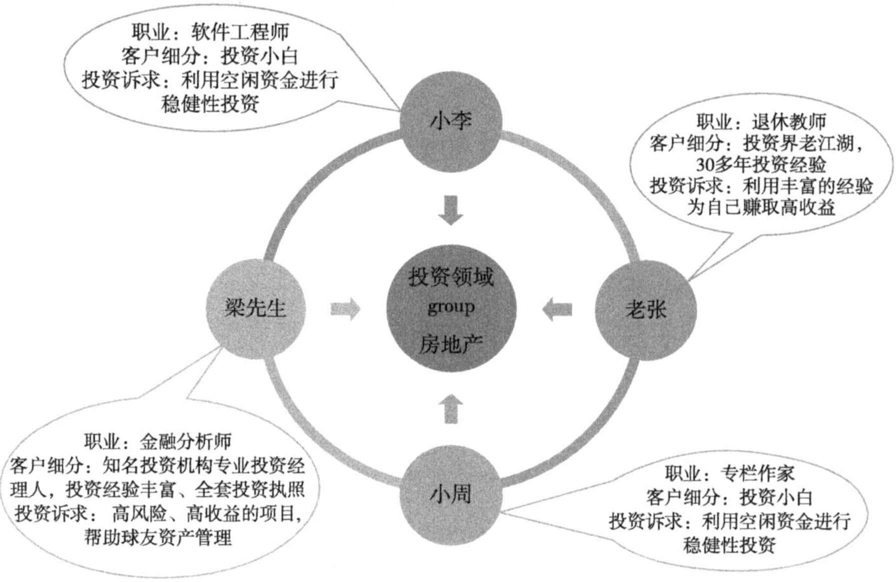

图 2　雪球网 4 位投资者情况概览

被访者四是成都的一个专栏作家小周，他平时除了写作以外，最喜欢做的就是在雪球社区上交流炒股经验。像小李一样，他虽然具备一定的资金实力，但缺乏投资经验，面对风险很高的投资项目往往心动却无从下手，所以他希望通过对他人投资交易记录的研究，找到适合自己的投资方向。4 个人在日常的交流中，发现他们对房地产市场的很多股票都具有浓厚的兴趣，常常在一些投资见解上一拍即合，于是他们建立了一个针对房地产类股票的投资群组，吸引更多感兴趣的投资者加入这个思想与灵魂相碰撞的小群体。他们的投资故事还在继续上演着……

四、雪球如何越滚越大

从全球市场来看，单纯的交易通道的价值在下降，而辅助交易决策的增值平台价值却在上升。雪球网作为当下社交投资平台的代表，巧妙地将社交网络和投资理财完美地结合在一起，通过构建一个属于投资者的交流平台，有效地解决了信息传递过程中的失真性和滞后性，营造投资的社群交流，学习互助，使投资业务对于普通人而言不再神秘，为观望的投资者注入参与市场的动力。

雪球网在继 2014 年获得 C 轮融资后时隔 4 年拿到蚂蚁金服的战略注资，紧接着即对其高层管理人员进行了调整。对于本次融资，蚂蚁金服财富事业群资深总监胡晓东表示："完成 D 轮融资后，雪球将与蚂蚁金服展开各项合作，为用户提供前、中、后全生命周期陪伴式服务，让理财服务走向大众化、平民化，特别是让年轻的用户树立正确的理财观念，最终实现用户、蚂蚁和雪球的三赢。"于雪球而言，一方面，接受蚂蚁金服的投资可以大刀阔斧研发交易系统产品，持续改善平台体验；在蚂蚁金服旗下蓄积已久的大量用户，对于雪球而言未来在其已有的交易端（如蛋卷基金、股票交易、私募和期货产品）上，也可能会发生一场更大的化学反应。另一方面，如何维持自身的特色与独立，以社交投资平台作为加速器，完成向专业投资交易平台的转型，雪球网的未来之路应该如何续写华彩乐章？这个问题依然值得我们深入思考。

Snowball: Trio of investment activation in the online social age

Abstract: The information decade has spawned a large number of professional social platforms for investment analysis based on the logic of "everybody' s wisdom" . An investment analysis provided by professional investment manager would be available on the internet. At this time, social investment is an online investment social method to the ordinary people. Many Internet companies have responded to the need to find opportunities for social networking and financial banking. Snowball is a firm follower and practitioner of social investment. This case reviews the development history, business modules and investment experience of four investors in Snowball.com, aimed at inspiring readers on how Snowball' s social investment model can improve the efficiency of information transmission and activation of investment among investors with enthusiasm.

Key words: Social Investment; Information Sharing; Active investors; Snowball

案例使用说明

一、教学目的与用途

1. 本案例主要适用于《投资学》《公司理财》课程中对信息在金融投资中的价值及有效市场假说等教学环节，也可用于 MBA《互联网服务模式创新》课程中对金融投资方式的选择、优化与创新等教学环节。

2. 本案例的教学目标包括：

（1）了解当前社交金融的发展现状及我国“社交 + 投资”的典型模式。

（2）理解并能够分析社交投资模式较传统信息分享模式在提高投资者参与度上有哪些具体的优势。

（3）了解以雪球网为代表的社交投资平台目前存在的问题，提出未来完善优化现有模式的策略。

二、启发思考题

1.什么是社交投资？社交投资如何提高投资者参与市场的积极性？

2. 雪球网通过社交激活投资的具体思路和策略是什么？与其他投资信息分享平台有哪些不同？

3.结合雪球网目前存在的问题，谈一谈社交投资平台未来应如何进一步激活投资者，将雪球越滚越大？

三、分析思路

本案例首先分析了社交金融在全球兴起的背景及其从借贷领域到投资领域

的演进过程，对国内外知名的社交投资平台进行了概述与分析；其次，介绍了 i 美股从垂直型美股资讯网站到跨市场、跨品类社交投资平台——雪球网的转型过程以及雪球网自建立以来的发展历程；再次，从投资者投资诉求的视角，基于信息不对称理论探讨了雪球网满足不同客户投资诉求的方式，体现其金融创新模式；最后，对雪球网目前存在的问题进行分析，进而为雪球网社交投资平台的优化创新提出改进意见和建议。具体分析思路如图 1 所示。

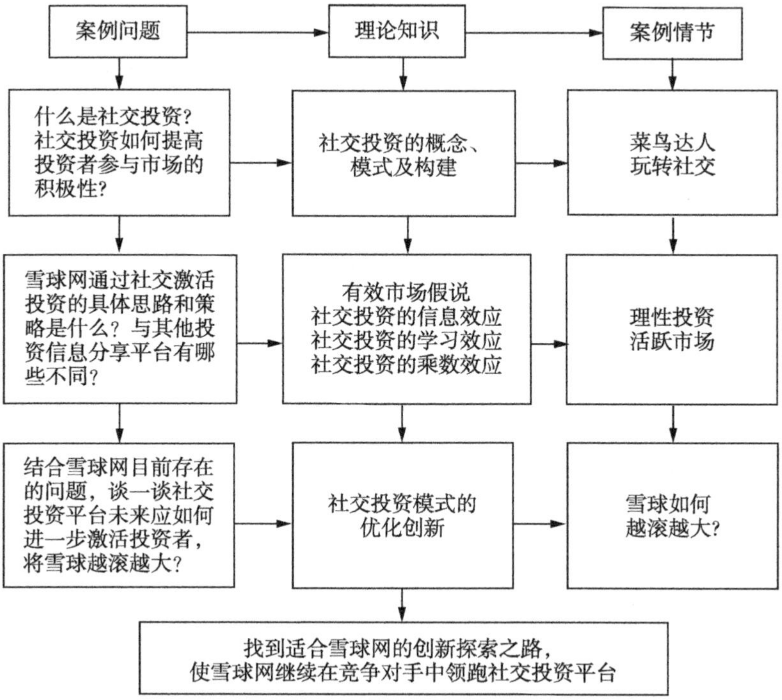

图 1 案例分析思路与步骤图

四、理论依据与分析

1. 理论依据

麻省理工学院波士顿媒体实验室的数据科学家桑迪·彭特兰及亚尼夫·阿尔特舒勒曾跟踪那些使用推特等社交媒体的投资者的投资回报。研究发现：如果投资者能够从多个社交群体获得来源不同的各种信息，便可获得最高的投资回报；从多个社交群体获取信息，并效仿明星交易员的“社交投资者”将获得比一般投资者高 10% 的回报；对社交更为敏感的投资者，所获得的投资回报也比只效仿一两名明星交易员的投资者高出约4%。研究结论表明，与社交群体交换来源不同的信息，能提高投资回报。

信息时代催生了专注于投资分析的社交平台。在此之前，投资分析都是由专业投资经理提供的。通过这些社交投资平台，投资者们分享信息、交流观点，甚至直接分享投资组合。基于“众人智慧”逻辑，在线投资社交帮助投资者们更好地做出投资决策。“社交+投资”的模式让那些即使没有金融知识背景的投资者也可以通过与顶级交易高手的交流甚至跟投来获取盈利。而专业的交易员不仅可以通过自身的策略盈利，还可以通过分享策略获利，从而获得优化自己投资策略的机会。因此，相比于传统的投资模式，社交投资通过交易高手的分享、普通投资者的跟投以及双方之间的交流在很大程度上降低了投资者和投资项目之间的信息不对称性，以可负担的成本为有金融服务需求的社会各阶层群体提供适当、有效的金融服务，不仅为投资者带来了盈利，还有力地促进了普惠金融的建设进程。

（1）互联网金融发展概述

互联网金融是传统金融行业与互联网精神相结合的新兴领域。从广义上讲，凡是具备互联网精神的金融业态统称为互联网金融；从狭义的金融角度来看，则定义为依托互联网来实现资金融通的方式方法。互联网金融发展的阶段如图2所示。

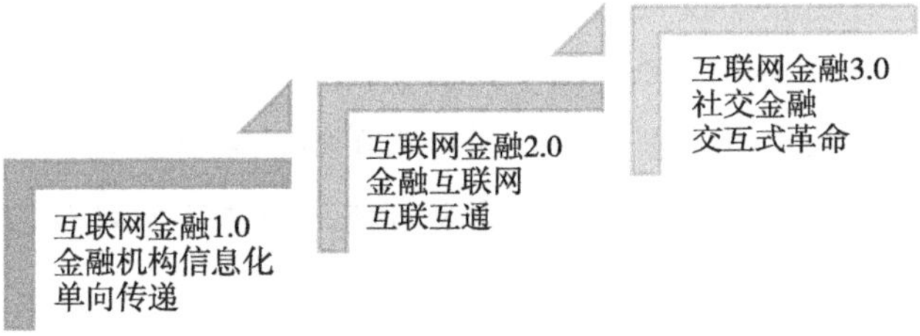

图2　互联网金融发展的三个阶段

第一阶段，互联网金融1.0——金融机构信息化。这个阶段是金融机构通过网络向用户传递信息，这种传递是单向的。用户只能被动浏览和接收金融信息，无法与发送方进行交互，无法进行在线支付。该阶段仅实现了所有金融业务（诸如汇款、支付、清算、交易、记账）在信息系统层面的物理平移，只是空间的拓展，以门户网站为主，个人用户间不能相互联系沟通，缺乏平等、透明、协作与共享。

第二阶段，互联网金融 2.0 —— 金融互联网。各终端互联互通，信息通信技术基础设施演变为整个经济和社会生活的基础设施。电子商务平台、民间金融服务机构、创新的互联网服务平台等新兴机构以后发优势探索金融创新，运用互联网技术为更广泛的用户提供金融服务。在这个阶段，用户可以在金融机构的网络系统中进行在线操作，完成网络支付、转账、查询等功能，还可以对服务进行反馈。

第三阶段，互联网金融 3.0 —— 社交金融。在这个阶段发生了交互式革命，用户之间通过网络建立了连接，对第三方金融机构的依赖大大降低，在线金融机构更多的是搭建平台、提供意见、审核资质，尽可能使优质的用户建立自发性的连接和自组织的互动。互联网金融朝着社交化、移动化、专业化和场景化方向发展，以用户为核心的基于社交网络的互联网金融 3.0 极大提升了个人用户在金融交易中的话语权。

社交金融以用户为核心，基于财富拥有者之间的直接交互关系，相关资讯可以在投资者之间广泛分享，个体用户的力量得以与机构持平，极大地提升了个人用户在金融交易中的话语权。社交投资作为社交金融的重要形态，将投资和社交结合在一起，世界各地的交易者可以便捷地交换智慧和观点。社交投资平台的兴起使普通用户转身为基金经理。伴随着 2015 年上半年 A 股市场行情的火爆，一些以组合投资、网络社区为特点的社交投资软件如雨后春笋般出现。用户纷纷在网上自建股票投资组合，并在社交圈上分享互动，似乎每个人都成为了一名操盘投资的基金经理。每个人都在社交圈上分享自己的组合投资，形成了一群人玩组合的投资氛围。用户通过跟单组合来调配自己的投资比例，投资组合能够帮助用户参照机构投资的交易方法进行大类资产配置管理；同时组合投资也能够帮助平滑风险。

最早从事社交投资服务的是美国注册股票经纪商 MotifInvesting，这是一家结合网络券商和社交平台特点的组合投资平台，被互联网业界评为“社区平台 + 网络券商 + 个人金融理财”的组合体。用户可以根据某个主题或投资逻辑来创建、分享既定类别的股票组合，也可以直接购买并持仓整个已有的 Motif 组合，或者调整其中各只股票的投资比例。同时，Motif 还引入了社交机制，用户可以将自己的投资组合分享给好友或者选定的圈子。Motif 不收取基金管理费，只收取少于 10 美元的交易费；当用户构建的投资组合有人购买时，Motif 会与创建者进行交易费分成。除 Motif 之外，还有基于数据挖掘的社交投资平台

Stock Twits、立足证券期货领域的社交投资平台赢贝、行业专家集聚的社交投资平台金贝塔、电子商务企业旗下的社交投资平台京东财迷以及号称“聪明的投资者都在这里”的社交投资平台雪球网等。

在这些社交投资平台上，普通用户有机会获知投资大牛的投资组合。曾经高不可攀的投资分析师，如今却在为普通的用户分享投资信息，可谓是“旧时王谢堂前燕，飞入寻常百姓家”。此外，对于普通用户而言，社交平台为他们提供了展示的机会，普通用户通过发布投资组合，也有机会成为一名得到大家认可的“基金经理”。

（2）有效市场理论

有效市场理论（Efficient Markets Hypothesis，EMH）是现代金融经济学的一个重要的理论基础，市场有效性假设可以针对任何市场，我们将其仅限于证券市场，即证券市场有效性假设。从信息的利用效率来看，证券市场有效是指一个市场相对于一个特定系列的信息是有效的，如果无法利用这些信息形成买卖决策并牟取超额利润的话，该市场即是无效的，从一定意义上来讲，市场有效性假设意味着资源配置和市场运行的有效性。

有效市场理论有四个假设前提：第一，市场信息是被充分披露的，每个市场参与者在同一时间内得到等量等质的信息，信息的发布在时间上不存在前后相关性。第二，信息的获取是没有成本或几乎没有成本的。第三，存在大量的理性投资者，他们为了追逐最大的利润，积极参与到市场中来，理性地对证券进行分析、定价和交易。第四，投资者对新信息会做出全面、迅速的反应，导致股价发生相应变化。

有效市场理论的内容主要包括：第一，在证券市场，信息以随机、独立的方式进入市场，面对刚公布的新信息，价格调整通常是独立进行的。第二，市场存在着众多投资者，基于利润最大化的目的，他们能各自独立地对证券价格进行理性的分析和评价。第三，投资者面对新信息，能够迅速、准确地调整价格，反映新信息对价格产生的影响。如果在一个证券市场中，证券价格完全反映了所有可能获得或利用的信息，每一种证券的价格永远等于其投资价值，那么就称这样的市场为有效市场。

有效市场理论有三种形式：一是弱有效市场，在该市场中，证券的现行价格充分反映过去价格和过去收益的一切信息。在该类市场中任何投资者都不能利用过去的信息制定投资策略进行证券买卖而获取异常收益。二是半强型有效市场，在该市场中现行的证券价格不仅能反映过去价格和过去收益的一切信息，而且还包括一切可以公开得到的信息，因此完全利用可公开获得信息行事的投资者在扣除他们购买信息的成本后无法获得超额利润。三是强有效市场，在该市场中证券价格所包括的信息面最广，即价格在充分反映过去收益和报酬、一切可获得的公开信息之外，还对非公开的信息敏感，能即刻反映全部公开的和非公开的有关信息。因此，任何投资者都无法凭借其地位和某种信息渠道来获得超额的预期收益。有效市场的三种类型都有一个共同的特征，即证券的价格反映一定的信息。其区别在于：不同的市场反映信息的范围不同。

我国证券市场目前处在弱有效和半强型有效之间，即市场价格里包含全部历史信息和大部分已公开信息，小部分投资者可以通过提炼小部分公开信息和掌握的内部资料来获利。

（3）社交投资中的信息共享

信息共享（Information Sharing）指不同层次、不同部门信息系统间，信息和信息产品的交流与共用，就是把信息这一种在互联网时代中重要性日趋明显的资源与其他人共同分享，以便更加合理地实现资源配置、节约社会成本、创造更多财富的目的。信息共享是提高信息资源利用率，避免在信息采集、存贮和管理上重复浪费的一个重要手段。

信息可以减少不确定性，投资者获得准确、及时和有效的信息就意味着可以获得高额利润或者避免重大的经济损失，通过投资者之间的信息共享，可以在一定程度上降低证券市场中的信息不对称性，提高市场的有效性。但是在现实市场中，信息的获得需要支付经济成本，不同投资者获得信息的途径和能力各不相同，机构投资者拥有资金、技术、人才的规模优势，个体投资者在信息成本的支付上远远不能同机构投资者相比，投资者之间、投资者与投资项目之间存在一定程度的信息不对称。由此导致的直接后果是机构投资者比个体投资者获得更多有效信息，个体投资者在获取有效信息和获得投资收益时处于不利地位。通过技术手段和网络传播模式降低运营成本和推广成本，社交投资的出现让普通投资者的力量得以与机构持平，甚至超过机构，极大地提升了个人用户在金融交易中的信息获取能力及话语权。

（4）社交投资提升市场有效性的途径

社交投资通过“口头交流”或“观察学习”作为一种信息交换机制，具体来说，社交投资主要通过三重效应（见图 3）提高投资者证券市场参与度。

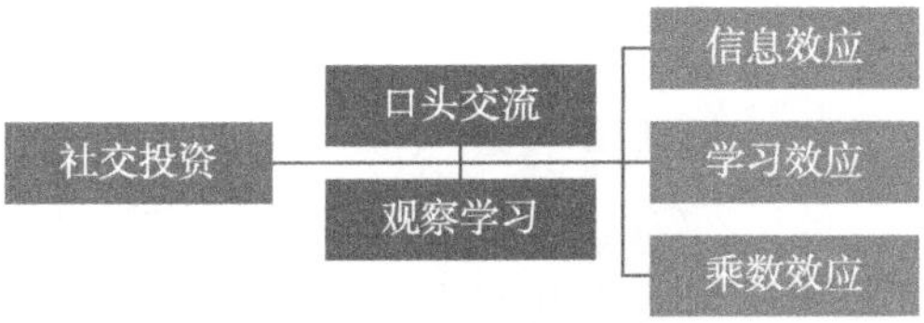

图 3　社交投资的三重效应

一是社交投资的信息效应。口头交流使得潜在的投资者可以通过与具有专业知识和投资经验的投资者交谈来了解开户、交易等信息，并获得心仪证券的相关资讯，从而根据获得的信息进行相对理性的投资。

二是社交投资的学习效应。社交投资平台上的交易达人拥有丰富的投资经验，会对风险和收益的关系进行分析并建立有效的资产组合，根据自身判断做出理性的投资行为；但是投资平台上也不乏没有理论基础和实践经验的投资小白，此类投资者会积极与投资达人沟通交流并借鉴投资达人的投资策略和投资经验来降低自己在投资中面对的信息不对称性，进而获得更高的收益。

三是社交投资的乘数效应。社交投资者对外部环境的变化更为敏感，社交增加了社区中投资者之间的相关性，有证据显示，证券市场参与度越高的社区，社交对投资者参与股市的正向影响越明显，它反映了个体被动地受到他们所生活的社区的平均行为的影响。

信息是决策的关键，社交互动是传播证券市场相关信息的重要渠道。社交投资通过投资者的口头交流、观察学习及与同行谈论的乐趣达到了投资者之间信息共享的目的，从而弥补了传统投资模式下投资者专业知识缺乏和投资经验不足的缺陷，降低了限制投资者参与股市投资的心理固定成本，改善了信息的获取和利用效率，提高了证券市场的有效性。

2. 问题分析

（1）什么是社交投资？社交投资如何提高投资者参与市场的积极性？

社交投资是一种将理财投资和社交结合在一起，连接世界各地的交易者，交易者之间互相交换智慧和观点、提供投资组合的社交金融模式。社交投资平台通常情况下是以某种用户需求为起点构建社区，例如炒股论坛、理财和炒股 App 等，在该社区的基础上引入理财产品和社交机制。

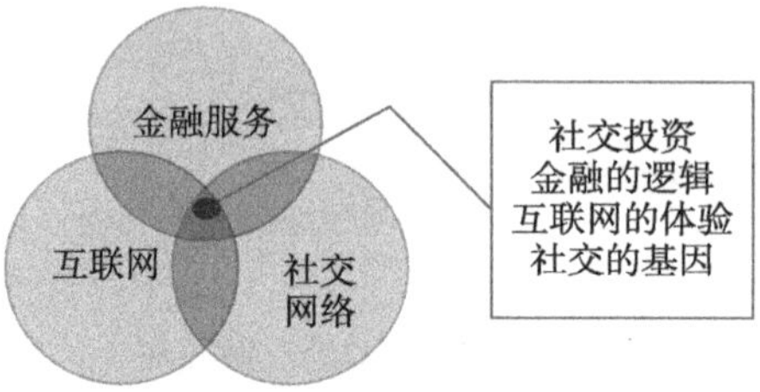

图 4　社交投资的三大基础

图 4 是社交投资的三大基础。社交投资是金融服务、互联网、社交网络三者的有机结合，即社交投资必须有金融的逻辑、互联网的体验和社交的基因。金融的逻辑是指社交投资属于金融服务业，对金融的收益、风险、安全等因素要求极高；互联网的体验是指社会交金融产品产品在使用中必须具备简单、顺畅、可靠、低价等特点；社交的基因是指社交金融产品需要有一定用户基数，用户之间应具备社交关联。

随着社交网络、位置服务、物联网的发展，以及大数据、人工智能、虚拟现实等技术的不断应用，人与人、人与物、物与物之间将建立多维的连接，这种连接方式的改变将为金融服务创新带来巨大的挑战和机遇。社交投资平台普及后，用户在网上获取新闻资讯的渠道从单一的新闻资讯媒体转变成以新闻资讯媒体为主体、社交平台并存的格局。在投资领域，社交投资平台已成为重要的信息传播渠道，企业、经纪人、分析师使用社交投资平台来发布实时信息、分享分析投资理念。社交投资平台汇集了专业的分析，并提供多种话题板块供用户选择。通过社交投资平台了解市场动向、讨论热门话题已俨然成为许多投资者重要的生活和工作方式。社交功能的强化释放了社区选股的作用，社交投资平台具备极强生命力，不会因牛市而生、熊市而死。

社交投资主要通过信息效应、学习效应和乘数效应提高投资者参与市场的积极性。具体来看，通过互联网重组投资所需的所有资源，包括信息、策略、资金、通道等，利用社交投资的信息效应和学习效应提升投资者的决策和交易效率；同时，通过社交产品模式建立内容、数据、策略、信用，并搭建社交投资平台，为用户提供投资组合，营造良好的投资氛围，通过学习效应和乘数效应弥补传统投资模式下投资者专业知识缺乏和投资经验不足的缺陷，降低限制投资者参与股市投资的心理固定成本，提高投资者参与证券市场的活跃度。

（2）雪球网通过社交激活投资的具体思路和策略是什么？与其他投资信息

分享平台有哪些不同？

在金融市场中，投资者受限于市场信息披露机制的缺陷和自身信息获取、处理能力的不足，无法做到“知道”某项投资的全部信息，由于信息不对称的存在，投资者之间、投资者与投资项目之间的信息完全程度必然存在差异。而雪球网正是利用社交激活投资的三重效应（信息效应、学习效应和乘数效应），不仅从信息的来源缓解了证券投资市场中的信息不对称问题，还通过社交网络的学习效应和乘数效应提高了信息的利用效率，进一步提高了市场的有效性。从社交激活投资的三重效应具体来看：

首先是社交投资的信息效应。投资者之间的互相沟通能够促进信息在彼此间有效传播，降低投资者面对的信息不对称性，为交易各方带来盈利，提高证券市场的有效性。雪球网基于众人智慧为投资者搭建了一个投资交流社区，拓宽了投资者信息获取的范围，从信息的来源减缓了证券市场的信息不对称问题。

其次是社交投资的学习效应。普通投资者由于缺乏专业知识和投资经验，参与股市投资的心理固定成本要高于资深投资者。通过社交投资平台搭建的讨论社区，普通投资者可以利用在社交中学到的知识及平台资深投资者潜移默化的金融教育做出相对理性的投资决策。雪球网是一个多元化的社交投资平台，它的目标客户主要有两类：资深投资者和普通投资者。其中，资深投资者的投资目的性很强，对于证券市场行情了如指掌，能够自行经营一些风险与收益都很高的项目，希望通过建立有效投资组合获得更多的回报；而普通投资者虽具备一定的资金能力，却缺乏投资经验，面对风险很高的投资项目往往心动却无从下手，在雪球网搭建的投资社区，普通投资者通过对他人投资交易记录的研究和学习，可以找到适合自己的投资方向，进而做出符合预期的投资决策。为了进一步放大平台资深投资者对普通投资者的潜在金融教育作用，针对不同类型的投资者，雪球网提供了不同的平台服务，从两类用户着手，双管齐下，增强并维持平台的用户黏性。对于资深投资者，雪球邀请雪球大 V 推出自己的投资组合，并将这些投资组合的收益排行、收益率走势等进行列示，吸引其他普通投资者进行投资，扩大收益；同时，雪球网还推出了 200 多只价值在 1000 万~5000 万元的私募基金，只要拥有基金从业资格，以及具备 500 万元以上的资金管理能力，就有机会成为私募基金管理人；雪球网甚至会直接投资一些私募基金，若种子基金运行良好，雪球还将投入更多基金进行孵化。对于普通投资者，投资界面分块管理，设立美股、港股、沪深股、基金、公私募、期货和雪球组合等理财产品专区；在每个专区，对于各类证券的市场行情予以列示；用户可以根据自己的喜好，选择关注其他用户，关注成功后，会在第一时间收到该用户发出的各类信息；用户可以使用打赏服务对满意的回答表示感谢，或者使用悬赏的方式邀请雪球大 V 回答针对自己的投资问题。

最后是社交投资的乘数效应。在证券市场参与度高的社区，社交对投资者股市参与意愿的正向影响也更为显著，可以通过提高投资社区中投资者的关注热度进而活跃市场达到激活交易的目的，实现从“社交－信息－交易－社交”的良性循环。为了给用户创造更多彼此交流的机会活跃社区氛围，除了线上各种专题讨论、大 V 悬赏问答、专项投资项目竞赛外，雪球网也会举办线下交流会“雪球之夜”这样的主题活动，邀请知名企业家（如 360 创始人周鸿祎等）、平台资深用户和普通用户等积极参与线下活动，分享在创业和投资领域的经验教训，使投资者进一步了解企业的发展动向和证券市场的运作机理，打造积极活跃的投资氛围，从而吸引潜在用户注册、激活现有用户的交易行为。

通过上述分析可以发现，基于社交投资中的信息共享，雪球网有效降低了普通投资者面对的信息不对称性；普通投资者在做出投资决策前可以借鉴资深投资者分享的经验，使普通投资者的投资更加理性；火热的社区投资氛围进一步提升了投资社区中部分投资者从潜在观望用户到交易实战达人的转化率。相比于传统投资模式，以雪球网为代表的社交投资模式具有以下优势：

第一，信息高度透明，来源广泛。社交互动的模式改变了传统券商对部分信息的垄断，拓宽了投资者的信息来源，有效地降低了投资中的信息不对称性。

第二，社交功能强大，将民主式的集体智慧发挥到了极致。资深投资者投资知识和经验的分享以及平台的金融教育作用，使普通投资者的专业知识、投资理念及经验得到迅速提升，减少了传统投资市场中羊群效应等非理性投资行为的发生，促进投资市场向理性化方向发展。

第三，社区氛围浓厚，活跃投资市场。雪球网改变了传统券商投资中券商机构、机构投资者一言堂的局面，各个层次的投资者积极参与，热烈讨论，投资市场更为活跃。

（3）结合雪球网目前存在的问题，谈一谈社交投资平台未来应如何进一步激活投资者，将雪球越滚越大？

虽然雪球网借助投资热潮以及互联网技术的发展已经成为社交投资的领头羊，但从案例中可以发现，雪球网目前还存在一些问题，如尚未确立可持续盈利的模式、平台的投资交易率远低于投资社区的话题讨论度等。社交投资相较于传统投资最大的优势就在于“客户流”和“信息流”，那么如何将这两种流变现为“现金流”呢？对此，可以从社交投资的三重效应对雪球网未来的发展提出优化方案。

首先，提升社交投资中的信息分享效率。在数据获取与投资决策方面，应增加数据来源与数据量，为平台的交易激活提供更加丰富的投资决策依据。与更多数据服务提供商（如 wind、巨灵财经等）进行合作，从更多渠道获取实时数据服务；提高行情数据覆盖的广度和深度、增加像低高开、量比、换手率、交易金额、总手数等数据信息，并且加入对股票形势进行打分的工具，从技术面、基本面、消息面对股票行情进行分析，从不同数据维度展示投资决策信息，方便普通投资者了解股票的基本情况并做出决策。雪球网可以向传统投资决策平台学习，如同花顺问财选股、看资金等界面，东方财富网提供的资金流向、智能选股、DEC 决策等大方向，每个大方向之下又划分出了一些小的板块，能够满足不同细分市场的客户需求。

其次，增强社交投资的学习互动功能。在对用户提供的价值内容上，要考虑我国证券市场的发展现状，注重对平台内投资者的投资理念教育以及为投资者提供学习投资知识的平台，继续系统化完善雪球 App 中热门投资资讯、理财入门知识、投资专题讲解等内容的建设。中国投资市场投资者的交易动机大多来自市场投机，对证券交易的实质缺乏清醒的认识，存在着相当大一部分非理性投资者，他们既缺乏正确的投资观念，又不具备高度的风险承受能力。对于投资者来说，虽然希望能够获得资深“前辈”的投资指引，但从本质上来说，他们更希望自己能够具备丰富的投资专业知识，从而在市场发生变化时独立自主地做出投资决定，避免盲目跟风造成严重后果。“授人以鱼，不如授人以渔”，为每个渴望系统了解投资知识的普通人提供学习资源，可以作为雪球网下一步的发展方向。

雪球网可以在平台推出教育学习模块，向用户传递正确的投资观念，通过投资教育这一软实力留住既有客户、吸引潜在客户。可以在原有的投资者教育功能的基础上，邀请业界比较知名的投资专家、企业家，合作推出一些优质的班级付费课程，鼓励真正愿意接受系统投资知识教育的用户组成班级，定期学习专业知识并进行阶段性考评；班级内成员可以建立聊天群组，对所学到的投资知识进行交流，共同提高专业水平，最终实现自主交易的目标。“京东金融”

在其量化交易板块下推出了京东量化学院，为用户提供了丰富的免费学习资源，同时开辟了量化社区，用户可以分享学习心得和在线求助，带来了很好的用户黏性，雪球网可以借鉴这一模式，在接下来的发展中重视对投资者的教育和引导。

最后，发挥社交投资潜在的乘数效应。对于目标顾客的定位与获取，除提高现有客户的留存率外，雪球网应当注重发掘“未探知型非顾客”[①]和“拒绝型非顾客”[②]，降低用户门槛。同时可以向国内知名的借贷平台“靠谱鸟”学习，靠谱鸟作为一家基于高校建立的互联网社交借贷平台，已提前将清华、北大等高校的优秀学生纳入自己的客户名单，培养了用户的使用习惯，这对于平台日后多元化产品的推出提供了巨大的客户流量；雪球网可以借鉴此模式拓展目标客户范围，提前培养潜在用户。将盈利点集中在投资组合上，真正做到跨市场、跨品种投资，完善投资组合一键跟单业务，真正使用户做到分散化投资，提高用户数量和交易数量，以此创新盈利方式，获得稳定的佣金收入来源。

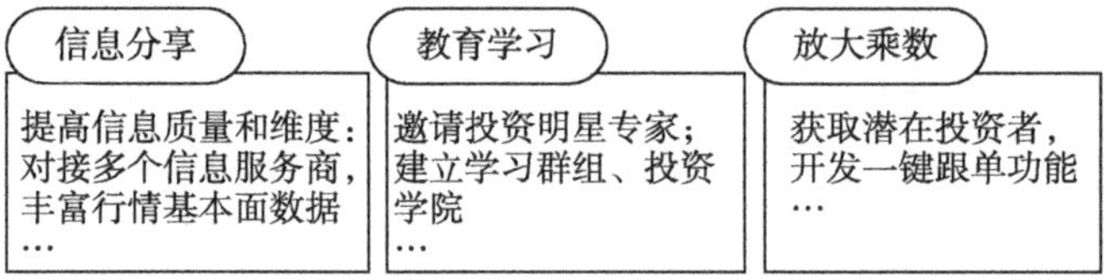

图 5　雪球网未来进一步激活投资者的优化思路

社交投资是去中心化的代表，通过人与人之间的社交关系网络来流动资源、资金，提高了投资者信息获取的效率及参与积极性。社交投资中存在风险的去中心化，究其原因，一方面与其依赖的数据库技术有关，区块链的出现恰逢其时，当区块链技术与社交投资融合在一起的时候，必定会产生更多值得期待的创新。另一方面，蚂蚁金服的战略性加入，使雪球网不仅可以大刀阔斧研发交易系统产品，持续改善平台体验；同时在蚂蚁金服旗下蓄积已久的大量用户，对于雪球而言，未来在其已有的交易端也可能会发生一场值得期待的化学反应。

① 未探知型非顾客：即企业认为并不属于自己市场的顾客人群。

② 拒绝型非顾客：该部分顾客认为目前市场所提供的产品或服务难以接受，或者不具备购买的能力。

五、背景信息

社交金融时代产生了各类金融形式，如众筹、P2P、社交投资等，都是基于财富拥有者之间的直接交互关系，使得个体用户的力量得以与媒体机构持平，甚至超越媒体，以用户为核心的社交金融极大地提升了个人用户在金融交易中的话语权。社交投资是社交金融的重要组成形态，社交投资平台推崇用户生产内容的运营方式，即通过互联网这个虚拟媒介，每个投资者都可以输出自己的投资见解与他人共享，这意味着投资信息实现了双向交互，对于习惯被动接收信息的人们而言具有独特的吸引力。社交投资的诞生改变了传统券商的格局，使得交易不再是一个人的孤单，而慢慢地变成了一群人的狂欢，将民主式的集体智慧发挥到了极致。

作为国内社交投资平台领头羊的雪球网，通过投资者之间交互式的信息共享和传递，提高了证券投资市场中信息传播的效率，打破了以往证券投资中机构投资者和券商机构的绝对优势地位。平台优秀投资人的经验分享和平台投资者教育栏目的开展，使得普通投资者更为理性，相较传统投资模式能够做出更为符合预期的投资决策，有效地提高了证券投资市场的有效性。但它也面临着发展困境，如何实现真正盈利是它下一步发展要正视的考验。

六、关键要点

1. 关键点

本案例的关键点包括以下两个方面：

（1）社交性投资平台的社交功能如何体现；

（2）社交性平台如何实现平台参与各方的需求。

2. 关键知识点

核心知识点是社交投资概念内涵及如何激活投资者的投资行为。

（1）社交投资平台依附互联网金融的发展茁壮成长，其兼具了社交、交易、移动等特点。这种新型的投资平台使得资产端和投资者的角色发生了很大的变化，原来只有基金经理能做的投资，现在人人都可以通过社交投资平台实现。

（2）社交投资通过为投资者提供交流分享的平台，降低了投资者如何的信息不对称性，基于信息共享机制，普通投资者在做出投资决策时会效仿身边资深投资者的行为，并通过学习投资者经验及提高社交体验的活动放大信息分享的作用。

3. 能力点

（1）运用理论工具分析和解决实际工作的能力；

（2）分析与综合能力；

（3）批判性思维能力。

七、建议的课堂计划

本案例可以作为专门的案例讨论课来进行。如下是按照时间进度提供的课堂计划建议，仅供参考。

1. 课前计划

要求学生提前一周阅读案例，并思考所提出的问题，要求他们提前浏览雪球网（https://xueqiu.com/）、eToro（https://www.etoro.com/）、新浪理财师（http://licaishi.sina.com.cn/）、牛股王（https://www.niuguwang.com/）、一起牛（https://www.yiqiniu.com/）、金贝塔（http://www.igoldenbeta.com/）等，对社交投资模式有直观的了解。每位同学体验雪球网和雪球网之外的 1~2 种社交性投资平台。

2. 课中计划

（1）小组发言（每组 10~15 分钟，总时间控制在 60 分钟以内）：学生按上述启发思考题的顺序依次作答。在学生讲解的过程中，教师应把学生总结分析的关键点在黑板上加以归纳，鼓励学生角色扮演，分别结合自己的投资经历并以小组为单位，在这种微社交环境下挖掘雪球网满足客户投资需求的方式，鼓励学生对思考题“如何进行社交投资模式的进一步优化创新”进行发散式讨论。

（2）教师点评（20 分钟）：教师应对每一组的分析给出点评，并加以适当地引导，强调理论与实际的结合，从该案例上升到如何利用信息时代基于社交环境信息及经验分享的社交投资模式探索。

3. 课后计划

请学生采用书面报告的形式提交案例讨论报告。

八、参考资料

[1] 罗珉，李亮宇 . 互联网时代的商业模式创新：价值创造视角［J］. 中国工业经济，2015，57（01）：95-107.

[2] 滕晓慧，杨贺童，於高飞 . 投资者真的近朱者赤、近墨者黑吗？——基于温州 P2P 投资数据的实证研究［J］. 中国市场，2018（30）：40-42.

[3] 王春峰，李思成，房振明 . 投资者认知度、信息不对称与股价延迟［J］. 管理评论，2018，30（11）：3-13.

[4] 徐少君 . 投资组合理论发展综述［J］. 浙江社会科学，2004（04）：198-202.

[5] 余运洋，吴健中 . 投资组合理论与资产运行模型综述［J］. 管理工程学报，1997（01）：60-68.

[6] 罗洪浪，王浣尘 . 现代投资组合理论的新进展［J］. 系统工程理论方法应用，2002，11（03）：185-189.

[7] 彭惠 . 信息不对称下的羊群行为与泡沫——金融市场的微观结构理论［J］. 金融研究，2000（11）：5-19.

[8] 吴彤 . 证券市场的信息不对称及其市场模型［J］. 中国软科学，2000，（07）：24-27.

[9] 邵鹏 . 社交金融：共享经济时代金融新格局［M］. 北京：企业管理出版社 .2016.

[10] Afuah，A. and Tucci，C.L. Internet Business Models and Strategies：Text and Cases［M］. Irwin/McGraw-Hill，2001.

[11] Barnes，S.B. A Privacy Paradox：Social networking in the United States［J］. 2006，11（09）.

[12] Boyd，D.M. and Ellison，N.B. Social network sites：Definition，history，and scholarship［J］. Journal of Computer - mediated Communication，2010，38（03）：16-31.

[13] Brown，J.R. Ivkovic，Z. Smith，P. and Weisbenner，S. Neighbors Matter：Causal Community Effects and Stock Market Participation［J］. Journal of Finance，2008，63（03）：1509-1531.

[14] Deepa，S.D.，Neha，C. and Ranjith，P.V. Social networking sites a new era

of 2tst century [J] .Management, 2012, 8 (01): 66–73.

[15] Ellison, N.B. and Boyd, D.M. Sociality through Social Network Sites [J] . Oxford handbook of internet studies, 2013.

[16] Hong, H. Kubik, J.D. and Stein, J.C. Social Interaction and Stock Market Participation [J] . The Journal of Finance, 2004, 59 (01): 137–163.

[17] Joyce, A. and Paquin, R.L. The triple layered business model canvas: A tool to design more sustainable business models [J] . Journal of Cleaner Production, 2016, (135): 1474–1486.

[18] Li, G. Information sharing and stock market participation: evidence from extended families [J] . Review of Economics & Statistics, 2014, 96 (01): 151–160.

[19] Liang, P. and Guo, S. Social interaction, Internet access and stock market participation—An empirical study in China [J] . Journal of Comparative Economics, 2015, 43 (04): 883–901.

丝丝入扣——天虹丝绸世界顶级蚕丝背后的模式密码[①]

案例正文

摘要： 我国蚕桑业发展历史悠久，但“桑－蚕－丝”产业链脆弱、质量稳定性低、价格波动性大等风险普遍存在。如何实现由传统养殖向集约化、规模化和规范化的现代产业化运作模式转变，成为乡村振兴背景下蚕桑企业以及以其为支柱产业的地方政府亟须解答的重大课题。四川绵阳天虹丝绸有限公司（简称“天虹丝绸”）经过20年的发展探索，打磨出爱马仕、LV、GUCCI等众多国际一线奢侈品牌商趋之若鹜的世界顶级蚕丝，带领当地农民扎根乡土走向共同富裕，创造了巨大的经济效益和社会效益。本案例描述了天虹丝绸在20年的发展历程中，与农户、共育户、家庭农场主、员工等核心利益相关方所经历的松散联合体、利益共同体、事业共同体、命运共同体和意义共同体的演变过程；结合公司所打造的利益相关方相互嵌入、相互依赖、特色鲜明的商业模式与生态，分析了天虹丝绸持续稳定产出全世界质量最好、价格最高的有机生丝背后的模式密码。本案例有助于读者深入理解商业模式的深层内涵，有助于为传统蚕桑业向现代蚕桑业的跃升提供模式、机制和具体路径等方面的启示和借鉴。

关键词： 乡村振兴；蚕桑业；利益相关方；商业模式；核心竞争力

---

① 1. 本案例由本案例由深圳大学管理学院曾宪聚、曾凯、北京航空航天大学经济管理学院欧阳桃花撰写，作者拥有著作权中的署名权、修改权、改编权。感谢绵阳天虹丝绸有限公司杨慧君董事长兼总经理和薛忆副总经理接受访谈、安排现场调研、提供相关数据和资料，感谢多位农户、家庭农场主、蚕茧收购站站长、丝厂工人的接受访谈。感谢潘燕萍博士、严江兵、林楷斌、曾梓萱参与案例的多次讨论。2. 本案例授权中国管理案例共享中心使用，中国管理案例共享中心享有复制权、修改权、发表权、发行权、信息网络传播权、改编权、汇编权和翻译权。3. 由于企业保密的要求，在本案例中对有关名称、数据等做了必要的掩饰性处理。4. 本案例只供课堂讨论之用，并无意暗示或说明某种管理行为是否有效。

引言：天虹蚕丝甲天下

桑蚕丝丝质光滑、色泽如玉、手感细腻，是珍贵的纺织原料。由其制成的丝绸，自古便是优雅、华贵、庄重的象征。中国乃至全世界的丝绸厂为了获得高端原料——顶级蚕丝，不约而同地把目光投向北纬 30° 的四川省绵阳市，更准确地说，是地处绵阳市涪城区的天虹丝绸有限公司。

被吸引而来的不只有高端丝绸厂。2018—2021 年期间，世界第一大奢侈品集团法国路威酩轩 LVMH、第三大奢侈品集团法国开云 Kering，以及众多一线奢侈品商多次不远万里来到天虹丝绸，希望与公司深度合作，以获得珍稀有机蚕丝原料的稳定供应。天虹丝绸所生产的“七彩之虹”超 6A 雄蚕生丝已经成为各大集团的“兵家必争之地”。为爱马仕供应面料的厂商甚至认为，如果没有天虹丝绸的生丝，制作最顶级的面料就如同“巧妇难为无米之炊”。

天虹丝绸在创始人、四川省蚕业协会会长、现任董事长兼总经理杨慧君的带领下，使种桑、养蚕、收茧、缫丝等产业链各环节走在前列，是国内唯一做到有机蚕丝产业链可溯源的企业。公司的生丝更是成为 2014 年 APEC 领导人“新中装”和 2016 年 G20 峰会丝绸用（礼）品主要原料，目前 80% 以上生丝直供 LV、迪奥、芬迪、古驰、香奈儿、爱马仕等国际顶端奢侈品牌，其余供应国内高端丝绸厂，是欧洲和国内高端生丝市场的引领者和“垄断者”，在业内拥有广泛而良好的品牌美誉度。天虹丝绸为何能带领普通农户和家庭农场主等核心利益相关方生产出国际一线奢侈品牌商趋之若鹜的世界顶级蚕丝？其秘密到底在哪里？

一、背景介绍

（一）行业背景

生丝作为一种天然原料，在高端丝织品中具有无可替代的作用。生丝品质 70% 取决于蚕茧质量，30% 取决于缫丝工艺，蚕茧质量又与蚕的品种、所食桑叶、生存环境、结茧器具等都有很大关系。蚕桑产业在世界范围内主要分布在中国、印度、巴西、越南、哈萨克斯坦等。整个行业市场体量较小、竞争激烈，西南地区多个县市将蚕桑业作为支柱产业之一，但是行业内茧、丝质量良莠不齐，并且价格波动大、受自然灾害的影响显著。

蚕桑产业链条长、风险大，属于劳动密集型产业。目前种桑、养蚕、收茧、缫丝都存在一系列历史上始终没有解决好的问题和挑战，如图 1 所示。任何一个环节出现问题，都会直接影响蚕茧的产量和质量。只有把这些问题都解决掉，才可能缫制出高质量的生丝。蚕桑经济效益也因此波动较大，很多养殖大户缺乏持久的养殖热情。随着我国城镇化进程加速，如何让乡村老人、留守妇女加入现代蚕桑业的养殖成为难题，而蚕桑养殖劳动力缺乏，制约了养殖企业的扩大再生产。这些重要原因交织在一起，导致了我国目前蚕桑产业的规模化、集约化和规范化水平整体较低。

在 2016—2020 年期间，蚕茧和生丝市场价格在 2018 年中美贸易战加剧后持续走低，2020 年受到新冠疫情的冲击价格进一步下滑。但天虹丝绸的蚕茧和生丝价格与市场价格比较，基本高出市场价格 10%~30% 左右。如图 2、图 3 所示。

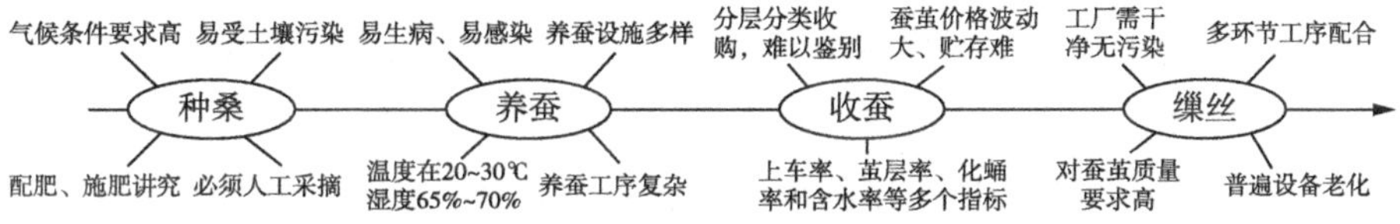

图 1 “桑 – 蚕 – 丝”产业链各环节存在的关键问题①

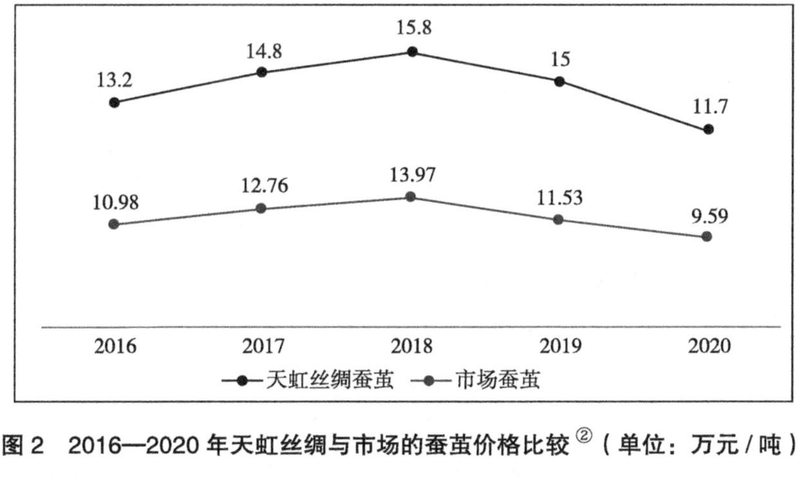

图 2 2016—2020 年天虹丝绸与市场的蚕茧价格比较②**（单位：万元 / 吨）**

① 数据来源：公司提供资料、中国茧丝绸交易市场数据。

② 数据来源：公司提供资料、中国茧丝绸交易市场数据。

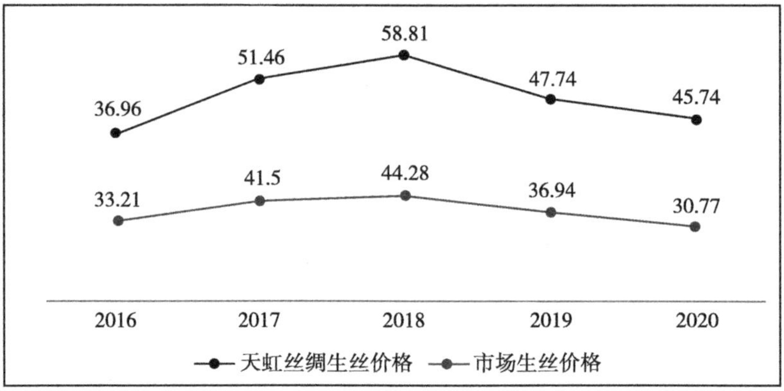

图 3　2016—2020 年天虹丝绸与市场的生丝价格比较[②]（单位：万元 / 吨）

（二）天虹丝绸公司简介

天虹丝绸有限公司成立于 2001 年，前身是涪城区国有茧丝绸公司。20 世纪 90 年代蚕桑行业正经历市场化改革，涪城区国有茧丝绸公司在竞争中颓势越来越明显，2001 年几乎处于破产边缘，所有资产都抵押给了银行，还背负 500 多万元的债务。担任公司副总经理多年的杨慧君凭着内心对蚕桑事业的热爱和振兴蚕桑行业的念头，决定在政府支持下接手公司，实行改制，天虹丝绸正式成立。

公司前期的主营业务是蚕茧销售。公司向普通农户[①]提供蚕种，然后再全部回购蚕茧，同步吸收共育户[②]作为公司核心合作者，共育户为公司孵化蚕种，为农户提供技术指导，并协助农户将蚕茧卖给公司，由此在前期发展阶段逐渐形成“公司 + 共育户 + 农户”的模式。2012 年，公司收购丰谷缫丝厂，开始进入“桑 - 蚕 - 丝”一体化运营阶段，持续狠抓蚕茧收购、生丝质量和技术创新。为了集约化、规模化和规范化生产茧、丝，逐步打造现代蚕桑农业园，再将农业园返包给家庭农场主[③]，蚕茧由公司统一全部收购。家庭农场主逐渐取代共育户的职责，与农户建立深层连接，构建起了“公司 + 家庭农场主 + 农户”的新模式。在中美贸易战和新冠疫情的挑战和冲击中，天虹丝绸准确识变，主动应变，进一步加大对政府、保险公司以及高端客户的整合协同力度。同时，天虹丝绸融合科技、文化、旅游商业等元素，向产业链高附加值环节拓

① 普通农户：也称农户，这里表示以家庭为单位，进行小规模蚕桑养殖的传统蚕农。

② 共育户：主要为小蚕共育户，是专门培育蚕种的技术人员，独立于天虹丝绸。一般每 100~200 家农户配备一个共育户，农户向公司订购蚕种，公司把蚕种分发给共育户孵化，最终农户向共育户领取幼蚕种。

③ 家庭农场主：表示能依靠技术和管理经验独自承包几十亩以上桑园，经营蚕桑养殖的新型蚕农。

展延伸，促进产业之间融合发展，“公司＋家庭农场主＋农户＋X”的生态模式开始显示出新威力。

公司目前主营桑园管理、养蚕管理、蚕茧收烘、生丝制造等蚕桑经营一体化业务，已经建成标准化现代农业蚕桑园区1.2万亩，90%由家庭农场主承包经营，10%由公司自营。天虹丝绸带动绵阳市涪城区建设桑园总面积超过3.5万亩，辐射4个镇，14个村，形成以蚕桑产业为基础、蚕丝加工为载体、蚕桑文化为拓展的一、二、三产业深度融合的蚕桑现代农业园区，有序布局了400多个集群化组合式蚕棚、4 000多平米的涪城蚕茧交易中心，专门设计建成了3 000平米的“千鹤丝语”丝绸文化体验式展厅。全国范围内唯有天虹丝绸能够整季规模生产雄蚕茧①，并进行工业化缫丝。99.5%的生丝经商检检测品质达到6A、超6A品级。2020年公司生产鲜蚕茧3300余吨、生丝200余吨，蚕桑总产值3.2亿余元，帮助蚕农创收1.8亿元。

二、抽丝剥茧：核心利益相关方层层嵌入

（一）与农户建立利益连接

蚕桑业的特点决定了农户是蚕桑养殖的“根据地”和“基本盘”。但天虹丝绸成立之初，市场上每一家缫丝厂都在争夺蚕茧原料，甚至不惜用封路、哄抬价格、强制征收的办法防止蚕茧流入其他公司。杨慧君当时面临公司无茧可收的困境。甚至有竞争对手放出狠话：“天虹丝绸收茧价格有多高，我就比它再高一块钱！”灵活“游击”的茧贩子也是神出鬼没，抢夺茧源。农户“逐利而动”，哪怕茧贩子每斤多给两毛钱，都会改变售茧的生意。再加之天虹丝绸刚刚成立，公司人手有限，无法沉入村户定点收购，致使蚕茧收购出现较大缺口。为了能够收取足够的蚕茧，杨慧君痛定思痛，决定通过向农户收取保证金的方式回收蚕茧。已经在天虹丝绸订购蚕种的农户在领取蚕种时，必须以每张蚕种15元的额度缴纳保证金，如果蚕茧最终卖回天虹丝绸，保证金如数退还。很多农户十分犹豫，因为不交保证金就没有约束，蚕茧就可以自由卖给更高价

① 雄蚕茧：由浙江省农业研究院培育的雄蚕品种所产的蚕茧。雄蚕茧具有茧层率和出丝率高，纤度均匀、茧丝强度好等特点。天虹丝绸与研究院共同合作研发雄蚕茧缫丝技术，后大规模生产，天虹丝绸的雄蚕茧能够制丝1200~1500米，其他地方的蚕茧在600~800米之间。雄蚕茧生产对环境、管理、技术要求高。

格的收购者，但是在天虹丝绸这里又能够订购到优质蚕种，两相权衡，还是交齐保证金。最终公司经此一役，蚕茧回收率高达 70%，迅速实现当年 50 万元净利润，正是这“第一桶金”让公司步入正轨，也增加了与公司合作的农户的信心。

（二）与共育户深度合作

第二年，杨慧君就收保证金一事向农户“赔礼道歉”，请全体共育户进城到三星级酒店举行技术培训及公司政策宣讲，并宴请大家。杨慧君开宗明义，“保证明年不再向乡亲们收取保证金，想把蚕茧卖给谁，由乡亲们自己选。而且，向孵化蚕种的共育户发放工资并提供奖励，凡是共育户孵化的蚕种全部按约收购，凡是单产高、质量好的蚕茧全部进行奖励。”一位共育户代表说：“杨总既让大家体验高档酒店，又用这么好的奖励回报我们，说明杨总心里是装着咱们的。跟着杨总干，不吃亏！”之后农户纷纷表示能够理解保证金是特殊时期特殊办法。

杨慧君进一步将 160 多位共育户吸收为核心成员，资助他们培养幼蚕。共育户则为农户提供技术指导，并且保护天虹丝绸的蚕茧资源不被其他企业窃取，自此共育户与天虹丝绸关系愈发紧密。共育户一般也是同村的人，帮助农户解决养蚕的技术问题更加热情，明确地告诉农户不能将蚕茧卖到其他地方，否则自己的单产会低，奖励就会锐减。邻里乡亲低头不见抬头见，共育户又给了他们很多支持，也就不好意思不卖给天虹丝绸。收茧时节，有条件的共育户还挨家挨户帮助运送蚕茧，紧盯思想不稳定的农户，及时做工作不出现“外卖流失”，亲戚都会出手及时制止；对于茧贩子，共育户就没有这么客气了，而是直接轰走。“多管齐下”的效果分外明显，天虹丝绸蚕茧收购率极大提升，利润增加，蚕茧的收购价格也跟着水涨船高，农户更有动力将蚕茧卖给公司，共育户也由此获得丰厚的奖励，良性循环逐渐形成。

杨慧君说：“老百姓要有选择买卖的自由，要通过市场的办法让他们主动选择天虹丝绸，而不是通过封路、‘抢夺’的方式强取豪夺农户的蚕茧，农户心里气不顺，蚕宝宝也吐不出好丝。”天虹丝绸成立第三年，已经实现蚕茧 100% 收购的“奇迹”，并在周边 7 个乡镇建立了 2 万多亩桑园，蚕茧产量由 150 吨提高到 1500 吨。与杨慧君一起创办公司的办公室主任曾红禁不住感慨：“我们终于站稳脚跟了！”

（三）蚕茧仪评收购凝聚人心

虽然做到了蚕茧应购尽购，但是关于蚕茧质量的测量往往依靠经验，既不利于筛选高质量的蚕茧原料，又容易造成收茧员与农户几乎无日无止的争执。为了照顾农户的情绪，杨慧君对收茧员严格管理，但这毕竟治标不治本。如何提高蚕茧的收购质量并让过程更加公开透明，成为一道叠加了技术和管理双重挑战的难题。杨慧君认为必须通过科学测评的方式来保证质量和公平性。天虹丝绸经过反复钻研，发明了测量仪器，提出了仪器测评法（简称“仪评”），能够统筹检测蚕茧的上车率①、茧层率②、化蛹率和含水率，再配合对蚕茧称重，准确性达到 99% 以上。

但是怎么推广这种仪评收购法，让一辈子依靠经验卖茧的农户相信仪器的公平性又成了问题。农户的顾虑主要是：万一仪评价格比靠经验测评的价格更低怎么办？杨慧君为了打消农户的顾虑，在石洞收茧站试点仪评，有意将仪评质量好的蚕茧的测算价格再高出实际价格 20%，这样蚕茧高质量和低质量之间的差距就会显著拉开，原本当时靠经验测量的优质蚕茧的价格只有 30 元 / 公斤，仪评的价格可达 36 元 / 公斤。好蚕茧能卖出更高的价格成为农户的共识，他们也都觉得自家蚕茧品质肯定不差，踊跃采取仪评法出售蚕茧。人心一齐，第二季仪评法很快就推广到所有收茧站。农户为了卖出好价格，更加积极地提升蚕茧的品质，天虹丝绸与农户的关系更为融洽。仪评法成为公司现代蚕茧交易中心的核心支撑，自 2004 年以后，蚕茧收购终于走上标准化之路。高质量蚕茧来源得到稳定保障，游走于涪城区田间地头的茧贩子从此绝迹。

（四）为新型蚕农建成现代蚕桑园

2008 年汶川突发 8.0 级大地震，涪城区蚕桑产业带距离震中不到 120 公里，蚕棚大面积倒塌，很多农民无家可归。当年的蚕茧产量直接减少 1/3，天虹丝绸的蚕茧收购量连续 4 年下滑 10%。屋漏偏逢连夜雨，全球金融危机爆发导致天虹丝绸收购的蚕茧只能卖出“白菜价”。杨慧君认为和蚕农有“约”在先，越是危难时刻，越是应该遵守契约精神，她不顾部分核心员工的反对，坚持按约

① 上车茧重量与茧总重量之比，通常以百分率表示。我国原料的上车率为 85% 左右，优质原料为 90% 左右。用方格簇上簇的原料茧其上车率达 98% 以上。

② 指茧层重占茧重的百分比，是评定蚕茧等级的主要指标。

收购农户当年的全部蚕茧。

危机让杨慧君进一步认识到，光靠收购普通农户的蚕茧难以保证数量和品质，只有集约化、规模化和规范化的道路才是长远之计。恰逢 2012 年绵阳进行土地流转[①]政策试点，杨慧君抓住机遇，与当地农民商定，以每年 750 斤黄谷的当年市价为“锚”，支付土地流转费用。杨慧君为从源头保证能够种出有机桑树，对流转土地严格把关，不能排水的下湿田以及种过用药密集植物的土地坚决不用。大家听说是天虹丝绸需要流转土地，出于对杨慧君的信任，纷纷配合，把符合要求的土地拿出来与天虹丝绸合作，每个农民都在土地流转合同上郑重摁下指印。第一年天虹丝绸很快流转到 500 亩土地，顺势而为将所有土地进行标准化改造，杨慧君根据多年经验亲自选址设计了每一个新型养蚕大棚。

杨慧君决定将高标准的现代蚕桑园交由公司管理，从源头保证高质量生丝的生产，但是土地数量的流转也造成了员工数量的陡增。于是杨慧君设计了一个新方案，即招募受过教育、能通过技术和管理经营几十亩以上蚕桑园的“新型蚕农”，公司与他们签订返包合同，为其提供技术支撑、桑园管理、产品回收最低保护价以及生产机具和桑苗、肥料、农药等，一年下来，承包 40 亩桑园，收入 10 多万元不成问题。第二年冬天，很多返乡过年的农民工被天虹丝绸现代蚕桑农业园的景象所吸引。他们经过了解，算过细账，不用背井离乡就能快速“奔小康”。越来越多的人询问天虹丝绸愿不愿意将桑园再次返包给他们。杨慧君知道，集约化生产未来想扩大规模，需要更多这种返包大户。

天虹丝绸紧接着继续流转土地，建好桑园、蚕房，返包给曾经从事蚕桑养殖的农户、共育户、外出务工的农民工和一些毕业大学生，由他们组建自己的家庭农场。这种方式极大地激发了这些“新型蚕农”的积极性和创造性，他们认为这是独立创业，再加上精力足、学习能力强，结合公司的管理办法，很快就培育出了高质高产的“涪城蚕茧”。由于家庭农场的蚕种需求量大，基本都是自己共育小蚕，所以共育户的功能也逐渐转移过来。杨慧君顺势引导，继续在天虹丝绸的几个核心收茧站周围流转土地。甚至毫不犹豫地卖出了公司在市中心繁华地段的房产，筹资 2000 万元，推动土地流转稳步顺利进行。

① 土地流转是指土地使用权流转，其含义是指拥有土地承包经营权的农民将土地经营权（使用权）转让给其他农民或经济组织，即保留承包权，转让使用权。

（五）收购丝厂造高端品牌生丝

蚕茧的高品质并没有给天虹丝绸带来众多的高端客户资源，因此议价能力还是较弱。杨慧君认为："没有缫丝厂会宣传天虹丝绸，那些高端奢侈品牌商就不知道优质生丝源头来自我们。公司需要与他们建立连接，提高盈利能力，才可以让我们所有人生活得更好，更有干劲。"2012 年，一度和天虹丝绸竞争激烈的绵阳市丰谷缫丝厂因经营不善，提议天虹丝绸将其收购。杨慧君认为只要制成生丝质量足够好，就一定会大受欢迎，也就能把公司的品牌树起来，于是拍板买下丰谷缫丝厂 50% 股份。后来丝厂全部原料采用来自于仪评法收购的高质量涪城蚕茧，迅速大规模产出 5A 以上质量稳定的高品质生丝。

原料不成问题，但是如何产出全部 6A、超 6A 生丝又成为天虹丝绸下一个要攻克的难关。生丝生产经过选茧、剥茧、煮茧、缫丝、浸丝、编丝、整理等多道工序，任何一道工序都需要工人相当程度的细心、专心与耐心。由于蚕茧形态各异，优质蚕茧也区分很多等级，煮茧前最后一道选茧工序必须手工挑选出最优质的蚕茧缫丝，工人必须细致甄别。而煮茧要根据蚕茧不同季节、庄口（茧站）特点，做到适熟均匀、前后稳定，后续的缫丝、编丝也会由很多工种配合。收购丰谷丝厂之后，杨慧君对所有员工承诺："我们将生产出世界一流的生丝，与世界最著名的品牌深度连接。以后也将稳步地提高大家的待遇，改善工作条件，共谋蚕桑事业，让大家像天虹丝绸的员工一样感到幸福和自豪。"2015 年之后连续 5 年 100% 生产 6A 生丝，天虹丝绸的"七彩之虹"6A 有机生丝就是全部由丰谷缫丝厂缫丝而成。"七彩之虹"在 2014 年 APEC 峰会一炮而红之后，迪奥、古驰、爱马仕、香奈儿、LV 等众多国际顶级奢侈品牌商不远万里来到天虹丝绸，深入考察，与其建立合作。公司开始掌控高端生丝的定价权，整个产业链利润大幅提升。

三、织丝成网："公司 + 家庭农场主 + 农户 +X"的生态共生

（一）将自营蚕桑园建成稳固根据地

天虹丝绸的现代化蚕桑农业园面积突破 1.2 万亩。在满足家庭农场主返包经营之外，余下 1000 多亩土地由公司派遣内部有经验的员工进行蚕桑养殖，建立自营基地，所有费用由公司承担。公司允许试错，主动为员工"交学费"，

推动他们“干中学”，不断积累经验，提高管理和技术水平，但是最终要求内部员工栽的桑树最好、养的蚕最好、产出的蚕茧最多。公司一位 22 岁的小伙子已经能单独经营 200 亩的蚕桑园。自营基地也成为了公司培育内部蚕桑产业人才的“试验田”。每一位新进员工都要求先在基地学会种桑养蚕，成为“黄金备胎”。当公司蚕桑基地面积增加或家庭农场主意外退出时，公司就会把他们派到前线，担起种桑养蚕的重任，从而降低经营风险，表现出色的员工将会得到奖励和晋升。自此公司自营基地成为公司质量最好最稳定的技术、管理示范基地。

（二）为家庭农场主构建发展平台

2021 年，通过天虹公司返包土地的家庭农场主已达 500 家，为天虹丝绸提供了 50% 的高质量茧源。公司将所有的返包土地改造成标准化的现代桑园，硬化桑园道路，并且为超过 20 亩的家庭农场主配备统一现代蚕棚，免费提供蚕种、三轮车、采桑工具、切桑机、方格簇等。同时，公司采用“两免三减半”的土地流转费激励措施，即考虑到桑树的生长和家庭农场主的经验不足，返包前两年免除土地流转费用，第三年起只收取 50% 流转费。前期所有投入由公司买单，为愿养蚕、懂管理的新型蚕农构建统一的发展平台，家庭农场主直接“拎包入驻”。天虹丝绸与他们签订返包合同，将进城打工的全职工资折算成收购底价，收购价格与蚕茧品质等级挂钩。家庭农场主只需要在蚕茧采收完成之后全部送到天虹丝绸的一体化蚕茧交易中心，这样既免除了技术风险，又减少了市场波动，可以一心一意养好蚕。家庭农场主在每年养蚕繁忙的季节，都会提前雇用一定数量的临时工采桑育蚕，而且逐步固定化，有效推动了当地的就业水平。家庭农场主进一步替代共育户的职能，成为连接公司与普通农户的重要桥梁。现在养蚕大棚在迭代创新的基础上已经发展到第七代，家庭农场主的规模化标准养殖使蚕桑管理劳动成本降低 50% 以上，从技术创新和管理能力提升的根源上大幅提高了蚕桑业的经济效益。

（三）普通农户变忠实伙伴

在天虹丝绸建立个人信息档案的普通农户已经超过 1 万户，桑地超过 2 万亩。为了保证蚕茧质量，天虹丝绸只收购订购公司蚕种的农户所生产出的蚕茧。公司还针对当前农村青壮年劳动力不足、留守老人和妇女多的特点，建立

"一卡通"式交易系统。一方面，彻底解决了部分农户卖茧收入容易丢失的痛点问题；另一方面，农户订种、卖茧的价格和收入以及其他相关信息都集中在一张卡里，为数字化管理奠定了初步基础。那些向公司订购了蚕种却没有向公司售卖蚕茧的农户便会被精准识别，取消下一年订种的资格，想要再次订种就必须连续交2年的保证金。天虹丝绸始终尊重市场、坚守契约，哪怕是行情较差的年份，也坚持"说过的话要算数"，按约收购，高质量蚕茧价格一般还会比市场平均价格高出20%。通过20年的利益机制优化和信用积累，涪城区的农户在蚕桑业各环节与天虹丝绸深度嵌入。一些老农户还将自己的子女推荐给天虹丝绸，吴家收茧站的站长和他的儿媳妇就是当地农户的后代，许多员工的父母都曾是当地的共育户、养蚕户。天虹丝绸通过多种方式，让他们共享发展成果，进一步教会儿女养蚕种桑，然后成为公司的正式员工，更加有效地保持了员工队伍的稳定性。

（四）赢得当地政府全方位支持

当地政府看到天虹丝绸在创造更多农村就业、带领农民增收致富、帮助贫困户实现脱贫、推动传统农业向现代农业转型中的独特贡献，主动联系天虹丝绸，给予政策扶持。天虹丝绸现代农业园区后续建设中，每一亩地如果投入1万元，政府便提供配套道路、蚕房建设费用5000元。政府看到天虹丝绸用心地将蚕桑文化植入现代农业园区的品位和定位，看到蚕桑园"实打实"高质量建成，对天虹丝绸愈发信任，进一步支持将蚕桑农业园开发成当地特色旅游项目，打造现代产业体验园区的蚕旅融合品牌，2019年吸引游客15.58万人。在双方的良性互动下，涪城区政府被顺利评为首批"四川省乡村振兴先进区县"（全省共10个）。

（五）专业保险为现代蚕桑业护航

由于蚕桑养殖的高风险性，保险公司大都将其视为"烫手山芋"，不愿也不敢为蚕农[①]提供保险服务。即便政府愿意缴纳75%的保险费，保险公司也因蚕茧赔付原因难以鉴定而不愿触碰。天虹丝绸主动提出利用自身下沉到蚕农的组织优势和信息优势，帮助保险公司精准甄别赔付情况，并从利益比较和舆论

---

① 蚕农：包括普通农户和家庭农场主，即传统蚕农和新型蚕农，统称蚕农，全案例一致。

口碑等方面分析蚕农不会将蚕种倒掉骗保的真实原因。同时，可以通过专业技术帮助保险公司判断甄别某些“意外”到底是人为还是自然灾害导致。天虹丝绸还在内部设计保险机制，每个共育户和家庭农场主每年都额外育种 5%，当有任何农户因不同原因缺少蚕种时，均可从前者手中无偿领取部分蚕种，这种互联互保而又免费的方式确保了绝大多数情况下蚕种数量和质量的稳定性。天虹丝绸进一步将本来由蚕农承担的 25% 保险费转由公司承担，保险公司与天虹丝绸深入沟通后，便放心介入，提供新险种，迅速形成“双赢”局面。一方面，保险公司的利益得到充分保障；另一方面，也极大地提高了蚕农甚至蚕桑业的整体抗风险能力。

四、破茧化蝶：模式威力下顶级生丝量价齐升

天虹丝绸凭借着高品质有机生丝与众多奢侈品集团签订采购合同，生丝销路不成问题，能否稳定供应则成为关键。2020 年全球新冠疫情暴发，以生丝外贸销售为主的天虹丝绸遭遇前所未有的挑战。船舶停摆，大部分出口到欧洲等地的生丝只能囤积在仓库，生丝市场价格急速跌落 30%。春季干旱情况也愈演愈烈，桑树生长差，桑蚕的“口粮”成了问题，蚕农生产积极性备受打击。土地流转在 2020 年踩了“刹车”，天虹丝绸希望首先巩固夯实目前流转的 1 万多亩现代蚕桑园，填补疫情最严重时期部分家庭农场主退出所产生的“空白”，天虹丝绸自营蚕桑园的“战略预备队”由此转正。在疫情持续的严峻形势下，通过核心利益相关方相互嵌入的模式尽可能保证没有一亩蚕桑园被荒废、没有一位当地的蚕桑人才被闲置。

杨慧君再次召开家庭农场主、农户、共育户等 500 人的广场会议，向大家郑重承诺一定会兑现收购蚕茧的底价并提供补贴，哪怕再次卖房卖地，也绝不会丢下多年来携手共进的每一位天虹家人。在她心里赢得蚕农的信任比什么都重要：“不能因为疫情，毁了这么多年我们建立的关系，就算公司因此没了，也死得其所，大家都能理解。但如果蚕农没了，我心里过意不去，公司也终究会垮掉。”听到杨慧君的承诺，农户和家庭农场主忐忑的心情平静了许多，生产逐渐有序进行。

面对前所未有的冲击，天虹丝绸一反“不贷款、不负债”的公司惯例，前所未有地向银行贷款 6000 万元，投入生产运营和“后疫情”时代的仓库建设与

布局，并将因在乡村振兴中贡献突出而争取到的700万元政府产业扶持金，按5元/公斤的标准全部用于蚕茧收购补贴。保险公司也根据天虹丝绸提交的每位蚕农的蚕桑损失状况，迅速提供了80万元的首批意外风险赔偿金。LVMH、开云集团等一线奢侈品商则通过定期视频通话会议的方式了解生产状况，支持其放心组织生产。2020年第四季度全球贸易放开，各大集团按照过去签订合同的高价采购生丝。负责外贸的副总经理薛忆表示："并非完全是合同约束了价格，而是天虹丝绸的优质生丝和良好信誉赢得了客户的信任和青睐。"2021年，公司生丝价格一路飙涨到53万元/吨，家庭农场主和普通农户作为合作模式中的核心利益相关方也是信心倍增，纷纷表示自身蚕茧产量要努力再上新台阶。2021年5月6日，天虹丝绸投资新建的第7个占地4000平方米的现代蚕茧交易中心投入使用。这是为了顺应蚕桑现代农业园区规模化、集约化发展而筹建的集蚕茧收购、烘干、仓储、物流为一体的交易中心，能够满足园区及周边近5000亩蚕桑基地的蚕茧标准化交易与加工，有助于为蚕农提供最方便的售茧服务，最大限度地保证蚕茧产量和质量。

五、尾声

2021年3月16日，阳光明媚、惠风和畅，绵阳天虹丝绸有限责任公司成立20周年的庆典活动在公司总部如期举办。这一天也是公司每年既定的合同签订日，全体员工在庆典开始前与公司愉快地签订了《劳动合同》。办公室主任曾红首先代表老员工讲话："在这里我要深深地感谢杨总。始终聚焦在蚕桑产业，保持战略定力。杨总不断地带领我们创新改进，在大家都不敢干的情况下，搞土地流转、搞蚕茧仪评、建设现代农业园，弘扬蚕桑文化……她对我们充满关爱和责任感，不管遇到什么灾难冲击，总是想尽一切办法第一时间顶在员工和蚕农前面。哪怕去年情况如此糟糕，杨总依然不离不弃，优先保障我们的利益。她既是公司老总，也是我们的家人。如果说我们有独一无二的蚕丝，那这里面有一根主线就是我们杨总。杨总20年穿针引线，织出了把每个人都融入其中的一张网，树起了世界顶级蚕丝'绵阳造'的一面旗。为什么很多县按我们的模式'依葫芦画瓢'也造不出来顶级蚕丝，因为他们没有我们这样一群心和心扣在一起的人，缺少了心系大家的主心骨！"一席话引起大家的共鸣，台下掌声雷动，经久不息，员工和蚕农代表纷纷发表感言。

杨慧君在总结讲话中也袒露心声："大家讲的让我很感动。20 年风雨兼程，20 年同舟共济，很不容易。在改制之前，人心涣散，如果说天下养蚕人是一家的话，那个时候我们只能算是一盘散沙，充其量只是松散联合体。2001 年改制成功，公司与涪城区的农户、共育户建立紧密的联结，我们从此焕然一新，开始形成利益共同体。2008 年大家又遭遇地震和金融危机的磨难，我们为了共同守护这一份心爱的事业，齐心协力走出伤痛、走出逆境。情况逐渐好转，心也更加贴近，我们走向事业共同体。在中美贸易战冲击之下蚕茧、生丝价格多次下滑，去年突如其来的疫情，更是从未经历过的生死考验。各种'天灾人祸'接踵而至，但我们心连心、肩并肩一一克服，现在我们就是同呼吸、共命运的一家人，20 年一路走来，走到今天，成为真正意义上的命运共同体。回头来看，在最苦最难的关头，我们仍然种出了最好的桑、养出了最好的蚕、缫出了最好的丝，与世界上最顶级的高端品牌携手同步，我们心里面的庄严感和成就感更足，觉得更有意义，逐步走向一个意义共同体。现在，我们的模式嵌合越来越紧密了，慢慢形成了一个生态系统，相信我们只要继续下笨功夫，继续坚持高品质追求，一定可以生机勃勃，生生不息……"

杨慧君的目光越过眼前的会场，越过远处的桑园，似乎看到了天虹丝绸全新的锦绣蓝图正徐徐展开……

All threads neatly tied up: The business model passcode behind the world's top silk, Tianhong Silk

Abstract: China's sericulture industry has a long history of development, but the "silkworm - mulberry - silk" industry chain is fragile, low stability of quality, high price volatility and other risks are widespread. Sichuan Mianyang Tianhong Silk Co., Ltd. after 20 years of development and exploration, has refined the world's top silk that attracts Hermes, Louis Vuitton, Gucci and many other international first-class luxury brands, and lead local farmers to root down in the native land, move towards common prosperity, and created huge economic and social benefits. This case describes the community of interests, the community of business, the community of common destiny and the community of meaning that Tianhong Silk experienced with the core stakeholders such as silkworm farmers, co-breeding families, family farms and employees during the 20 years of development. Combined with the business model and ecosystem with distinctive features, which are embedded and interdependent among stakeholders, this paper analysed the business model passcode behind Tianhong Silk, which continuously having stable production of organic raw silk with the best quality and the highest price in the world. This case is helpful for readers to deeply understand the deep connotation of business model, and help to provide inspiration and reference in terms of mode, mechanism and specific path for traditional sericulture industry to leap to modern sericulture industry.

Keywords: Rural revitalization; Sericulture industry; Stakeholders; Business model; Core competence

附录：

附录一：天虹丝绸所获的部分荣誉

<table>
<tr><td>中国优质茧丝生产基地</td><td rowspan="2">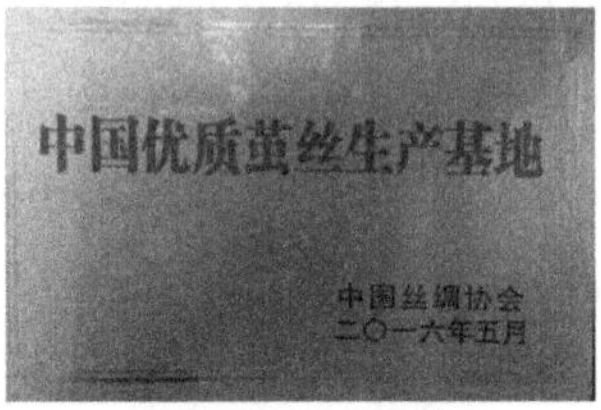</td></tr>
<tr><td>四川省农业产业化省级重点龙头企业</td></tr>
<tr><td>四川省茧丝绸行业十佳企业</td><td rowspan="2">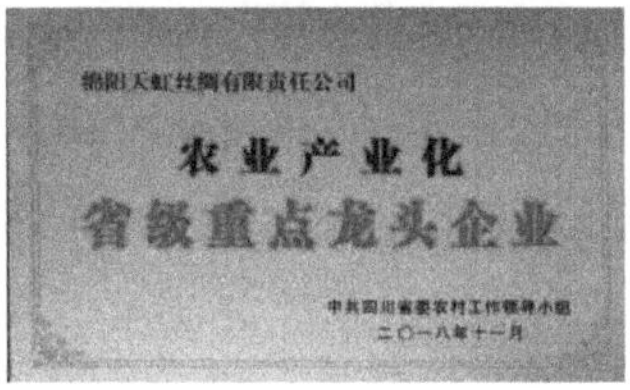</td></tr>
<tr><td>四川省三星级现代农业园区</td></tr>
<tr><td>四川省现代蚕桑产业示范园区</td><td rowspan="2"></td></tr>
<tr><td>“涪城蚕茧”荣获国家地理标志认证</td></tr>
</table>

附录二：创始人杨慧君与向仲怀院士、香奈儿集团代表考察现代蚕桑农业园①

① 资料来源：公司提供资料。

附录三：欧洲友善环境（有机）认证机构颁发的蚕茧、生丝有机认证证书

GOTS 2020-118 Ed.00A/Rev.00

Certificate of Compliance

Certificato di Conformità

GOTS 2020-118

Institute for Ethical and Environmental Certification

declares that

dichiara che

MIANYANG FENGGU SILK REELING CO., LTD.

Licence Number: GO0859

MIANYANG, SICHUAN – CHINA

has been inspected and assessed according to the

è stata ispezionata e valutata

GLOBAL ORGANIC TEXTILE STANDARD (GOTS)

- Version 6.0:2020 -

and that products of the categories as mentioned below (and further specified in the annex) comply with this standard:

e che i prodotti appartenenti alle categorie indicate di seguito, e specificatamente descritti in allegato, sono conformi con lo standard

Product categories:

Categorie di prodotto

Silk – *Seta*

Processing steps carried out under responsibility of the above mentioned company for the certified products:

Processi svolti sotto la responsabilità della ditta sopra indicata

Processing, trading – *Manifatture, commercializzazione*

This certificate is valid until: July 7th, 2021

(Questo certificato è valido fino a)

Place and date of issue/revision

Luogo e data di emissione/revisione

Bologna, July 8th, 2020

Certification manager

Dr. Paolo Foglia

1 M.0401 - Ed.00 Rev.01

Accredited according to GOTS by

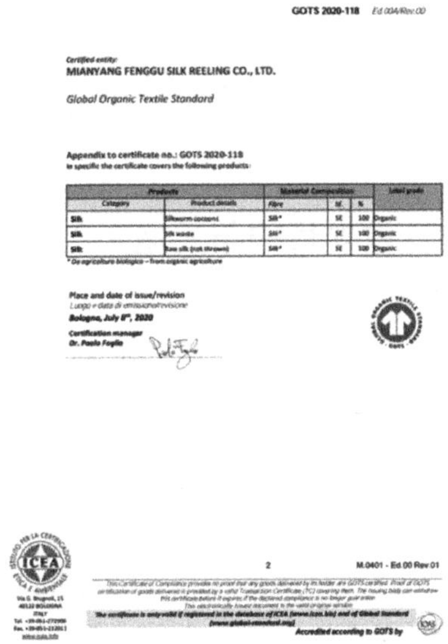

GOTS 2020-118 Ed.00A/Rev.00

Certified entity:

MIANYANG FENGGU SILK REELING CO., LTD.

Global Organic Textile Standard

Appendix to certificate no.: GOTS 2020-118

In specific the certificate covers the following products:

Products		Material Composition			Label grade
Category	Product details	Fibre		%	
Silk	Silkworm cocoons	Silk*	SE	100	Organic
Silk	Silk waste	Silk*	SE	100	Organic
Silk	Raw silk (not thrown)	Silk*	SE	100	Organic

* Da agricoltura biologica – from organic agriculture

Place and date of issue/revision

Luogo e data di emissione/revisione

Bologna, July 8th, 2020

Certification manager

Dr. Paolo Foglia

2 M.0401 - Ed.00 Rev.01

Accredited according to GOTS by

附录四：全国名特优新农产品认证证书、生丝质检达到6A品级及公量证书

全国名特优新农产品

证书

绵阳市涪城区蚕业科学技术协会：

你单位申报的涪城蚕茧已被全国名特优新农产品名录收集登录。

特颁此证。

编号：CAGS-MTYX-20190223

（此证2020年9月23日

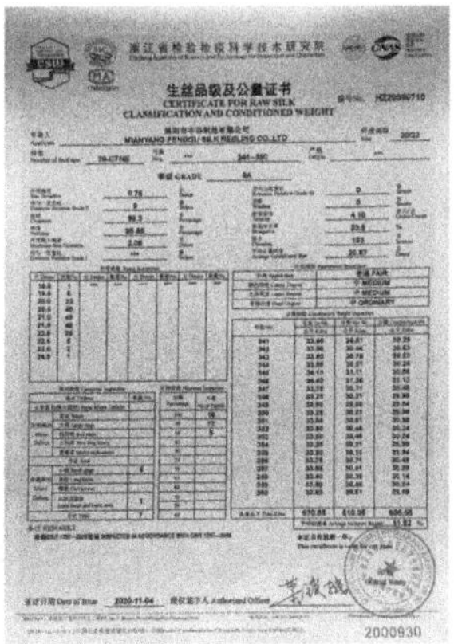

浙江省检验检疫科学技术研究院

生丝品级及公量证书

CERTIFICATE FOR RAW SILK CLASSIFICATION AND CONDITIONED WEIGHT

MIANYANG FENGGU SILK REELING CO.,LTD

2000930

案例使用说明

一、教学目的与用途

1. 适用课程：本案例适用于《企业战略管理》《商业模式》课程。

2. 适用对象：适用于 MBA、EMBA、全日制硕士研究生等，同时适用于公司中高层管理人员教学和培训。

3. 教学目的：当今世界正处于复杂多变、模糊快变和深层突变的管理变局中。每一个企业都在寻找最合适的商业模式参与全球化竞争，但是同种商业模式却存在明显的竞争力差异。通过来自传统蚕桑产业的启示，希望学员从中学习到：

（1）认识在现代全球化竞争中企业如何构建具有竞争力的商业模式；

（2）运用利益相关方分析企业的商业模式以及交易结构；

（3）理解企业商业模式的价值并探究其难以模仿的实质性内涵；

二、启发思考题

1. 在蚕桑行业中，为何天虹丝绸能够生产出全球范围内质量与价格最高的生丝，其商业模式的竞争力是什么？

2. 如何从利益相关方理论分析天虹丝绸的商业模式及其交易结构演化？

3. 天虹丝绸的商业模式为何能把核心利益相关方“+”起来？

4. 企业家精神对商业模式的构建与运行起到什么作用？对其他企业有何启示？

三、分析思路

首先，让学生从印象中对商业模式的认识入手，通过案例了解企业商业模式及其发展现状，与之对比认识到企业商业模式的护城河。其次，分析焦点企业各个阶段的利益相关方的交易结构，深入了解在蚕桑业中基于利益相关方的商业模式是如何设计与运作的。再次，剖析天虹丝绸的核心利益相关方之间如何相互嵌入、耦合演变，最终形成商业生态系统，并探究其对商业模式带来了什么影响。最后，将企业家精神具体内涵与案例相结合，分析其对于商业模式构建与运行的作用，以及具有什么启示意义，如图 1 所示。

四、理论依据与分析

1. 在蚕桑行业中，为何天虹丝绸能够生产出全球范围内质量与价格最高的生丝，其商业模式的核心竞争力是什么？

【理论依据】

（1）商业模式及其竞争力

商业模式是对价值创造与价值获取机制的设计（Amit and Zott，2001），即商业模式是关于如何做生意的逻辑（Magretta，2002）。Zott 和 Amit（2007）将商业模式认为是体系运作的网络结构，该结构主要包括公司、供应商、候补者和客户等，并进一步将这个网络结构看成是一个活动系统，包括活动系统内容、结构和治理三个部分。Osterwalder（2005）定义商业模式为一个公司传递给一个或者多个客户群体的价值，以及公司与其他利益相关方网络所组成的结构。商业模式强调三个重点：第一，商业模式以焦点企业为核心。第二，商业模式立足焦点企业的价值主张。第三，商业模式聚焦与焦点企业存在直接联结的利益相关方（韩炜等，2021）。如何协调、维护焦点企业和其他利益相关方的关系是商业模式的重要议题。

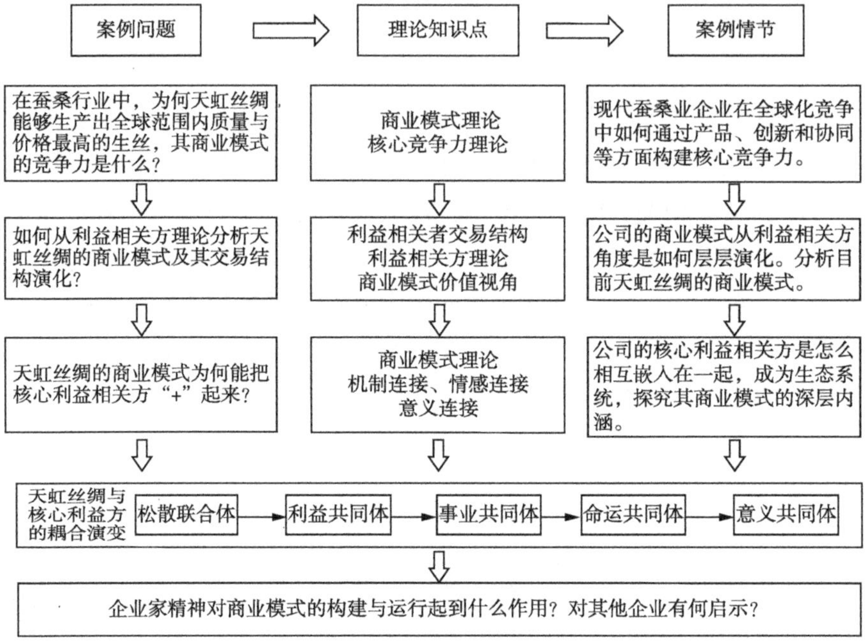

图 1　案例分析思路

商业模式是商业要素构成的系统，是由价值目标、价值载体与价值创造构成的完整整体，涉及众多的利益相关者，它们之间形成了一种“关系”，成为彼此“相互作用”的有机系统。商业模式的整体功能与属性决定了商业模式的竞争力主要包括对客户需求的响应质量、盈利能力、自由现金流以及商业模式的稳定性和可持续性等（薛维峰，2012），也有学者认为商业模式创新也是一种核心竞争力，是企业获取长期竞争优势的根本保证（曾涛，2006）。商业模式竞争力是判断商业模式是否成功的关键，也是提升企业持续发展能力的重要因素。

（2）核心竞争力

Prahalad 和 Hamel（1990）最先提出核心竞争力的概念，强调企业核心竞争力是相比于其他企业能够赋予产品独特的功能，或能够制造消费者难以想象的产品。后续学者又将核心竞争力拓展到创新、品牌、营销、管理、顾客服务等方面。总而言之，核心竞争力是建立在企业核心资源之上的整体能力，其中包括技术能力、管理能力和协同能力等，它能够给企业带来持久的竞争优势，并获得超额利润，只是不同的企业核心竞争力侧重点有所差异。核心竞争力是通过组织长时间的学习和积累如何利用不同资源以及能力的过程中逐渐产生的。根据 Barney（1991）的观点，企业的资源并非完全流动，持续竞争优势来源于价值性、稀缺性、难以模仿和不可替代四个方面，从而构成企业的核心竞争力（见表 1）。核心竞争力在顾客眼中是有价值和独一无二的，对于竞争对手来说是难以模仿和不可替代的（希特，2019）。

表 1　核心竞争力的四个标准

价值性（valuable）	企业的资源和能力是否对企业的战略有帮助，能够使企业抓住环境机遇和减少威胁。在产品上提高用户的价值，能够增强企业的竞争力。
稀缺性（rare）	这种有价值的资源和能力在这个行业或者领域内只属于少数几家企业拥有。
难以模仿（costly-to-imitate）	这种核心竞争力的形成可能基于特定的历史条件和错综复杂的社会现象，并且与竞争优势之间难以界定。所以行业内的企业难以简单通过学习获得。
不可替代（nonsubstitutable）	这种资源和能力不可完全被行业内企业其他类型的资源和能力所替代。这种竞争力越是无形的、看不见的，其他公司就越难以找到它的替代者。

【案例分析】

（1）根据商业模式竞争力和核心竞争力的理论基础，结合该公司案例实际，天虹丝绸商业模式竞争力可以从商业模式创新、盈利能力和协同能力三个角度归纳总结，如表 2 所示。

表 2　天虹丝绸核心竞争力与标准相互结合的结果

类 别	有价值吗?	稀缺吗?	难以模仿吗?	不可替代吗?	竞争结果
商业模式创新	是	是	是	是 / 否	竞争优势
盈利能力	是	是	是	是	核心竞争力
协同能力	是	是	是	是	核心竞争力

价值性：

①商业模式创新。商业模式创新可以归纳为商业模式要素的创新。天虹丝绸的商业模式经历了三个阶段创新，利益相关方及其交易结构显著变化。在每个阶段商业模式中都存在具体创新，例如共育户多育蚕种 5%，提高产业链整体抗风险能力。公司的商业模式创新使之更加适应蚕桑业的规模化、集约化和规范化发展，提高了公司的竞争力，使之不断向前发展。

②盈利能力。天虹丝绸提供超 6A 级“七彩之虹”有机生丝，打造出高质量、高品质、高端差异化的品牌。并且为一线奢侈品牌提供高端有机生丝稳定供应，产品价格高于市场价格 20%~30%，提升了整个产业链的盈利能力，也通

过自身盈利水平为客户提供了更好的产品。

③协同能力。天虹丝绸能够很好地协同员工、蚕农（包括农户和家庭农场主，下同）。公司种桑、育蚕、收茧、缫丝依赖他们之间的默契配合。公司与农户、家庭农场主、政府、保险公司等利益相关方之间建立了利益连接机制，使得上述每个环节紧密衔接，促进了公司的发展，为客户提供了更优质的生丝。

稀缺性：

①商业模式创新。天虹丝绸的商业模式创新紧跟行业和自身发展步伐，能够较好地适应蚕桑业的现代化发展，虽然目前行业内有许多企业也都采取“企业 + 农户 + 家庭农场主”“企业 + 共育户 + 农户”等商业模式，但是公司不断率先进行商业模式创新，在细节上持续优化，所以天虹丝绸的商业模式创新具有稀缺性。

②盈利能力。天虹丝绸获得 2014 年 APEC 领导人“新中装”和 2016 年 G20 峰会丝绸用（礼）品所用生丝主要原料的殊荣非常难得。公司的盈利能力体现在产品质量和产量上，旗下产品已经“垄断”欧洲市场和国内高端市场，盈利能力处于行业领先地位。

③协同能力。天虹丝绸员工之间感情深厚。在收购丰谷缫丝厂之后，公司快速提高了员工的工作积极性，大幅提升了生丝的质量。天虹丝绸与当地农民尤其是与蚕农建立了深厚的信任关系，在土地流转过程中，获得农民的支持与配合。土地流转之后又能快速返包给家庭农场主。这种协同能力不仅依靠利益连接，更需要情感的纽带，没有多年如一日的相互磨合和日积月累的相互信任是无法做到的。

难以模仿：

①商业模式创新。天虹丝绸商业模式创新走在行业前列，紧跟蚕桑业现代化发展方向。例如在“公司 + 农户 + 家庭农场主 +X”中，引入 X 元素，即公司与政府、保险公司等利益相关方良性互动，引入自营基地，提高商业模式的稳定性和持续性，X 元素增强了产业链的抗风险能力，一些企业可以模仿，但是存在时间滞后性。

②盈利能力。天虹丝绸的“七彩之虹”生丝产量稳定，质量世界一流。公司已经与高端客户建立长期互惠互利的合作关系，确保了公司盈利能力的稳定性。一些蚕桑企业凭借自身产品难以进入高端市场，与客户建立合作，所以通过高端产品盈利的能力是其他企业难以模仿的。

③协同能力。天虹丝绸与蚕农建立的利益和情感深层连接是经过20年的积淀而来的，具有深厚的信任基础，一般的蚕桑企业难以与农户建立如此牢固的信任关系，所以公司对于当地农户的协同能力是其他企业难以模仿的。

不可替代：

①商业模式创新。天虹丝绸对于商业模式的创新其实是每一个企业需要的核心竞争力，只是不同企业的创新要求和方向不同。天虹丝绸走精品生丝路线，商业模式创新的方向更多围绕如何稳定生产更加优质的有机生丝，而广西等地的创新方向可能在于如何提高生丝的产量。

②盈利能力。蚕桑业竞争激烈，市场规模小，高端客户多。高端精品生丝能够大幅维持和增加企业盈利能力，目前天虹丝绸的生丝价格近5年内一直远高于市场价格，为企业带来丰厚的市场利润。公司的这种盈利能力和方式在短时间内都是该行业未来的发展方向，比较难以替代。

③协同能力。公司对于员工、蚕农以及其他利益相关方的协同能力是每一个企业都应该具备的，好的协同能力能够促进成员之间的沟通，提高企业的生产效率，所以协同能力是不可取代的，即便是在信息化时代，只要生产没有被机器完全取代，协同能力就不可替代。

2. 如何从利益相关方理论分析天虹丝绸的商业模式及其交易结构演化？

【理论依据】

（1）利益相关方理论

利益相关方是影响企业目标实现过程和最终结果的所有个人或群体（Freeman，1984），其中包含了关系、合约和交易等形式。企业的竞争者、上下游企业、当地政府、环境保护主义团体，甚至地区都可能是利益相关方。作为影响企业目标实现的重要群体，利益相关方对企业的关注能够降低企业的信息不对称程度，改变企业的资源分配，影响企业的资产价格等（潘红波和杨海霞，2021）。Mitchell（1997）从权力性、合法性、紧急性等三个方面判定焦点企业的利益相关方。其中，权力性即一个群体是否存在能够影响企业的决策手段。合法性即某一群体是否存在法律或道义上对企业索取权，紧急性即某一群体的行动是否会立马引起企业管理层关注。企业的利益相关方至少应符合其中的一项条件。

（2）利益相关方的交易结构

利益相关方交易结构的研究对象就是焦点企业与其利益相关方的各种交

易，这个构成主要包括交易主体（与谁交易？）、交易内容（交易什么？）、交易方式（如何交易？）和交易定价（怎么收支？），如表 3 所示。

表 3　利益相关方交易结构内容

交易主体	交易主体表示与谁交易，即利益相关方。一般是指具备独立的利益诉求，有一定的资源与能力，并且与焦点企业存在利益关系的行为主体。另外除了传统的供应商、渠道、顾客等是企业利益相关方，企业内部某个相对独立的业务单元也可以视为利益相关方。
交易内容	交易内容表示焦点企业与利益相关方交易什么。例如终端产品、半成品、原材料、服务、投资等，交易的内容很大程度上决定了企业的性质。
交易方式	交易方式表示焦点企业与利益相关方如何交易。例如采购、租赁、信息处理、授权等。即便是同样的交易内容，企业的价值也会因为交易方式改变而天差地别。
交易定价	交易定价表示焦点企业与利益相关方如何进行价值分配，包括企业的收入、成本结构等。具体而言是三个方面：收入从哪些利益相关方获得，支付成本给哪些利益相关方，哪些成本由利益相关方承担。

（3）商业模式的价值视角

商业模式中价值主张、价值创造、价值获取和价值传递成为其主要环节（Magretta，2002；魏江，2012）。战略学者们已将商业模式定义为“企业逻辑”——企业如何为利益相关方运作和创造价值。商业模式描述包括焦点企业和其他利益相关方等所有参与者从提出价值主张到通过价值创造、价值传递及价值获取，最终实现客户价值主张的全过程（朱明洋等，2021）。商业模式的演化过程可以从价值视角出发，企业对当前顾客价值主张特性、企业资源能力、内部组织及外部利益相关者关系方面的调整，使得企业商业模式发生实质性改变，通过商业模式价值逻辑持续优化实现商业模式演化，即不断的细微变化直至整个商业模式发生“质变”，即基本商业价值逻辑的变更，如图 2 所示。

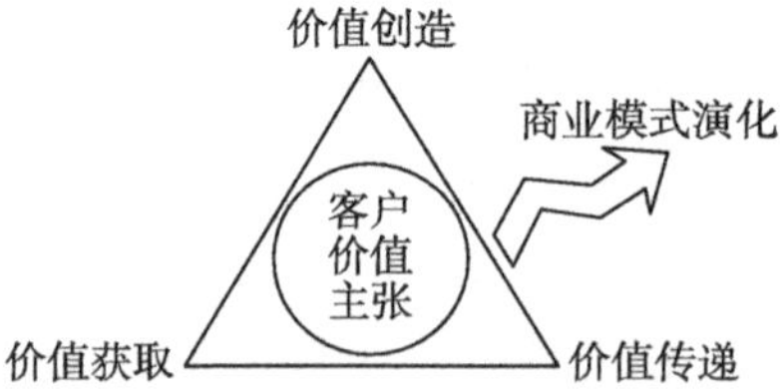

图 2　商业模式价值逻辑

【案例分析】

（1）天虹丝绸利益相关方交易结构分析，如图 3、图 4、图 5 所示。

天虹丝绸利益相关方交易结构经历了 1.0、2.0、3.0 三个演化阶段，也是商业模式演化的三个阶段。在这个过程中，天虹丝绸利用自己的核心能力，不断整合企业上下游，使之利益相关方数量和质量明显增加，交易结构发生深刻变化。

交易主体

1.0 阶段：普通农户为供应商，共育户为合作伙伴，客户下游缫丝厂等。

2.0 阶段：天虹丝绸建立现代蚕桑农业园和收购丰谷缫丝厂，将家庭农场主和农户作为核心供应商，并成为合作伙伴，并且逐步与高端奢侈品商建立供销关系。

3.0 阶段：天虹丝绸作为焦点企业，其利益相关方主要来源于两个部分。一是外部利益相关方包括家庭农场主、农户等供应商，LV、迪奥、古驰、爱马仕等国际一线奢侈品牌商以及国内高端丝绸厂等众多客户，当地政府、保险公司等。二是公司内部利益相关方包括公司自营基地、现代蚕茧交易中心和丰谷缫丝厂。

交易内容

1.0 阶段：天虹丝绸为农户提供蚕种，农户通过收茧站将蚕茧出售给天虹丝绸。公司让共育户帮助农户孵化蚕种和提供技术指导，保护公司蚕资源不被窃取，共育户获得公司奖励。公司最终将蚕茧主要售卖给缫丝厂和丝绸公司。

2.0 阶段：天虹丝绸在原来交易内容的基础上，与家庭农场主建立紧密关系，为家庭农场主提供前期所有的成本费用，并提供技术和管理指导，家庭农场主提供 100% 蚕茧给天虹丝绸，同时通过丰谷缫丝厂，将生丝销售给国际奢侈品牌和高端丝绸厂。

3.0 阶段：天虹丝绸与利益相关方交易内容：①为农户提供蚕种和相关技术支持，农户提供 100% 蚕茧给公司。②为家庭农场主提供蚕种、现代化蚕桑基地、技术和管理支持，并且配套所有养蚕设施。家庭农场主提供 100% 蚕茧给公司，并和共育户共同帮助农户孵化蚕种。③为当地政府提供产业支持与发展，将蚕桑产业打造成当地特色，弘扬和传播蚕桑文化；政府提供资金和土地等政策支持。④为蚕农缴纳 25% 保险费，并帮助其甄别蚕桑损失，保险公司为蚕农提供风险保障。⑤为顾客提供顶级生丝，并获得客户的款项。⑥公司内部之间，自营基地将蚕茧运送到现代蚕茧交易中心，再由丰谷缫丝厂缫制公司所有蚕茧。

交易方式

1.0 阶段：天虹丝绸出售蚕种给农户，并收购农户蚕茧。公司为共育户提供资金，共育户帮助农户孵化蚕种，并协助公司收购蚕茧。最后公司销售蚕茧给客户，获得货币资金。

2.0 阶段：在原有交易方式的基础上，家庭农场主用租赁方式承包天虹丝绸的现代蚕桑农业园，并与公司签订相关合同，100% 售茧给天虹丝绸。同时天虹丝绸除了出售蚕茧之外，也将生丝销售给中高端客户。

3.0 阶段：家庭农场主继续采用租赁方式承包天虹丝绸的现代蚕桑农业园。天虹丝绸收购家庭农场主和农户 100% 蚕茧。主要销售生丝给高端客户，获得货币资金。

交易定价

1.0 阶段：与农户的蚕茧交易定价根据市场价格波动，公司没有定价权。给予共育户的奖励根据蚕茧的产量和质量，最终还是根据市场价格。

2.0 阶段：天虹丝绸与家庭农场主签订合同，根据他们在外打工的全职收入折算成收购蚕茧的底价，将生丝和蚕茧出售客户的定价权逐步由公司决定，但还是以市场价格为主。

3.0 阶段：天虹丝绸掌握蚕茧收购和生丝销售两端定价权。对农户和家庭农场主的蚕茧收购价格一般高于市场价 10%~30% 左右。生丝销售给高端客户的价格也高于市场价格 10%~30% 左右。

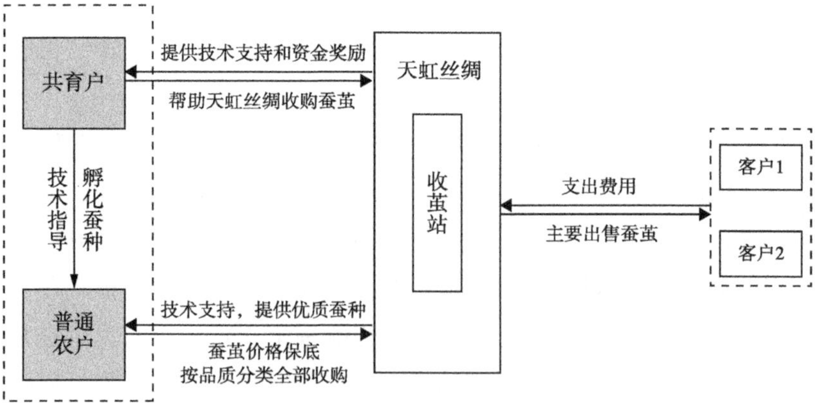

图 3　天虹丝绸商业模式 1.0

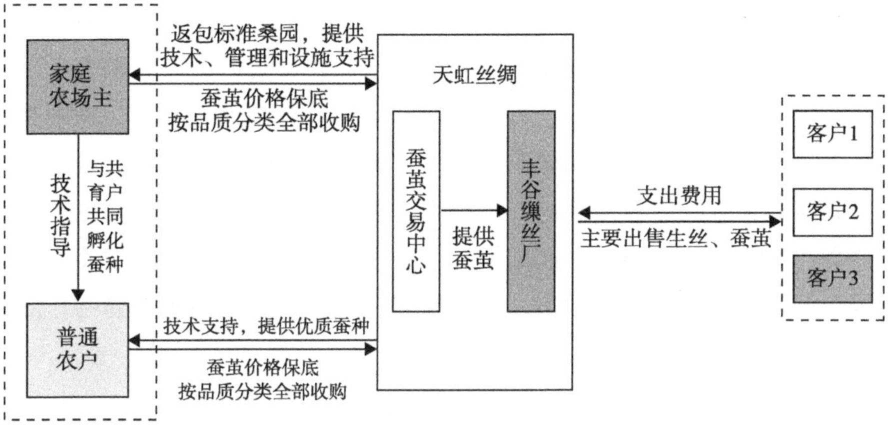

图 4　天虹丝绸商业模式 2.0

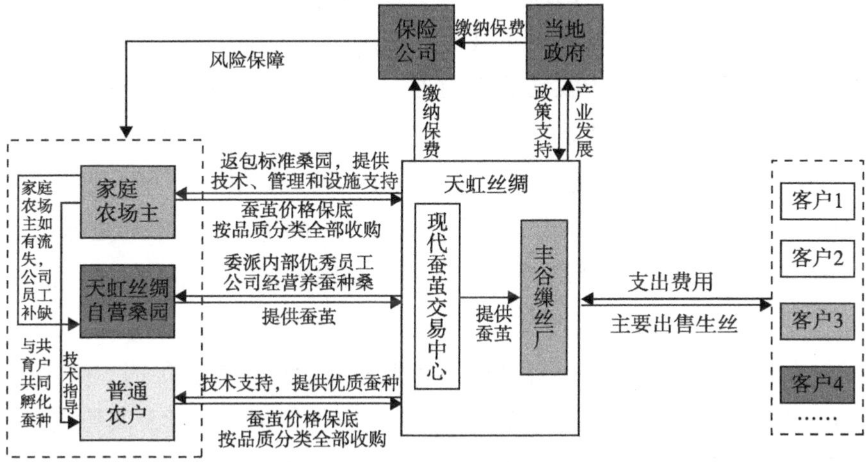

图 5　天虹丝绸商业模式 3.0

（2）天虹丝绸的商业模式分析，如图 3、图 4、图 5 所示。

从上述对利益相关方交易结构的分析可以看出，天虹丝绸的核心利益相关方发生了相应变化，由此，其商业模式经历了“公司 + 共育户 + 农户”→“公司 + 家庭农场主 + 农户”→“公司 + 家庭农场主 + 农户 +X”的不断深层演化。

在商业模式 1.0 阶段，天虹丝绸利用自身协同能力，与共育户、农户之间建立利益连接。公司通过仪评收购方法，使农户进一步为天虹丝绸提供数量较多、质量较好的蚕茧。公司主要销售普通蚕茧，缺乏蚕茧定价权，未能充分满足客户对蚕茧质量和数量要求的价值主张。此时的商业模式比较简单，涉及利益相关方较少，模式的稳定性比较容易受市场环境的影响。

在商业模式 2.0 阶段，公司在原来的基础上，加入核心利益相关方家庭农场主，通过合同的方式与其建立深层利益关系。并且公司进一步整合上下游，建立现代农业园、收购缫丝厂、打造“七彩之虹”高端生丝品牌，为中高端客户提供生丝，满足客户对高端丝织品的基本需求。天虹丝绸产品质量、技术创新和协同能力等核心能力得到进一步提高。蚕茧和生丝产量和质量更上一个台阶，整个产业链风险减弱、利润增加。并且随着时间推移，利益相关方共同度过地震、金融危机等一系列冲击之后，他们利益和情感联系更加紧密，商业模式更加成熟和稳定。

在商业模式 3.0 阶段，天虹丝绸在原有商业模式基础上，进一步利用和提升核心竞争力，建立公司自营桑园，进一步保证蚕茧的稳定供应。然后 X 元素加入，X 的利益相关方部分包括政府、专业保险公司、国际顶级奢侈品商等，公司通过多种利益和风险机制与 X 建立深层连接。公司已经掌握高端生丝定价权，整个蚕桑产业链受市场波动的影响进一步减小，能够为客户稳定提高精品生丝。即便在新冠肺炎疫情下，也没有对公司产业链产生巨大冲击，并且公司在疫情冲击减弱时，供应链迅速恢复，蚕茧和生丝供应量价齐升。目前“公司 + 家庭农场主 + 农户 +X”的商业模式更适合天虹丝绸的生存、发展和全球化竞争。

利用商业模式的价值逻辑分析“公司 + 家庭农场主 + 农户 +X”商业模式如下：

客户价值主张：公司通过自身产品和服务向消费者提供价值，决定公司对消费者的实用意义。蚕桑产业链的高端客户需要世界顶级生丝及其稳定供应。

价值创造：即通过结构化资源组合来开发市场机会等动态资源管理过程为客户创造价值，构筑竞争优势，最终使企业创造较高价值。天虹丝绸建设 1.2 万亩的现代化标准蚕桑园，7 个现代蚕茧交易中心，与 1 万名农户和 400 余位家庭农场主合作，各种新型的养蚕设施，生丝生产技术，以及有机桑树和雄蚕茧的养殖技术，打造出“七彩之虹”有机生丝，从而能够为客户持续稳定供应 6A 高质量生丝。

价值传递：即传递客户的价值主张。天虹丝绸将客户对稳定精品生丝需求的价值主张传递给整个生丝供应链，通过从家庭农场主、农户购买蚕茧，以及自身经营的蚕桑基地提供蚕茧给蚕茧交易中心，然后全部经过丰谷缫丝厂制成精品生丝出售给国际顶级奢侈品集团或国内高端丝绸厂。

价值获取：即交换价值的实现，是由卖方和买方的议价关系所决定的。

天虹丝绸掌握高端生丝定价权，旗下生丝价格近 5 年一直高于市场价格，公司与客户签订高价的长期生丝供应合同。公司员工得到高价值产品带来的较高工资。农户和家庭农场主的蚕茧收购价格高于市场价格 10%~30%，蚕农的收入高于种植其他农作物的收入，家庭农场主的年收入高于外出务工的年收入。

3. 天虹丝绸的商业模式为何能把核心利益相关方“+”起来？

【案例分析】

天虹丝绸已经与 400 余位家庭农场主、1 万余名农户以及内部利益相关方构建了“你中有我，我中有你”的共生共荣的关系，并与客户、政府和保险公司建立了紧密联结。对于天虹丝绸而言，没有家庭农场主和农户的蚕茧供应，客户的长期生丝采购，以及公司自营基地、蚕茧交易中心和丰谷缫丝厂的完美衔接，就难以长久生存。蚕农依靠养蚕为生，需要天虹丝绸给予各种有形和无形的帮助，以及大幅高出市场的蚕茧收购价格。同样很多客户需要天虹丝绸的顶级生丝，才能够生产出高端丝织品，天虹丝绸的产品为客户赋能。并且政府和保险公司为他们提供了良好的社会环境。绵阳地处北纬 30°，位于天然的优质蚕桑产业带，为蚕桑产业提供非常合适的自然生态环境。以天虹丝绸为中心的相互嵌入、相互依赖、特色鲜明的商业模式已经形成，即把核心利益相关方“+”起来，“+”意味着利益相关方的相互连接，双向嵌入。如图 6 所示。

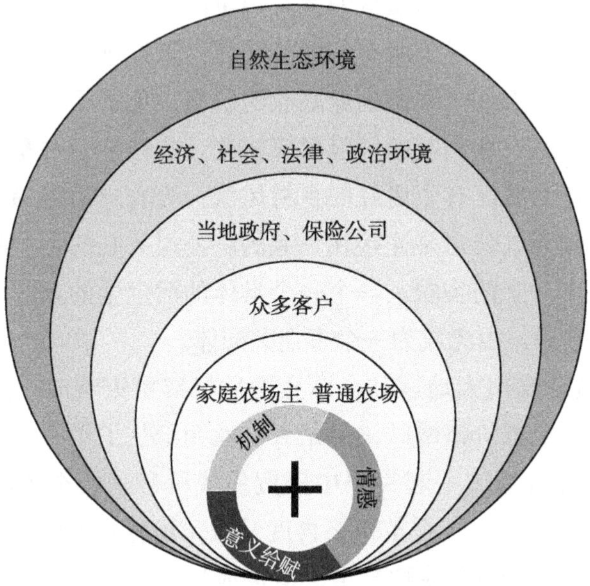

图 6 天虹丝绸主要利益相关方的生态共生

第一，通过机制来加，推动形成利益共同体。一是利益分享机制。在天虹丝绸成立初期，公司就通过保证金的方式约束农户，实现蚕茧的有效回收。对于不将全部蚕茧卖给天虹丝绸的农户，如果想要再次向天虹丝绸预订蚕种，将要缴纳两年的保证金。紧接着公司又为共育户提供奖励，通过共育户与农户建立更加紧密的利益连接，使蚕茧的回收率达到 100%，这为后续公司商业模式的演化打下良好基础。天虹丝绸设计家庭农场主成为商业模式的重要组成部分之后，会将他们外出打工的收入折算成蚕茧保底收购价格，并且建设一体化的蚕茧交易中心和一体化交易系统，保证蚕茧回收的公平和效率，尽可能地保障所有蚕农的利益。公司购买丝厂延伸产业链，对接高端奢侈品牌，掌握高端生丝定价权，提高了整个产业链的利润率。二是风险防控机制。天虹丝绸为蚕桑养殖提供保险，实行"两免三减半"的土地流转费激励措施，并提供蚕桑养殖的一切设施和管理、技术指导，降低蚕农的养蚕风险。公司与政府共同出资建设现代蚕桑农业园，减少家庭农场主负担，利用保险公司为蚕农投保，减少养殖风险。公司建设自营基地，减少整个生态系统的经营风险，长期让蚕农受益，取得蚕农的充分信任，最终构建起真正的利益共同体。

第二，通过情感来加，推动形成事业共同体和命运共同体。在长期的合作过程中赢得核心利益相关方情感上的信任，而不只是利益上的信任。例如在推广仪评测量法时，公司将高质量的蚕茧用更高的价格回收，并且保证公平、公正、公开，这一做法赢得了所有蚕农的认可，天虹丝绸是一个不会欺负老百姓的良心企业。并且天虹丝绸做到保底收购价格，免费提供技术指导，建立很多真心为农户和家庭农场利益的风险保障机制。公司建设蚕桑文化园，推动当地的乡村振兴，让涪城区有了更好的乡村风貌，为农户们谋福利，他们看在眼里，意识到他们和天虹公司是连接在一起的。公司关心的是产品的品质，由此向上追溯到对一个一个的蚕农、一个一个具体的活生生的人的关心。因此蚕农愿意与企业共同发展，由此成为一个事业共同体。

在 2008 年遭遇汶川大地震和全球金融危机双重灾难时，虽然很多蚕棚倒塌，桑树被破坏，蚕茧价格暴跌，但是天虹丝绸稳住了军心，帮助农户，收购他们全部蚕茧。并且双方一起克服中美贸易战所带来的蚕茧和生丝价格的下滑。2020 年新冠疫情冲击，蚕茧价格再度暴跌，杨慧君依然兑现农户和家庭农场主的高于保底价格 100% 收购蚕茧，坚定地与员工以及所有蚕农站在一起，共同面对新冠疫情带来的损失，蚕农们也相信天虹丝绸的承诺，有序组织蚕桑生产，彼此互信，共克时艰。一些农户将子女推荐给天虹丝绸，让子女成为公司正式职工，公司与蚕农之间的关系更加紧密。最终成为同呼吸、共命运的命运共同体。

第三，通过意义给赋来加，推动形成意义共同体。意义给赋表示将所理解的意义传递给他人，加以影响，使他人所产生的再释意与影响者的期望保持一致。杨慧君等人将“七彩之虹”生丝和“涪城蚕茧”的价值和意义传递给所有人，不管是公司普通员工还是所有蚕农，都知道天虹丝绸是为全世界最高端的奢侈品集团提供生丝，为 2014 年 APEC 会议和 2016 年 G20 峰会的礼服提供原料。世界上最好的蚕茧和最优质的生丝都是来源于他们之手。他们不只是生产高品质的蚕茧蚕丝，还有构建更加美好的生活，而且是在全球范围内构建高品质生活。他们为有这样一份充满价值的事业感到骄傲。实现这样梦想的意义赋予，使得包括员工、农户和核心利益相关方共享同一种庄严感、意义感。正如文中所言：“回头来看，在最苦最难的关头，我们种出了最好的桑、养出了最好的蚕、缫出了最好的丝，与世界上最顶级的品牌携手同步，我们心里面的庄严感和成就感更足，觉得更有意义，逐步走向一个意义共同体。”

天虹丝绸围绕核心利益相关方所构建的“公司 + 家庭农场 + 农户 +X”模式被很多同行采用，有成有败。但是目前没有一家公司的生丝品质达到超 6A“七彩之虹”的品质。因此模式的设计规划，只是必要条件。但是天虹丝绸从最开始与核心利益相关方之间的松散联合体，通过机制构建利益共同体，并通过情感成为事业共同体和命运共同体，最后通过意义给赋构成意义共同体，共同体之间动态优化，不断完善，从而为天虹丝绸的商业模式进一步构筑起护城河，使得天虹丝绸的商业模式具有独特性，进一步提升了产品的高品质、高水准，增加了天虹丝绸整个生态的抗风险能力。这也是为什么天虹丝绸的核心利益相关方能够“+”起来的真正原因。

4. 企业家精神对于商业模式的构建与运行起到什么作用？对其他企业有何启示？

【理论基础】

（1）企业家精神

企业家精神（Entrepreneurship）是处在特定社会、经济体制的企业家，面对激烈竞争的市场环境所形成的独特心理素质、价值观念、思维方式与精神状态（Aidis et. al.，2008），熊彼特将创新精神定义为企业家的精神内核。奈特认为企业家应该具备承担风险能力的冒险精神，柯兹纳强调企业家需要对环境具有敏锐洞察和发现市场机会的能力（Hebert and Link，1989）。国内的学者在2019年《中国企业家成长与专题报告》中调查发现：改革开放时期中国企业家普遍具有冒险精神、创新精神。而在中国特色社会主义新时代，诚信、责任、敬业、奉献精神也被赋予了重要意义。陈春花（2018）认为企业家是一群不断引领变化、利用变化和创造价值的人。具备企业家精神的个人对企业家这一角色认同度更高，敢于承担责任，对于外部机会的嗅觉更加灵敏，也为公司声誉、绩效和市场价值带来积极影响。

（2）企业家精神对商业模式的作用

王永莲（2016）发现领导者的企业家精神、员工的企业家精神以及企业家精神三者共同对商业模式演进具有重要作用，其中领导者的企业家精神尤其不可忽视，它往往是另外两者的内化和传导。并且企业家精神对商业模式的创新也具有积极意义（王立夏和宋子昭，2020），企业家的冒险精神、创新精神以及对市场环境的识别能力促进商业模式的创新，并且企业家精神的演化推动着商业模式的创新与演化。

【案例分析】

我们根据实际案例与学者们对企业家精神的总结，将天虹丝绸商业模式构建与运行过程中的企业家精神定义为：长期导向的创新精神、长期导向的冒险精神、长期导向的社会责任，如图7所示。

长期导向：在天虹丝绸的商业模式演化过程中，杨慧君始终以复兴传统蚕桑业，生产世界上最优质的蚕茧和生丝为己任。具体体现为：第一，聚焦主业。杨慧君从业几十年来，一直从事蚕桑行业，从最初进入国有蚕茧公司，到之后成立天虹丝绸，建造蚕茧交易中心，建设现代化蚕桑农业园、收购丰谷缫丝厂以及与众多利益相关方的合作等都围绕核心业务。即便公司在市中心拥有繁华地段的土地，但是自始至终没有进入房地产行业，而是一心一意地耕耘蚕桑事业。第二，坚守长期承诺。不管是地震、金融危机还是新冠肺炎疫情，即便面临如此多的挑战，生丝价格暴跌，但公司依然不忘初心，坚持收购蚕农的全部蚕茧。第三，长线思维。公司吸收“新型蚕农”经营家庭农场和公司自营基地，从长远的角度都是为了公司的蚕茧质量和产量保持稳定，促进公司未来更好发展。

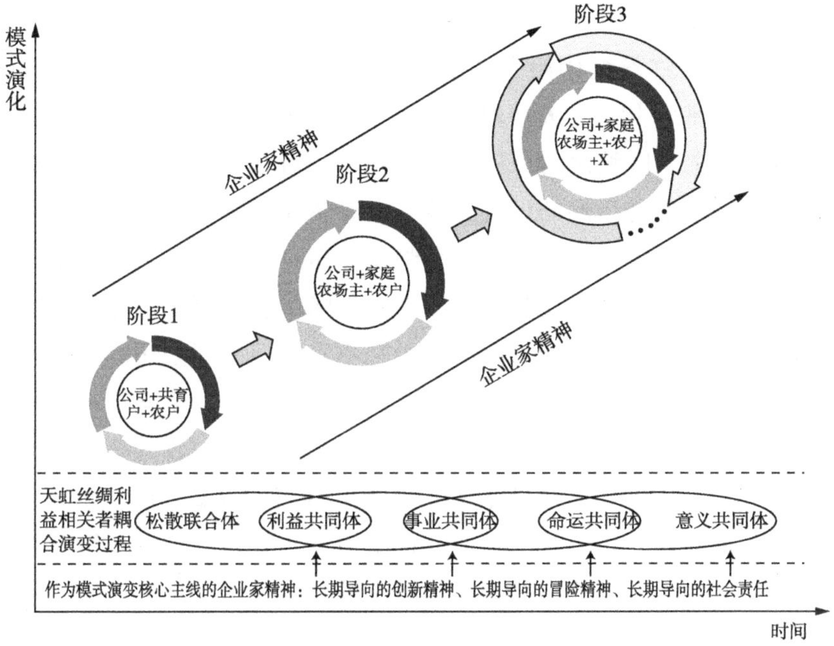

图 7　天虹丝绸的企业家精神作用机理

创新精神：天虹丝绸创始人杨慧君的创新精神体现在两个方面。第一，机制创新。在天虹丝绸成立之初，面临“无茧可收”的困境，杨慧君通过收保证金的方式获得了蚕茧 75% 收购率，之后又创新性地给共育户提供奖励，吸收 160 位核心成员，从而使得农户、共育户和天虹丝绸建立了紧密的利益连接，这在当时的蚕茧行业绝无仅有。在土地流转的过程中，从准备自己经营到大部分返包给家庭农场主，这看似简单的转换，其实是机制创新，这样解决了一次性招募大量懂管理、会养蚕员工的困难。返包给家庭农场主，免除他们前期投入，为爱养蚕、懂管理的新型蚕农搭建发展平台，让他们担当主人翁，直接“拎包发展”，很快就活化了整个现代蚕桑种植园，提高了公司经营业绩。在与保险公司的协商中，提出公司帮助保险公司负责鉴别保险事件，将蚕农应该缴纳的 25% 保险费转由自身承担，使得保险公司愿意为蚕农投保，公司也与蚕农更加紧密连接。考虑到小部分家庭农场主流失问题，杨慧君主动招聘有经验的“新型蚕农”成为内部员工，确保公司每一个现代蚕桑园能够正常经营，很好地降低了公司经营风险。在疫情来临之后，一些家庭农场主退出，公司“战略预备队”立马转正，使得蚕桑园没有一块荒废。第二，产品创新。提出仪评测量法，并发明了仪评专用的工具。为了蚕农更好地养蚕种桑卖茧，养蚕大棚多次更新换代，并且设计现代蚕茧交易中心等。

冒险精神：天虹丝绸创始人杨慧君的冒险精神体现在如下四个方面。第一，在国有企业基础上成立天虹丝绸。面临涪城区国有茧丝绸企业濒临破产，欠下巨额外债，前景暗淡之时，杨慧君凭着内心对蚕桑事业的热爱和振兴蚕桑行业的念头，即便遭受激烈的市场竞争，也毅然在国有企业改制基础上成立天虹丝绸，重新出发。第二，设计保证金制度。面对公司成立之初的艰难，在蚕农订购蚕种之后，杨慧君采用收取保证金的举措使农户更多考虑将蚕茧卖给天虹丝绸。明知道这可能会引起农民的犹豫和不满，但为了公司的生存，杨慧君只能冒险尝试。第三，不畏风险，按“约”收购蚕茧。在遭遇汶川大地震和金融危机时，公司顶着蚕茧价格大幅下跌的风险，按“约”收购全部蚕茧。在新冠疫情的冲击下，杨慧君向政府贷款 6000 万元继续建设新仓库。第四，建设新模式，扩大土地流转。将流转的土地返包给家庭农场主，天虹丝绸面对新的商业模式，具有较高经营风险，但为了能够流转更多土地，扩大公司经营，杨慧君将市中心繁华地段的土地卖出 2000 万元，使得流转土地顺利进行。

社会责任：天虹丝绸创始人的社会责任感的企业家精神随着商业模式的演进和时间推移，不断地强化。第一，积极吸纳农户、共育户子女。在天虹的整个发展历程中公司也吸纳了很多农户的子女成为正式员工，例如吴家收茧站的站长和他儿媳妇，员工李慧等。即便有些人开始还达不到天虹丝绸的用人标准，但是杨慧君愿意去栽培这些人，使之为公司创造更大的价值。第二，全心保障蚕农利益。杨慧君自始至终都保证蚕农的利益，不仅免收家庭农场主前两年的土地流转费，免费提供所有养蚕设施。而且坚持高于保底价格收购蚕茧，即便是遭遇地震、新冠疫情这类重大不可抗力的自然灾害，亦是如此。并且公司积极与保险公司、政府对接，三方共同建立保险机制，降低蚕农的养蚕风险。第三，全力支持家乡更好发展。用高标准，严要求打造现代产业体验园区的蚕旅融合品牌，2019 年吸引 15 多万名游客前来参观打卡，不仅为当地创收和增加就业，而且提高了涪城区的整体形象，传播了中国传统蚕桑文化。在与当地政府的良性互动下，涪城区顺利评为首批“四川省乡村振兴先进区县”。

启示：企业家是解决实践问题、提炼情境知识、形成本土优势的核心人物，具体到本案例而言，杨慧君长期导向下的不断创新、敢于冒险和责任担当，是天虹丝绸商业模式赖以构建和有效运行的内在驱动力和引导力，推动形成了难以模仿、难以替代的扎根本土所独有的竞争优势。它们促进了企业商业模式的机制设计和创新，使利益相关方能够紧密地嵌入一起，成为不可分割的整体。在商业模式运作中，应重视企业家精神发挥，利用企业家精神推动商业模式的演化和运行，使公司始终保持核心竞争力和商业模式效用最大化发挥，实现企业长期稳定发展。

另外，读者也可以通过天虹丝绸的商业模式进一步讨论企业商业模式的深层内涵。限于主题和篇幅，这里不再赘述。

五、背景信息

1. 天虹丝绸创始人杨慧君简介

杨慧君现任四川蚕桑业协会会长、涪城蚕协理事长、天虹丝绸董事长兼总经理。杨慧君出生于四川省绵阳市。1984 年，18 岁的杨慧君从蚕桑专业学校毕业之后被分配到四川绵阳的涪城区国有茧丝绸公司，担任一个由 200 多户人组成的“生产单位”养蚕技术指导员。凭借过硬的专业技术和刻苦钻研的精神，25 岁的杨慧君被任命为公司的技术部主任，紧接着一年之后成为绵阳市人大代表。在技术部门工作期间，她提出了采用农户负担得起的蚕皮纸架替代方案，并成为国内引进和改良日本方格簇的第一人。随后杨慧君又跑遍各乡镇，通过培训“布道”大力推广育蚕和桑树种植“一步到位”综合技术。蚕茧的产量和质量显著提高，杨慧君也在当地积累了很好的口碑。4 年之后，29 岁的杨慧君即被提拔为公司负责技术和生产的副总经理。2001 年，杨慧君在国企改制基础上创立绵阳天虹丝绸有限公司。

2. 天虹丝绸相关网站

蚕桑产业带村民致富 现代养殖升级“2.0”版，天虹丝绸专题报道

https：//mp.weixin.qq.com/s/PjraYPlth3ul3qPTbK46uw

绵阳天虹丝绸有限公司官方网站：http：//www.thsilk.com/about.aspx

绵阳天虹丝绸有限公司微信公众号：天虹丝绸

3. 天虹丝绸生丝生产流程，如图 8 所示。

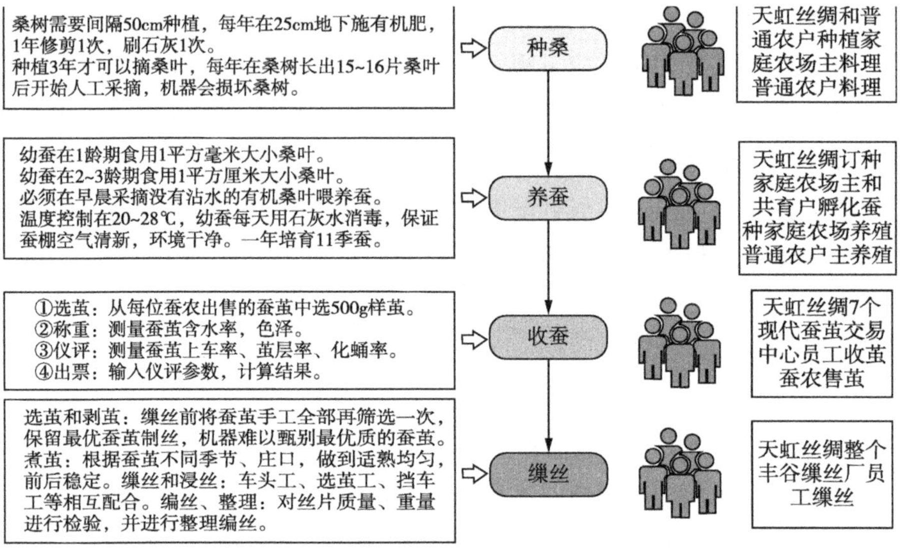

图 8　天虹丝绸 6A 品级有机生丝生产流程图[①]

4. 天虹丝绸组织架构，如图 9 所示。

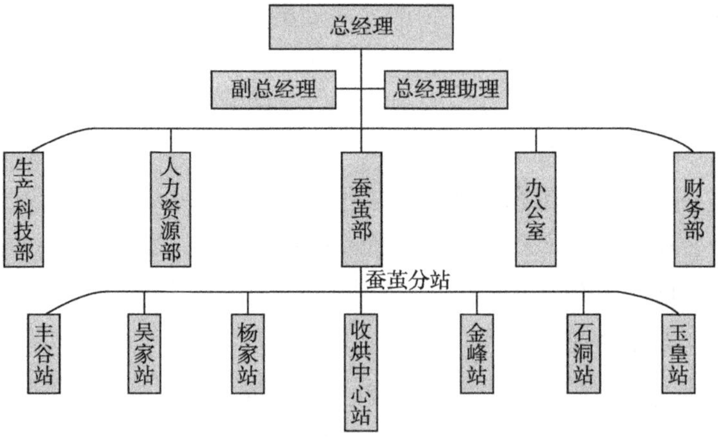

图 9　天虹丝绸组织架构

① 资料来源：团队整理。.

5.近5年采取“公司+家庭农场主+农户”模式的对比案例，如下表4所示。

表4 近5年采取“公司+家庭农场主+农户”模式的对比案例2

同省某县采用类似天虹丝绸的“公司+家庭农场主+农户”商业模式	桑树标准化现代农业园建设困难。该县将当地梯田改造成万亩桑田，但由于没有合理规划、技术欠缺、桑树管控不到位、配肥施肥不科学，导致水土流失严重、病虫害频发，难以生产高质量有机桑叶。
	养蚕：大户返包蚕桑园，生产效果不佳。政府组织农民流转土地，向天虹丝绸学习免费建造现代蚕棚。家庭农场主看到免费用房，将承包规模急剧扩大到300~500亩，随后才发现人手严重不足，临时雇佣除数量不足外，稳定性也很低。自身管理能力和技术水平跟不上，桑叶不能及时采摘，大片蚕桑园荒废，桑蚕大量死亡，亏损严重。
	售茧：公司与农户的蚕茧收购合同履行不到位。部分农户生产出蚕茧，不再遵守类似于天虹丝绸和农户间关于“严格将蚕茧卖给订种公司”的契约关系，而是出于当前利益考虑，只卖给出价最高的公司和茧贩子，无法建立长期信任。 大户定位不明确。某养殖大户认为自己羽翼已丰，解除与当地公司合约。但技术预见能力和协同管理能力跟不上，无法解决产业链上根深蒂固的关键问题。主要依靠价格策略收购蚕茧，收购价一度高达130元/公斤，但由于蚕茧质量良莠不齐，最后血本无归。
外省某农业所学习天虹丝绸模式	农业所学习天虹丝绸模式，收效甚微。某省农业所在天虹丝绸学习一个月之久，回去后承包2000亩土地经营蚕桑业。由于技术和管理上不到位，模式上缺乏利益机制和情感信任等运行基础，难以为继。最后请求天虹丝绸收购，公司认为缺乏当地农户基础，没有同意。

六、关键要点

（1）本案例利用商业模式与核心竞争力理论，通过探讨天虹丝绸为什么能够生产世界范围内顶级蚕丝所具有的商业模式竞争力，明白企业的护城河所在。

（2）本案例基于商业模式相关理论，对天虹丝绸“公司+家庭农场主+农户+X”进行详细分析，让学生对商业模式内涵进行深度思考，为后续理论学习做好准备。

（3）学生分析讨论天虹丝绸核心利益相关方的层层嵌入，发现天虹丝绸是如何使核心利益相关方成为商业模式的重要组成部分，引导学生分析利益相关方的交易结构，进一步解释天虹丝绸商业模式的构建过程。

（4）结合商业模式理论和企业家精神理论，启发学生认识到商业模式中的利益相关方是如何嵌入一起的，启发学生思考商业模式的成功，除了机制设计之外，还可能与企业家精神、生态系统的情感连接程度有密切关系。

七、建议的课堂计划

本案例可作为单独的案例课程使用，根据案例教学的时间限制 90 分钟，建议采取如表 5、表 6 的课堂计划安排，仅供参考。

（1）课堂提问设计

表 5　课堂提问设计与逻辑

<table>
<tr><td rowspan="3">引导问题
（案例导入）</td><td>1. 你认为企业成功的因素是什么？</td></tr>
<tr><td>2. 谈谈你对于企业商业模式的认识？</td></tr>
<tr><td>3. 你了解现代农业企业采取哪些商业模式？</td></tr>
<tr><td rowspan="4">启发思考题
（小组分析）</td><td>1. 在蚕桑行业中，为何天虹丝绸能够生产出全球范围内质量与价格最高的生丝，其商业模式的竞争力是什么？</td></tr>
<tr><td>2. 如何从利益相关方理论分析天虹丝绸的商业模式及其交易结构演化？</td></tr>
<tr><td>3. 天虹丝绸的商业模式为何能把核心利益相关方“+”起来？</td></tr>
<tr><td>4. 企业家精神对商业模式的构建与运行起到什么作用？对其他企业有何启示？</td></tr>
<tr><td>课后思考题
（个人报告）</td><td>现实生活中有哪些企业具有相同的商业模式，但是企业竞争力却差异明显，从利益相关方的视角思考这是为什么？</td></tr>
</table>

（2）案例学习计划

表 6　建议课堂学习计划

<table>
<tr><th>课堂计划</th><th>学习任务</th><th>教学活动</th><th>时间安排</th></tr>
<tr><td rowspan="2">课前准备</td><td rowspan="2">准备工作</td><td>①发放教学案例，并要求学生认真思考问题启示。</td><td>一周前</td></tr>
<tr><td>②预习相关理论章节知识，对其中重点概念进行了解。</td><td>1 天前</td></tr>
<tr><td rowspan="4">课中学习</td><td>教师提问</td><td>提出 3 个引导问题，结合回答情况，将学生引入本案例。</td><td>10 分钟</td></tr>
<tr><td>小组分析</td><td>将班级分成 3~5 个小组，每个小组深入分析讨论案例中的四个启发思考题。</td><td>20 分钟</td></tr>
<tr><td>课堂讨论</td><td>老师根据案例内容和教学要求，向学生进行提问和追问，然后引导学生相互交流。</td><td>35 分钟</td></tr>
<tr><td>教师总结</td><td>根据课堂讨论情况做出总结，并根据理论与实际案例做出进一步的分析，引导学生如何解决实际问题。</td><td>25 分钟</td></tr>
<tr><td>课后作业</td><td>个人报告</td><td>同学根据课堂学习内容，从问题启示出发，撰写案例学习个人报告，3000 字以上。</td><td>课后 1 周内完成</td></tr>
</table>

（3）板书设计

教师通过教学目标和课堂相关讨论形成板书设计，并深入总结理论指示单，如图 10 所示，仅供参考。

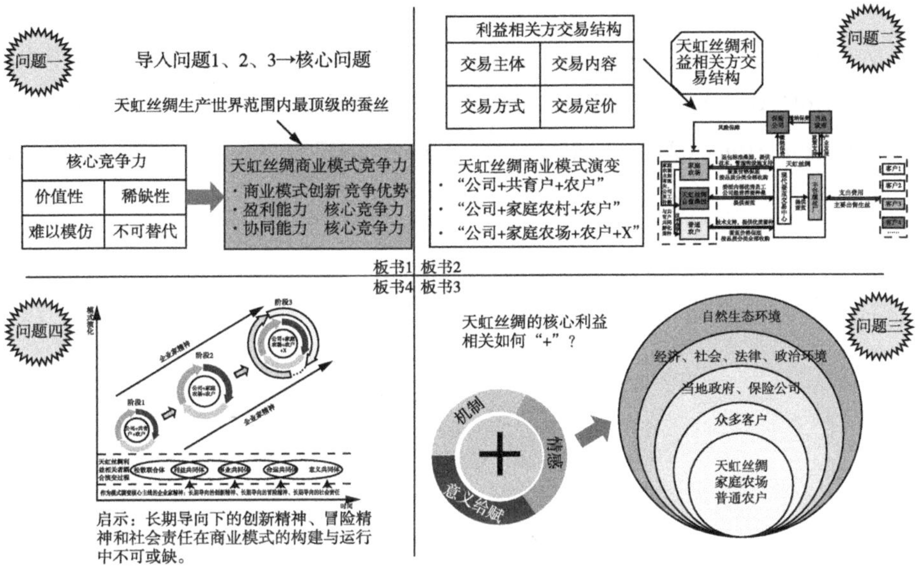

图 10 板书设计

八、参考文献

［1］Aidis R，Estrin S，Mickiewicz T . Institutions and entrepreneurship development in Russia：A comparative perspective［J］. Journal of Business Venturing，2008，23（6）：656—672.

［2］Barney J，Barney J，Barney J B，et al. Firms resource and sustained competitive advantage. 1991.

［3］Freeman R E. Strategic Management：A Stakeholer Approach，Boston，MA：Pitman. 1984.

［4］Mitchell R K，Agle B . Toward a Theory of Stakeholder Identification and Salience：Defining the Principle of who and What Really Counts［J］. Academy of Management Review，1997，22（4）：853—886.

［5］Magretta J . Why business models matter.［J］. harv bus rev，2002，80（5）：

86—92.

［6］Osterwalder A，Pigneur Y，Tucci C L. Clarifying business models：Origins，present，and future of the concept［J］.Communications of the Association for Information Systems，2005，16（1）：1—25.

［7］Prahalad C K，Hamel G . The Core Competence of the Organization. 1990.

［8］Zott C，Amit R. Business Model Design and the Performance of Entrepreneurial Firms［J］. Organization Science，2007.

客户需求“变化不定”——ODM公司如何有效管理①

案例正文

摘要： W公司是国内领先的ODM（Original Design Manufacture，原始设计制造商）公司，X公司是国内某电子产品品牌企业，X公司委托W公司为其研发、设计并生产一款便携式笔记本电脑。在该笔记本电脑ODM项目的执行过程中，W公司经常面临X公司的产品需求变更，从而导致项目进程滞后。本案例以W公司的笔记本电脑ODM项目为例，提出了一种基于消费者、品牌企业和ODM公司视角的层次分析需求变更评估模型，为ODM公司解决项目需求变更的管理问题提供参考与借鉴。

关键词： ODM公司；需求变更评估；层次分析法；需求变更管理

引言

X公司是国内某电子产品品牌企业，主营业务是手机及周边产品的研发与生产，为了提升品牌竞争力，准备进军笔记本电脑市场。X公司现有的内部资源有限，所以无法组建自己的笔记本电脑研发项目团队，找合适的ODM厂商为其实现产品的研发、设计与生产是其最佳的选择。W公司是国内领先的ODM

① 1. 本案例由深圳大学管理学院的李彤、张静、邱雪林、周思佳撰写，作者拥有著作权中的署名权、修改权、改编权。2. 本案例授权中国管理案例共享中心使用，中国管理案例共享中心享有复制权、修改权、发表权、发行权、信息网络传播权、改编权、汇编权和翻译权。3. 由于企业保密的要求，在本案例中对有关名称、数据等做了必要的掩饰性处理。4. 本案例只供课堂讨论之用，并无意暗示或说明某种管理行为是否有效。

公司，双方经过商务洽谈，于 2018 年 3 月中旬签订了合作协议，并将该笔记本电脑 ODM 项目命名为“T 项目”。

在 T 项目中，W 公司作为 ODM 公司，要根据 X 公司的产品需求，研发、设计并生产一款便携式笔记本电脑。在 T 项目的执行过程中，X 公司的产品需求频繁变更，经常导致 W 公司的工作内容大幅度调整，重大的需求变更甚至会导致前期工作全部推翻重来。因此，W 公司如何评估 X 公司的产品需求变更，并采取有效的措施来管理需求变更，是 T 项目能够成功的关键。

一、W 公司简介

（一）W 公司背景

W 公司是国内领先的移动终端和智能硬件生态产业平台，业务领域包含移动终端、虚拟现实、智能硬件、笔记本电脑、汽车电子、车联网等物联网领域的研发、设计以及智能制造，客户分布在全球各地，与行业内大多数的品牌企业保持着深度的合作关系，其服务覆盖了全球 170 多个国家和地区。W 公司服务的客户均为全球主流移动电子产品品牌。

W 公司及下属的研发中心均为国家高新技术企业，坚持产学研相结合的方向，坚持研发先导战略，在全国建立四大研发中心，分别是深圳研发中心、上海研发中心、西安研发中心、嘉兴智能制造中心，研发人数超过 2000 人，拥有行业领先的研发和测试实验室，具备非常强的软硬件开发和专业测试等研发实力。

（二）W 公司管理架构

W 公司实行扁平化架构管理模式，总经理下面设立各平台部门，研发部门下面设立各产品事业部，每个事业部管理一支专业的产品研发队伍。大部分软件工程师直属于研发部，按每个事业部的项目需求情况进行资源分配。

W 公司管理架构如图 1 所示。

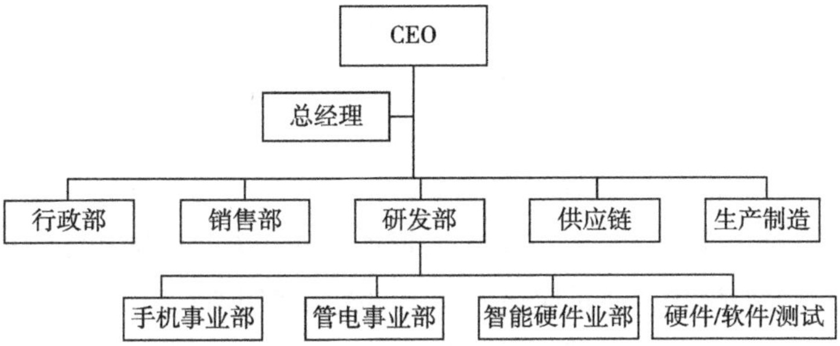

图 1　W 公司的组织结构图①

二、W 公司 T 项目进展情况会议

W 公司应 X 公司的要求，召集了面对面的关于 T 项目进展情况的沟通会议。W 公司 T 项目团队的项目经理 Sarah、产品经理 Muphy、结构专家 David、硬件专家 Stephen、客户经理 Alin 与 X 公司 T 项目团队的项目经理 Tim、产品经理王五、结构专家李工出席了本次会议（见表 1）。

表 1　T 项目进展情况会议参会人员②

	项目经理	产品经理	结构专家	硬件专家	客户经理
W 公司	Sarah	Muphy	David	Stephen	Alin
X 公司	Tim	王五	李工		

（一）产品定义变更

会议开始后，Tim 首先提到目前 T 项目进展缓慢，竞争对手的产品即将上市，因此必须加快 T 项目的进度。接着，王五说道：“针对笔记本电脑的产品定义（Production Definition，简称 PD），公司内部有了更多新的想法。”大家看着投屏，听王五讲解更新后的 PD。

针对新 PD 中提到的第一处变更：增加红外线人脸解锁功能，双方展开了讨论。王五说：“目前市场中的笔记本电脑都是传统形态，不具备红外线人脸解锁功能。既然我们要做全新形态的笔记本电脑，就要有新创意出来。如果我们

① 图 1 来源：W 公司内部资料。

② 表 1 来源：W 公司内部资料。

的新品牌笔记本电脑与联想、华硕、戴尔等消费者熟知的大品牌笔记本电脑没有差异，就很难在市场上站稳脚跟。”

W 公司 T 项目团队成员都倒吸了一口冷气，这完全是要将前期评估工作完全推倒重来，原来的项目进度不可能守住，而且产品成本会完全超出预估，但是谁都没有出声。这时，Tim 反问道：“增加红外线人脸解锁功能的成本由谁来负责？我们是要差异化，还是应该考虑该功能的实用性？”

王五一直强调增加红外线人脸解锁功能是向 X 公司领导高层汇报过的，而且这个功能一定要实现，这让 Tim 没有再出声。王五紧接着要求 W 公司对该需求变更进行评估，Sarah 回答：“针对增加这个新功能，我们先让内部评估，届时看成本和交付情况再做进一步讨论。先进入下一个问题吧。”

（二）硬件需求变更

王五继续陈述：“目前市场上还没有高通平台的笔记本电脑，我们既然要做 Android 系统的 PC，就需要更加成熟的平台。骁龙 850 是全新的平台，存在太多不确定性因素，我们担心会影响用户的使用感，而骁龙 845 在各品牌高端系列手机上一直有大批量出货，相对而言更加稳定，所以我们想要删除骁龙 850，只保留骁龙 845。”

Stephen 嘟哝着小声说了句，“前期我们的建议就是骁龙 845，不要考虑兼容 850 了。现在又改回去，那我们硬件 PCB[①] 前期做的工作不都白做了。”此时，坐在 Stephen 旁边的 Sarah 用手肘碰了碰他，暗示别激怒了客户。站在 Sarah 的角度，删除的工作量比变更或者增加的工作量要小得多，而且这一需求的变更不会影响项目的进度和成本。

（三）结构设计变更

王五见大家没有异议，继续说：“我们需要增加 1 个 I/O 接口，由原来的 1 个增加到 2 个。我们做过用户调研，大多数用户认为 1 个接口不够，尤其是使用外接硬盘的用户。另外，手机偶尔也需要 1 个 USB 接口充电，有的用户鼠标是接线使用的，也需要 1 个接口。如果将接口增加到 2 个，新增接口的位置是

① PCB（Printed Circuit Board），中文名称为印制电路板，又称印刷线路板，是重要的电子部件。几乎每种电子设备，小到电子手表、计算器，大到计算机、通信电子设备，只要有集成电路等电子元件，为了使各个元件之间的电气互连，都要使用电路板。

不是会对 PCB 的位置有所影响？”

David 回答：“目前的设计方案不支持再增加 1 个接口。贵公司对产品厚度的要求很高，在目前的厚度要求下，没有位置再增加 1 个接口了。”

这时，Tim 说：“厚度问题与我们公司的结构专家李工探讨。我们希望在厚度问题能够解决的情况下，不会影响项目的进度，因为我们不想影响产品的上市时间。”随后，David 和李工去到另一间会议室讨论结构设计图。经过两个多小时的激烈讨论，最后达成了一致意见。将其他器件的位置做了挪动，留出仅存的空间在左边增加了 1 个接口位置。

（四）新增附加功能

接着王五又提出增加白平衡传感器和指纹解锁功能，会议室顿时炸开了锅。同为产品经理的 Muphy 说：“增加这些功能毫无意义，还会导致成本增加。我们要做的是笔记本电脑，而不是什么 IOT（智能家居）类的东西。正常电脑屏幕的光亮是可以支持摄像头识别的，为何一定要再增加一个传感器？如果已经有了人脸识别，建议就不要再增加指纹解锁了，因为这些都是需要高成本的。我们的产品定位是放在行业最高端吗？销售价格难道要比苹果笔记本电脑贵吗？”

Sarah 马上附和 Muphy 的观点，说：“我们做过很多大品牌的笔记本电脑 ODM 项目。从以往成功的项目来看，没有哪一个品牌客户会这样肆无忌惮地将成本置之不顾。一味地谈新理念、新想法是不能让这个产品最终取得成功的。就算是想走差异化路线，产品的成本竞争力也不能不顾啊！对于消费者来说，人脸识别解锁和指纹解锁有一个就足够了，目前大部分消费者还是采用传统密码来解锁呢。”

Alin 看到这种不能达成一致意见的僵局，陷入了沉思。作为客户经理，客户需求永远要放在第一位，但是如此大的变更需求要如何满足呢？作为 ODM 项目，客户需求是不是应该要深入评估后才能决定到底要不要执行？还是我们只要满足了品牌客户的需求就行了？也许商务报价上可以加钱，但是加了钱我们这个项目就能赚钱吗？如果后续最终产品卖得不好的话，恐怕双方都要面临亏损。项目才刚刚开始，如果没有好的需求变更管理措施和方案，恐怕这个项目最终会“难产”，甚至会“流产”。

三、W 公司 T 项目需求变更研讨会

X 公司需求的频繁变更导致 T 项目进程大幅度延迟，W 公司的项目经理 Sarah 目前面临的最大难题是如何管理这些需求变更，保证笔记本电脑的按时交付。W 公司笔记本事业部作为独立的财务核算部门，需要对项目的成败和盈亏直接负责。事业部总经理 Hanry 也非常着急，于是召开了针对 T 项目需求变更情况的研讨会。总经理 Hanry、项目经理 Sarah、产品经理 Muphy 和客户经理 Alin 参加了此次会议（见表 2）。

表 2　W 公司 T 项目需求变更研讨会参会人员 ①

总经理	项目经理	产品经理	客户经理
Hanry	Sarah	Muphy	Alin

Sarah 首先对 T 项目客户需求变更的大致情况做了陈述。“T 项目原本是 3 月份立项，最终却延迟到 4 月初。从前期的项目沟通，到 4 月初项目立项，以及后面 6 个月的产品研发，X 公司的需求一直在发生变更，大部分是对硬件、软件需求的变更，少部分是关于产品本身技术问题、原材料不满足需求、内部设计等问题的变更请求，这些变更都不同程度地影响了项目范围、进度、成本以及项目质量。” Sarah 加重了语气，继续陈述。“目前 T 项目进度严重延误，在这种情况下，X 公司仍有变更需求。对客户这么多的需求变更应该如何进行分析和评价，如何与客户达成共识，从而避免盲目、被动地应付项目的需求变更？这都是目前急需整改的地方。客户这么多的需求变更适合采用什么方法来进行分析呢？分析后的结果又该如何进行优化实施呢？”

Muphy 率先对 Sarah 的提问进行了回答。“目前市场竞争激烈，客户的竞争对手已经发布了更加轻薄的笔记本电脑，而且产品的价格也很有竞争优势。客户想做更有竞争力的产品，势必就需要从各方面进行优化改进。对客户需求变更的管理不能只基于客户视角，还需要考虑市场以及消费者视角。”

Sarah回答：“我们项目组已经采用鱼骨图法分析了变更的主要原因，得出的结论是变更主要来自客户端。我们是否应该换个视角进行分析？因为不同的视角对同一个变更的评估可能是不同的，比如消费者、品牌企业和 ODM 企业

① 表 2 来源：W 公司内部资料。

对同一个需求的看法就不同。那么，用什么方法来分析更合适呢？”

Alin 回答：“客户的变更清单里面涉及到的领域很多，是不是应该建立一个对需求变更进行综合评价的思路？不同领域、不同视角是不是应该有不同的层次和评价指标？这可能需要各领域的专家参与讨论后，给出这些指标才行。如果指标有了，那么我们就可以建立一个综合评价模型来进行分析了。你们觉得呢？”

Hanry 回答：“在产品的研发、设计和生产过程中，需求不断地被提出，从而导致需要对原本的产品设计进行变更。这个过程中，就需要对所有的变更需求进行识别、归类和分析。针对这种需求变更的分析方法有很多，例如层次分析法、可拓评价法等。Alin 刚刚提到的分析属于多目标综合评价，可以用层次分析法来进行，这是一种定性与定量相结合的方法，分析的结果应该可以给项目组和客户一个比较可靠的参考，大家容易达成一致。但是这是一套体系，层次分析法如何应用可能还需要给大家进行一次系统的培训。”

Sarah 继续说：“T 项目继续延误下去势必会失败，我们还有机会扭转。如果这套体系建立好了，不仅可以给 T 项目提供参考决策，而且对公司的其他 ODM 项目也有非常大的参考价值。我认为培训势在必行，我可以联系行政和人力部门准备培训事宜。”

Muphy 说：“采用层次分析法来评估品牌企业客户的需求变更，最后的分析结果应该是非常具有决策参考意义的。我们赶紧开始安排，争取尽早构建出一个笔记本电脑 ODM 项目的综合评价模型。”Sarah 继续说道：“OK，那就这样办。我们马上安排培训，将 T 项目的所有变更用层次分析法进行系统分析。”

最后，W 公司笔记本电脑事业部的领导们一致决定采用层次分析法对 T 项目的需求变更进行有效的评估、分析与管理，以加快 T 项目的进度，保证笔记本电脑新形态产品如期交付。

四、尾声

W 公司 T 项目团队成员经过培训后，虽然对层次分析法有了更深刻的理解，但还有一些问题需要解决：从消费者、品牌企业和 ODM 企业视角出发，T 项目现在有哪些评价准则？要如何划分层次？如何定义评价的指标要素？

项目经理 Sarah 通知了领域专家 Sam、产品经理 Muphy 等 T 项目团队成员，下一次会议将就如何构建一套适用于笔记本电脑 ODM 项目的评价指标层次结构展开讨论。这又将是一个不眠之夜……

How does ODM Company Manage Effectively the Customer's Requirements Change

Abstract: Company W is a leading domestic ODM (Original Design Manufacture) company, and Company X is a domestic brand enterprise of electronic products. Company X entrusts Company W to develop, design and produce a portable notebook computer for it. During the implementation of the ODM project, Company W was often faced with the product requirements change of Company X, which led to the lag of the project process. Taking the notebook ODM project of Company W as an example, this case proposes a hierarchical analysis of requirements change assessment model based on the perspective of consumers, brand companies and ODM companies, which provides reference for ODM companies to solve the management problem of project requirements change.

Key words: ODM Companies; Requirements Change Assessment; Analytic Hierarchy Process; Requirements Change Management

案例使用说明

一、教学目的与用途

1. 适用的课程及对象

本案例主要适用于《项目管理》课程中项目需求变更管理相关方面教学，教学对象可以是经营管理人员、项目经理、工程技术人员、硕士生，尤其是项目管理硕士 MPM 或工商管理硕士 MBA。

2. 教学目的

随着客户需求的多样化，企业的客户需求管理能力成为了企业赢取竞争优势的有利手段，而在项目管理实践中，其最困难的是项目需求的不确定性，几乎所有失败的项目，都与此有关，管理好项目需求的不确定性风险，是项目成功的根本保障。本案例教学目的在于使学生在了解 W 企业项目需求变更管理实践的基础之上，使学生理解如何在实际项目管理中，控制需求变更，减少不确定性，降低项目风险，从而提高学生不同场景下分析和解决实际问题的能力。

3. 知识要点

- 项目需求变更管理
- 项目需求变更评估方法
- 项目需求变更控制的原则
- 项目需求变更管理流程
- 层次分析法

二、启发思考题

1.W 公司的产品和服务市场有什么特征？ W 类型的公司客户需求能不变更或少变更吗？如果不能，需要变更的最主要原因是什么？

2. 如果需求不得不变更，管理需求变更的关键环节你认为是什么？关键环节中的关键要素又是什么？

3. 什么是项目需求变更管理？对于项目需求变更有哪些评估方法？各有什么特点？

4. 你认为变更管理的原则应该是什么？流程应该是怎样的？ W 公司该如何突破项目需求变更管理困境？

5. W 公司的需求变更管理给同类企业带来怎样的启发？

三、分析思路

教师可以根据自己的教学目标（目的）来灵活使用本案例。这里提出本案例的分析思路，仅供参考（见图 1）。本着由浅入深、层层递进的分析思路，教师可以先引导学生结合案例情景讨论企业所具有的行业特征，由此确定项目需求变更内容，并在此基础之上引导学生思考项目需求变更管理的评估方法，然后再引导学生分析案例公司出现问题的原因，思考项目需求变更管理原则和流程优化问题，最后在分析的基础之上，引导学生思考 W 公司走出项目需求变更管理困境的解决方案。

四、理论依据及分析

（一）理论依据

本案例的理论依据需求变更管理原则和变更流程管理。下面将介绍与本案例相关的几个关键知识点，有关理论和方法的详细内容可参考如下：

✓《项目管理知识体系指南：PMBOK 指南》（= A guide to the project management body of knowledge：PMBOK guide），（美）Project Management Institute 著，电子工业出版社 2013 年版。

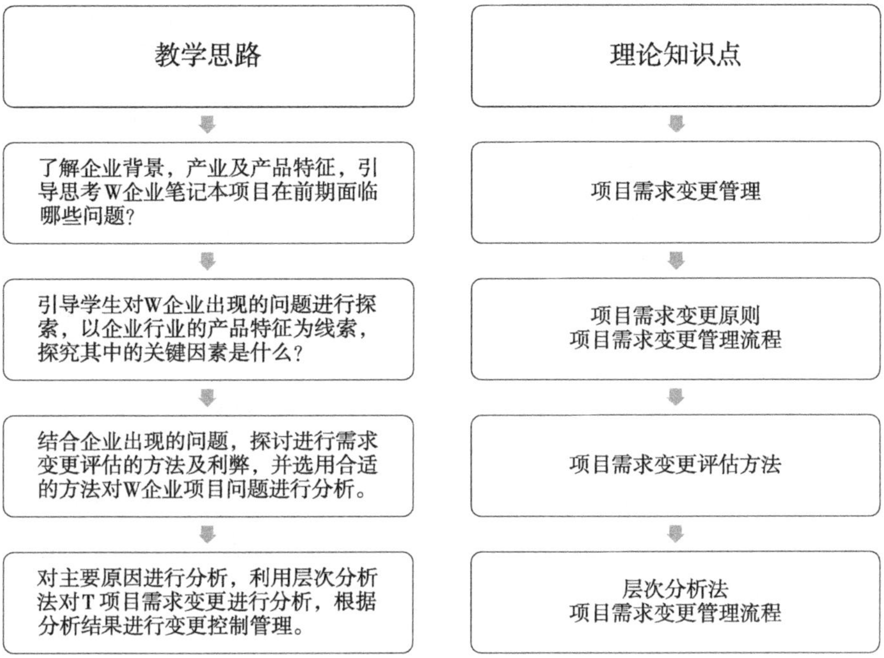

图1　案例分析思路流程图①

✓《PMBOK指南》解析与实践（Bringing the PMBOK guide to life：a companion for the practicing project manager），（美）Frank P. Saladis，Harold Kerzner著，人民邮电出版社2013年版。

✓《项目管理》，主编康乐，张莉，北京大学出版社2015等。

1. 变更管理的原则

（1）建立需求基线。需求基线是需求变更的依据。在开发过程中，需求确定并经过评审后（用户参与评审），可以建立第一个需求基线。此后每次变更并经过评审后，都要重新确定新的需求基线。

（2）制订简单、有效的变更控制流程，并形成文档。在建立了需求基线后提出的所有变更都必须遵循这个控制流程进行控制。同时，这个流程具有一定的普遍性，对以后的项目开发和其他项目都有借鉴作用。

（3）成立项目变更控制委员会（CCB）或相关职能的类似组织，负责裁定接受哪些变更。CCB由项目所涉及的多方人员共同组成，应该包括用户方和开发方的决策人员在内。

① 图1来源：作者自行整理。

（4）需求变更一定要先申请然后再评估，最后经过与变更大小相当级别的评审确认。

（5）需求变更后，受影响的软件计划、产品、活动都要进行相应的变更，以保持与更新的需求一致。

（6）妥善保存变更产生的相关文档。

2. 需求变更管理流程

需求变更管理流程包括三个阶段：变更提出、变更评估、变更控制实施。

1）变更提出

变更提出一是来自外部的变更要求，如客户要求修改工作范围和需求等；二是开发过程内部的变更要求，如为解决测试中发现的一些错误而修改甚至重新设计等。比较而言，最难处理的是来自外部的变更要求，特别是新产品开发项目需求变更的概率大，引发的工作量也大（特别是到项目的后期）。

2）变更评估

A. 变更评估方法

变更评估方法多种多样，评估的目的是确定变更合理性的优先级。常用的方法有如数字排序法（三分法）、KANO 模型、维格斯法（WIEGERS’ Method）和层次分析法（AHP）等。

数字排序法（三分法），需求可分为强制型（Mandatory）、满意的（Desirable）、非必要的（Inessential）三种类型。此方法优点是简单易行。缺点则是每个用户给出评估值的逻辑可能不一致，最终结果可信度不高。

KANO 模型，定义了三个层次的顾客需求：基本型需求、期望型需求和兴奋型需求。这三种需求根据绩效指标分类就是基本因素、绩效因素和激励因素。该方法更适合客户自主研发的产品，而非 ODM 厂商。

维格斯法（WIEGERS’ Method），分为四个纬度进行评估：实现需求给客户带来的收益（Benefit）、不实现需求给客户带来的损害（Penalty）、实现需求所需要耗费的成本（Cost）、实现需求的风险（Risk）。其中收益和损害是从客户角度出发，而成本和风险则是从实现角度出发。此方法优点是每个用户都是通过四个纬度的分析，逻辑清晰。缺点则是有效性缺乏验证，结果仍不够可信。

层次分析法（AHP），它是一种定性和定量相结合的、系统化、层次化的分析方法。AHP 通过分析复杂问题包含的因素和其相互之间的联系，将问题分解为不同的目标或者准则，并将这些准则分解归类到不同的层次中，从而形成层次结构。在每一层次中按某一指标或者规则对该层次的要素进行对比，建立判断矩阵，通过计算判断矩阵的最大特征根和对应的正交化特征向量，得出该层次要素对该准则的权重，在这个基础上计算得出各层次对于总体目标的组合权重，从而得出不同的方案权重值，为选择最优的方案提供依据。此方法优点是具有系统性，简单实用，所需定量数据信息较少。缺点则是不能提供出新方案，定量数据较少，定性成分多，不易令人信服，权重难以确定，计算比较复杂。

B. 变更评估需要考虑的因素如下：

（1）变更是否会影响工作范围、成本、工作质量和时间进度？

（2）是否会对工种设备和工具产生影响？

（3）会对零部件和成品库存产生什么样的影响？

（4）在产品开发项目中，变更会不会影响开发产品的形式、通用性和功能？

（5）变更会使产品在市场中更受欢迎还是被抵制？

（6）变更是否会影响投资回报率和净现值？如果答案肯定，那么项目在这一投资回报率和净现值水平上是否可行？

（7）如何证明变更是合理的？是竞争优势所需求的，还是某些规定的强制要求？其商业必要性是什么？

（8）变更是为使项目回归原来的轨道所需要的，还是项目已偏离原定目标过远？这一变更不仅用来记录我们当前所处的位置，同时用作一条跟踪未来进展的基准线。

3）变更控制实施方法

针对不同的情况，对于项目变更也有不同的控制方法：

情况 A：绩效固定

绩效固定时，成本可以看作是一个时间的函数。值得注意的是，在目标时间内完成项目所需的成本往往比预算成本要高，这可能是由于为了在目标时间内完成工作而额外增加了资源或加了班，而由于时间延迟所增加的加班会导致总成本逐渐提高。

情况 B：成本固定

成本固定时，绩效可以作为时间的函数，绩效水平的高低也往往决定是否改变项目的时间计划。如果成本固定，项目经理首先要仔细研究项目的合同，合同中对于要求达到的绩效水平必须有清晰的规定，对于包含什么不包含什么必须陈述清楚。密切注意由于客户需求变化或者额外要求发生的成本，有助于减少成本超出计划的可能性。

情况 C：时间固定

在时间固定的情况下，成本会随着绩效而改变。在目标成本下，如果绩效能够保持在 100% 的水平，为了保证项目按时完成，承包商可能会要求降低绩效，额外成本就会发生，也就是说绩效的降低将意味着对客户方面信誉的下降，也将会对公司以后的商业行为产生影响。时间因素的另一个方面就是对时间变更的“早期警告”，这种做法经常会降低因时间变化而对客户造成的损失。

情况 D：没有约束是固定的

另一种常见情形是时间、成本和绩效都不固定，即可以在不同的绩效水平上进行成本和时间平衡。承包商有不同的成本路径可以达到期望的时间和绩效限制，而最终路径的选择依靠承包商愿意承受风险的大小。

（二）分析及结论

1. 笔记本电脑产品项目特点分析

1）笔记本电脑及产品的特点

笔记本电脑的组成电子器件种类繁多，包括 CPU 及芯片组、LCD 屏、储存器、输入输出设备等各类电子元器件，且各类器件其本身也各具特点。首先，笔记本电脑基于 PCBA 的设计整合技术强，属于知识、技术密集型产品；其次，其外形性能设计要求高，追求便携轻薄、散热性好；零部件质量要求较高，其供应商讨价能力较强，成本问题较难控制；最后，笔记本电脑的整合性较强。在设计和制造方面，笔记本电脑其实和其他的消费类电子产品类似，为达成最初产品功能、价位的设想定位，ODM 厂商在开发新的机型之前必须要考虑到采用最适合的芯片组平台，电脑品牌厂商在确定好产品价格定位、功能模块之后，会交给电脑 ODM 制造商，将产品主板的结构设计图、线路原理图交给他们的研发部门去设计。

2）笔记本电脑 ODM 项目的特点

在 ODM 模式下，笔记本电脑研发项目同样具有传统项目的基本特征，但总体相对来说还是会有一些不一样。笔记本电脑的 ODM 研发项目具有以下几个明显特点：

（1）笔记本电脑更新换代过快，决定了生命周期较短，从而笔记本电脑 ODM 项目进度便非常紧凑。

（2）目前消费者的需求越来越多样化，品牌笔记本厂商不断推出新的产品种类以便更好地满足市场消费者的需求，一轮又一轮的产品开发竞争被引发起来，使得产品的品类数翻倍增长，因此笔记本电脑因产品种类多而要求大量的项目同时进行。

（3）就笔记本ODM而言，目前出货总量90%以上的市场份额由前5大ODM占据。目前笔记本电脑品牌之间竞争空前激烈，市场规模不断扩大，使得笔记本电脑品牌商对委托的ODM厂商提出了更高的要求，包括响应速度、成本价格、产品种类多样化和产品质量等要求，对交付期的要求更高。

根据以上分析可知，速度是T项目成功与否的一个核心关键因素，因此客户项目变更管控方法以“情况C：时间固定”为主，又由于竞争激烈，市场变幻莫测，管控方式也需要在绩效、时间、成本中综合平衡，即“情况D：没有约束是固定的”的条件下进行变更管理控制。

2. 分析项目需求变更问题的主要原因

作为ODM公司，W公司在这个项目中，主要需求是来自客户。根据客户的产品定义需求，W公司进行研发设计。在研发设计中，客户提出的任何产品定义变更，都会影响前期工作内容变更，重大变更甚至导致前期设计工作全部推翻重来。所以，客户的产品定义需求变更如何把控，是这个项目成功的关键之一。

根据T项目变更记录表（详见附件1）可以看出，外部需求变更贯穿整个项目过程，多为对硬件、软件需求的变更。图2是按照T项目变更记录表中的更新责任人统计的需求变更数量。其中，王五为品牌企业T项目的产品经理，对产品需求提出的变更属于重要变更，会直接影响产品的定义和研发结果。

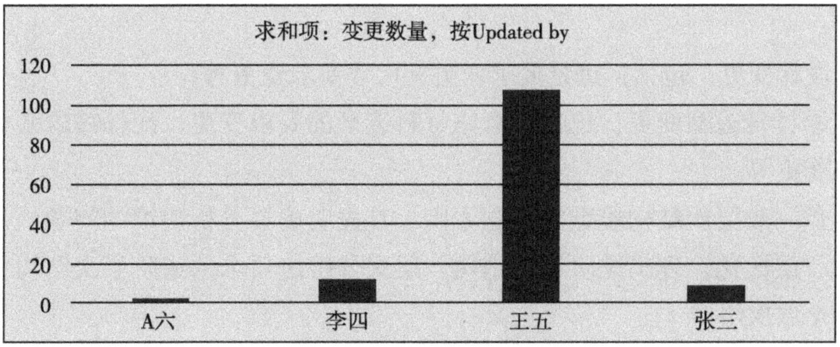

图2　T项目变更统计图[①]

① 图2来源：作者自行整理。

在 T 项目变更记录表中，大于 80% 的变更都是客户需求变更，少部分变更为产品本身技术问题或原材料不满足需求或是内部设计的小变更请求。产品经理王五提出的重要产品需求变更占到了 T 项目需求变更总次数的 90% 以上。由此可见，在需求变更管理问题中，特别是在新产品开发过程中，客户需求变更管理是项目管理中的重要环节之一。

3. 基于层次分析法的需求变更评估分析

通过以上分析得知，品牌企业的需求变更是项目问题的主要原因，而且变更的需求根据 ODM 项目的特点，需要从三个方面来看，一是最终消费者，二是品牌企业，三是 ODM 厂商，如 W 企业等。项目的成功是品牌企业和 ODM 厂商的共同目标，但实践中品牌企业有些需求的变更，不一定对最终消费者有利，这就需要 ODM 厂商最后说服和提醒品牌企业；另一些需求虽然有利于最终消费者，但工艺成本等限制是品牌企业所不理解或理解不透的。怎么解决这个问题呢？通过实践，最后确定是由品牌企业和 ODM 厂商共同制定一个从消费者、品牌企业和 ODM 厂商三个视角的多目标层次评价体系，构建评价模型来对不同的需求变更进行评估，确定优先级，管理控制好需求变更，降低项目失控风险。

1）构建需求变更评价指标体系

首先对 T 项目变更记录表进一步分析，可以归纳出以下几个类型的重要需求变更：

a. 软件需求变更，包括：人脸识别技术增加；各种 Sensor 传感器需求增加和变更；IR 红外识别功能增加等；

b. 硬件需求变更，包括：外观变更；LCD 屏尺寸要求变更；电池容量大小变更等；

c. 设计变更，包括：重量要求变更；尺寸要求变更等；

d. 原材料选型变更，包括：对原材料选型的要求变更；配件需求变更；功能要求变更等。

遵循一般层次结构模型的建立原则，首先明确要分析决策的问题，并把它条理化、层次化，理出递阶层次结构。层次分析法要求的递阶层次结构一般由以下三个层次组成：

✓ 目标层：最高层，指的是问题的既定目标

✓ 准则层：中间层，指的是影响目标实现的准则

✓ 措施层：最低层，指的是促使目标实现的措施

传统的产品概念方案的评价中，一部分产品概念规划考虑不够全面，虽然包含了客户需求的评价指标，但缺乏设计相应的指标特点来反馈客户角度需求的想法。而根据ODM模式下笔记本电脑设计的主要特点，ODM笔记本电脑项目的评价应该从ODM厂商、消费者和品牌企业多角度对评价指标进行分析，对ODM模式下笔记本电脑产品项目的评价指标体系进行全面总结。

（1）ODM厂商角度的评价指标体系

站在ODM厂商的角度来建立需求变更评价指标，应分为技术的可行性和经济性，技术可行性包括产品结构设计复杂性、生产制造可行性和装配后的功能性能等问题，而技术经济性则包括成本管控和利润。

（2）消费者角度的评价指标体系

消费者角度对电子产品的评价指标主要分为整体使用性能、外观结构设计便携性和特点鲜明性。其中整体使用性能又包括了产品的可靠性、传感器连接性能、使用感等，而外观结构设计便携性又包含了外观的色彩和材料要求是否合适，外观是否独特协调，颜色和色调是否与功能一致，视觉色彩感和手感是否足够稳定等。

（3）品牌企业角度的评价指标体系

从品牌企业角度进行评价，一般要考虑包括终端消费者需求特点以及ODM厂商的生产特点。产品需求计划的评估包括产品品牌特征、产品规格设计，包括软硬件规划、市场和消费者需求、价格范围和产品上市时间点（进度）。

2）构建判断矩阵并赋值

根据递阶层次结构很容易构造判断矩阵。构造判断矩阵的方法：每一个具有向下隶属关系的元素（被称作准则）作为判断矩阵的第一个元素，放置于左上角，隶属于它的各个元素以此排列在其后的第一行和第一列。在填写判断矩阵前，应该向专家组咨询判断矩阵的准则，其中哪两个元素比较重要，重要程度多少，对重要程度按照1~9赋值。设填写后的判断矩阵为 $A=(a_{ij})_{n*n}$。矩阵具有如下性质：

$$a_{ij}>0,\ a_{ij}=1/a_{ji}\ (i \neq j),\ a_{ii}=1$$

根据以上性质，判断矩阵具有对称性，因此先填写 $a_{ii}=1$，再填写非对角线上的元素。特殊情况下，判断矩阵可以具有传递性，即满足等式：$a_{ij}*a_{jk}=a_{ik}$。上式对判断矩阵所有元素成立时，则该判断矩阵为一致性矩阵。在征求专家团队，比如笔记本电脑事业部产品经理等的意见后，填写矩阵。

3）层次的计算与权重的确定

对于专家填写后的判断矩阵，利用数学方法进行计算和层次单排序。层次单排序是指每一个判断矩阵针对其准则的相对权重，所以本质上是计算权向量。计算权向量通常使用的方法有特征根法、和法、根法、幂法等。

4）评估每个变更项目对项目的影响程度

领域专家对每项变更对于项目的影响进行打分，分值范围为 -5 至 +5 分，0 表示没有影响，+5 表示极大的正面影响，-5 表示极大的负面影响。

5）加权得分后得出变更项目的优先级

综合发现，按减少项目风险准则，优先级从高到低为：I、II、III、IV 象限，如图 3：

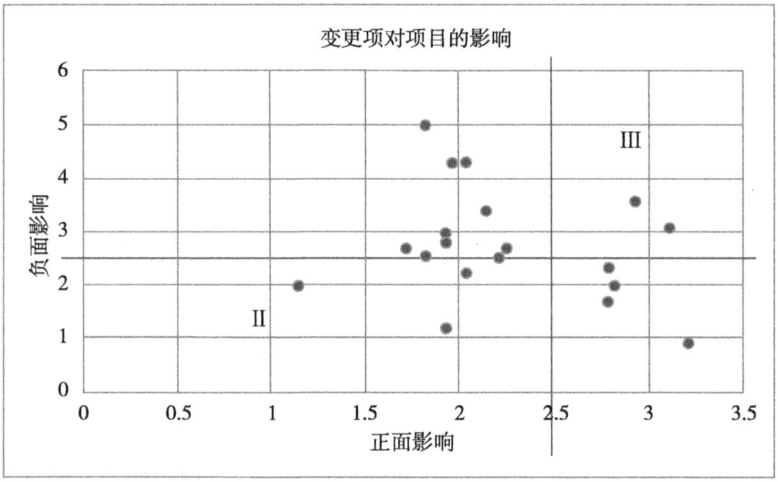

图 3　变更项优先级图[①]

根据变更管理原则和流程，将得到的变更评价模型应用在 W 公司的变更控制实施中。评价模型的应用在附录文件“T 项目变更记录表”中。

4.W 公司变更控制的实施

根据前面的分析可知，W 公司利用层次分析法改善了评估效果，下面需要进一步制定或优化变更控制的管理流程。

1）优化需求变更管理的总体思路

避免需求变更的可行性方案是找到更好的方法管理需求变更，尽可能减少

① 图 3 来源：作者自行整理。

不必要的变更，并为确定的变更生成文档保存，让变更历史记录可以追溯，有证据可以找到。根据 W 公司需求变更中的问题点以及作者的工作和学习经验，得出以下两个指导原则。

A. 减少需求变更频度

一旦品牌企业的需求有变更，一系列项目人员将需要改变工作内容，会增加很多额外的工作。因此，根据现有经验将品牌企业的需求总结起来才可能是避免或减少变更的最佳方法，即在品牌企业需求确认的时候就能提供接近最优需求的方案。

B. 需求变更版本可追溯性

在实际工作中，针对已经被品牌企业确认的需求变更，如何管控其流程非常重要。要做好需求管控，首先应该对变更的文档进行规范化管理，建立统一和标准化的文档内容进行沟通，以避免误解；其次做好文档版本管控，以便后续进行需求绩效评估；最后做好需求变更管理流程的完善工作。

2）成立变更控制委员会

当有任何变更的时候，变更相关部门应被要求参与，比如市场部、开发部等。由于跨部门合作的部门太多，为了达到更好的效果，就需要制定流程来管控。成立变更控制委员会（CCB）通常被认为是控制项目管理工程研究领域变更的好的方式之一。根据 W 公司的实际情况，各部门都在不同城市办公，跨部门之间应当建立虚拟组织。变更控制委员会的首席主任由信息主任担任，监督员由相关部门的经理委任，另外再从相关部门中挑选与项目相关的员工参加需求变更会议，组成完整的委员会组织。

3）制定需求变更管理措施

根据 W 公司的实际情况，应当从加强有效管理、制定文档标准化要求和确认需求变化管理工具三个方面对需求变化管理计划进行优化。

A. 加强有效沟通

品牌企业的显性和潜在需求点能否被清楚地掌握，对于控制需求变更的频率很重要。这一详细需求的来源是品牌企业产品经理，只有产品经理对他们公司自己的产品理念有足够清楚的了解，才能充分和品牌企业的产品团队沟通。本案例结合 PMBOK 沟通相关理论和 W 公司的实际现状，从三个方面进行沟通管理。

（1）定义产品中设定相关人员的角色和职责

在沟通过程中，尤其是沟通需求变更，人是其中的主要因素，且其中起着决定性作用的是需求变更。因此，有必要澄清品牌企业与内部双方的对接窗口，如产品经理、结构经理、软件经理、硬件经理、质量经理等。与特定领域相关的问题由特定关键领域的负责人报告，然后界面人员在进行需求变更审查流程之前进行初步审查。

（2）创建开发原型

需求传递过程中研发工程师不能满足品牌企业特定的要求时，可以尝试使用原型进行沟通确认，这可以使很多概念性的事情更加直观和清晰，同时还可以避免实际过程中很多不必要的功能变更。

（3）提高沟通技能

从我们的实际项目经验中，可以发现许多用户不清楚他们真正想要什么，所以应该善于引导品牌企业清楚地理解到增加这个功能对其他部分的影响是什么，因此在沟通的过程中，要如何准确理解对方表述的需求就非常重要，以免形成沟通漏斗。沟通漏斗图如图 4 所示。

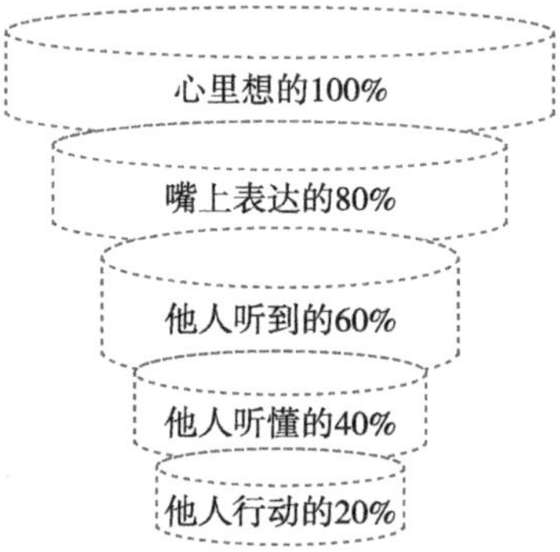

图 4　沟通漏斗图 [①]

B. 加强文档规范性

（1）更高质量要求文档

工程师在编辑需求文档时还要控制质量以避免产生一系列变更错误问题。质量不好的需求文档不能用来做外形的设计或者物理模型，因为该需求文档可能会导致研发人员的工作方向错误。所有的错误将会导致人力和材料成本的增加，因此在提供需求文档的时候我们应当避免这种低质量的错误，尽最大努力

---

① 于国栋 . 定制复杂产品设计中客户需求变更响应及其关键技术［D］. 重庆：重庆大学，2015.

控制项目的最原始状态，不将问题转移到其他节点。

（2）需求文档编写的要求

为了符合更高规格标准和可读性的要求，对需求编写人员的要求是非常高的，需求编写人员不仅要了解业务和熟练使用 Word，还要将需求文档编写成易于设计者和开发人员阅读而又不含糊的文档。在按照规范编制需求文档时，需要编写出更加流畅清晰的概要需求设计，并且每个变更可以控制更多的标准和规范以降低低级错误的出现率。

C. 选择需求变更管理工具

目前，有两种常用的文档管理工具 CVS 和 SVN，其中 SVN 更适合 W 公司的需求文档版本控制。W 公司目前使用 SVN 来记录文档中的每一个变化，它基本上满足了 W 公司目前的需求，标记每个识别的需求一次，且很容易查看需求变更的最终版本记录。

4）需求变更的保障措施和考核方式

需求变更流程建立后，有必要验证该流程对 W 公司的需求变更是否有效，以及结果如何。下文从需求管理保障措施和考核形式方面进行论述。

A. 需求管理保障措施

企业核心竞争力的基石是企业文化，这是公司在长期发展中可以遵循的行为准则。W 公司注重企业文化中的创新和过程优化管理，以下几个方面的保证体现了系统屏障管理方法：

（1）人员安全措施

组建需求管理团队：目前，W 公司的工作一直在产品工程师的帮助下展开，并成立了一个独立的需求管理团队来处理需求管理部分的工作。这个团队负责发布项目的需求变更。就系统而言，这一职责可以分析项目中存在的差异并制订下一个工作计划，同时有效控制项目的需求信息。在系统管控方面，为避免沟通不顺畅或者沟通漏斗的情况发生，要求需求管理团队全面参与项目，直接了解品牌企业的需求并和品牌企业沟通确认需求内容。

（2）制度保障

提高需求管理团队决策地位：所有相关人员接受培训，让团队更加了解需求变更管理对项目的重要性，要求理解自己在需求变更管理中的工作职责从而进行统一培训。通过调整流程，需求管理工程师需要在关键节点对项目进行全面评估，评估结果将对绩效产生直接影响。

（3）管理方法保障

实际管理与先进的管理软件相结合：目前 W 公司进行全面推广使用先进的研发管理软件 PLM，所有高层首先在部门宣导了推行该系统的重要性，各部门领导通过邮件的形式自上而下落实该系统在实际工作中的应用，截至 2018 年 8 月，所有项目管理包括需求变更管理都已经在 W 公司内部被全面使用。

B. 考核形式

每年通过三次会议评估项目和需求变化过程，以定期评估的形式来及时了解当前项目需求变更管理的情况、风险问题，并根据实际情况优化需求变更管理，其中包括：月度需求变更报告会议——通过头脑风暴的形式针对任何有争议的问题寻求解决方案并立即通知相关人员要尽可能避免出现问题；年度需求变更审查会议——对一年内所有的需求变更内容进行归纳，将其与公司的需求变化指标进行比较来评估项目；年度需求变更流程优化会议——通过与 W 公司的需求变化指标进行比较，看今年的需求变化管理优化计划方式是否有效。

5、项目实施经验总结

在越来越激烈的电子产品市场竞争中，保证客户与企业双方利益的关键是客户需求变更响应方案得到准确性保障。在电子产品设计过程中，面对客户提出的需求变更，企业对于“变更后产品再配置方案如何”“是否接受需求变更请求”“如何管控变更成本”“完成设计任务的时效性”等关键问题的准确回答是变更响应的主要目标。然而，由于设计任务的复杂管理、产品结构和变更传播现象的存在，ODM 厂商准确回答上述问题变得非常困难。在此背景下，本案例针对消费类电子产品，以 ODM 笔记本电脑为例的研发过程中客户的需求变更影响问题展开研究。

在新 ODM 笔记本电脑产品开发项目的开发周期中，即项目启动、规划、执行、控制和关闭的五个项目管理过程中，需求变化控制管理是一个贯穿整个过程的系统过程。在 ODM 笔记本开发项目生命周期的每个阶段，需求变更控制管理有不同的重点和内容，在实施过程中也有相应的技能和方法。从需求变化控制和管理的整个过程来看，最终目标是满足用户的需求。理论和实践表明，需求变化控制管理在新产品开发项目管理中有着重要的意义和作用。

在 ODM 行业中，开发中花费在各种管理活动上的时间和费用不仅可以降低返工率，提高开发效率，还可以提高研发质量。在 W 公司的研发实践中，我们通过本次实践充分认识到了需求管理对研发的重要性，今后还需不断总结经验，优化和标准化流程，有效地提高研发管理水平和企业的能力，从而有效提高客户满意度。

五、背景信息

本案例来自于某著名的 ODM、OEM（Original Equipment Manufacture，原厂设备制造）公司，因涉及商业敏感数据，在 W 公司的真实数据基础上有修改，但不影响问题的分析和得出有一定意义的结论。

六、关键要点

理解客户需求变更是项目进行中必定会发生的活动，也是最难管理的一类活动。与客户协商一致、管理好需求变更是解决问题的关键。通过统计分析客户需求变更的相关资料，从而发现背后真正的原因，对客户需求变更进行评估分类，并根据客户需求变更管理原则和管理流程建立管控制度，是有效解决这类问题的关键。

案例分析中，学员需要提前了解需求变更管理原则和需求变更管理流程的思想和分析方法，特别包括需求变更评估方法如层次分析法等。

学员自己分析时可能会忽略变更管理委员会的重要性，特别是实践中对沟通计划的重视。另外，评估指标体系的分析，需要学员对笔记本电脑和 ODM 设计生产过程有一定的了解和理解。

七、建议课堂计划

本案例可以作为专门的案例讨论课来进行。如下是按照时间进度提供的课堂计划建议，仅供参考。

整个案例课的课堂时间控制在 90 分钟左右。

课前计划：

提出启发思考题，请学员在课前完成阅读和初步思考，提前了解需求变更管理原则和需求变更管理流程的思想和分析方法，特别包括需求变更评估方法如层次分析法等。学生可以扮演不同角色，从扮演的角色出发，讨论该项目实施过程中可能出现的问题。

课中计划：

（1）简要的课堂前言（2~5 分钟）

明确讨论主题，即怎样利用需求变更管理工具促进项目的成功，回答启发思考题。企业遇到什么类型的问题，可以利用什么方法？

（2）分组讨论（15~20 分钟）

采用角色扮演的方式，即不同的学员扮演案例中的顾问、项目组长、组员、利益相关者，从各种角色的视角，讨论案例，以及案例背后可能被忽视的问题。对企业从业者、MBA 学员结合一个组员所在企业中的项目需求变更问题，讨论应用需求变更管理原则和需求管理流程提出解决问题的思路。

（3）小组发言（每组 5 分钟，控制在 30 分钟）

小组组长或代表发言，总结小组讨论的情况，公布本组发现的案例背后可能被忽视的问题。对企业从业者、MBA 学员就所在企业的问题，给出应用需求变更管理原则和需求管理流程解决问题的思路。

（4）引导全班进一步讨论，并进行归纳总结（30~35 分钟）

老师根据学员的讨论情况，引导归纳总结案例中所涉及的理论、方法和工具，使学员能掌握并灵活运用。

课后计划：

请学员采用报告形式对自己公司的一个问题项目进行分析。

八、相关附件

本案例包含如下附件：

附件 1 T 项目变更记录表①

版本	日期	变更项	更新责任人
V1.0	2017.12.13	根据最新进展，大幅更新 PD。	张三
V1.1	2017.12.14	方向更新为分离笔电。	张三
V1.2	2017.12.15	1 增加后摄支持； 2. 支持电池； 3. 机身存储容量、运行内存； 4. 支持频段、SIM 卡支持； 5. 增加数个可选配件。	李四
V1.3	2018.01.04	1. 人脸解锁：增加红外人脸解锁功能； 2. 硬件平台：删掉骁龙 850，只保留骁龙 845； 3. I/O 接口：接口数量、位置更新； 4. 按键：在平板上保留 2 个； 5. 传感器：去掉接近传感器；增加白平衡传感器； 6. 指纹解锁：改为屏下指纹解锁；删掉键盘上指纹解锁。	李四
V1.4	2018.03.05	1. 增加指示灯； 2. 后摄取消； 3. 人脸识别红外 TBD； 4. 内存组合修改； 5. 更新频段需求。	王五②
V1.45	2018.03.06	1. 更改了 I/O 接口参数； 2. 更改了摄像头参数； 3. 对前置摄像头提出了系统级软件产品需求； 4. 修改了内存组合备案； 5. 确定了 CA 需求。	王五
V1.5	2018.03.09	1. 修改了尺寸质量需求； 2. 修改了屏幕选型需求； 3. 修改了存储空间需求； 4. 删除了 3.5mm 接口需求； 5. 提出整机设计需求。	王五
V1.55	2018.03.12	1. 确认了红外 LED 需求； 2. 取消了白平衡传感器； 3. 明确指纹在 TP 上挖孔，胶囊键在两侧对称实体键； 4. 评估后摄堆叠。	王五

① 来源：W 公司内部资料。

② 王五为品牌企业 T 项目的产品经理，对产品需求提出的变更属于重要变更，会直接影响产品的定义和研发结果。

续表

版本	日期	变更项	更新责任人
V1.6	2018.03.13	1. 增加后摄 5M，前摄 13M（吃掉 odin 的 lens）； 2.esim 变更为 TBD； 3. 厚度 6.7，边框 12.88； 4. 指纹玻璃方案，非 Coating，边框增加； 5. 目前最低做到 615g，六系铝 CNC。	王五
V1.65	2018.03.19	1. 前后摄改为 5M2μm； 2. 射频要求更改； 3.esim 需求更改； 4. 屏幕确定为 QC 厂家资源。	王五
V1.7	2018.03.20	1. 取消指纹； 2. 取消胶囊键； 3. 取消副屏； 4.TP 触控滑动解锁并快捷进入功能需求 TBD。	王五
V1.8	2018.03.22	1. 确定摄像头为 5M 1.2μm 规格； 2. 确定尺寸规格 277.52*192.84*6.89mm； 3. 新增 windows 版本需求； 4. 确认 IR camera 需求。	王五
V1.9	2018.03.23	1. 删除部分项目； 2. 取消马达需求； 3. 更新摄像头需求； 4. 更新对部分器件的详细规格的需求； 5. 确定三个内存组合； 6. 更新卡座描述； 7. 其他变更。	王五
V1.91	2018.3.30	1. 新增 RGBW 传感器需求； 2. 新增配件产品定义。	A 六
V1.92	2018.04.03	1. 确认了频段优先级； 2.TYPE-C 双口功能确定，一口全功能，另一个支持 PD+USB+Audio JACK； 3. 取消侧面兼容设计（需更改结构布局以及主板布局）； 4. 前后摄像头选择均为 8M 1.12μm FF； 5. 确认霍尔传感器位置； 6.Smart PA 器件选择取决于对软件功能的支持性。	王五
V1.93	2018.04.04	修改两个 TYPE-C 口的功能顺序。	王五
V1.94	2018.04.08	新增拓展坞加一个 DP 接口需求。	王五
V1.95	2018.04.09	增加硬件详细规格以及预期测试需求。	李四

续表

版本	日期	变更项	更新责任人
V1.96	2018.04.11	取消厚键盘，确认屏幕支持防眩光防指纹	王五
V1.98	2018.04.16	1. 更新 B2 频段支持； 2. 确定所有随机配件均由 W 公司提供； 3. 确定快充为 45W； 4. 确定电池容量为 10680mAh； 5.DOCK 取消 VGA； 6. 接口修改，3pin 的磁吸触点。	王五
V2.0（立项版）	2018.04.18	1. 修改霍尔器件位置以及功能； 2. 支持马达 *2； 3. 玻璃为康宁第三代； 4. 尺寸有修改； 5. 支持主动降噪； 6. 支持立体声算法； 7. 包装内赠送皮套，键盘，dock； 8. 确定充电协议为 PD3.0； 9. 整机重量控制在 625g； 10. 确定 cat.13 传输速率； 11. 确定了颜色方案； 12. 新增 DOCK 接口需求。	王五
V2.1	2018.05.07	1. 取消后摄； 2. 取消后置闪光灯； 3.DOCK 需求更新； 4. 电池容量变更； 5. 厚度变更为 6.95mm； 6. 运营商认证新增 esim； 7. 文件系统支持 EXFAT 和 NTFS； 8. 配件产品定义更新：DOCK 接口更新，键盘新增 G-sensor，新增大写指示灯，新增霍尔开关。	王五
V2.2	2018.05.24	1.pogo 触点修改为 4 个； 2. 更新内置系统名称； 3. 配件产品定义有更新； 4. 更新 TP IC 型号； 5. 确认前摄处 CG 无镀膜； 6. 评估手机投屏至笔电； 7. 不支持电容笔； 8.RGBW 选型方案更新。	王五

续表

版本	日期	变更项	更新责任人
V2.3	2018.06.11	1. 不支持反向投屏； 2. 不支持电容笔； 3. 配件需求更改为仅数据线和充电器 inbox，其余配件取消 inbox； 4. 新增灭屏触控选项； 5. 确认 esim 选型厂家为金雅拓，证书三套 TBD； 6. 删除手套模式； 7. 更新电池容量大小； 8. 修正产品尺寸； 9. 修正马达个数以及型号； 10. 确定 1T 版本两个分区一个盘符。	王五

附件 2　T 项目需求变更评价模型及分类结果表

版本 +B2:M14	日期		/ 评价指标	C1	C2	C3	C4	C5	C6	C7	C8	总加权 评估分
			变更项 / 评估指标权重	0.0714	0.0714	0.3214	0.1071	0.3214	0.1071	0.3214	0.1071	
V1.0	2017.12.13	R1	根据最新进展，大幅更新 PD	–5	5	–5	5	–5	4	4	3	–0.6432
V1.1	2017.12.14	R2	方向更新为分离笔电	5	4	3	0	–3	–2	0	3	0.7497
V1.2	2017.12.15	R3	1. 增加后摄支持；	5	4	2	–5	3	0	–5	–5	–0.4284
V1.2	2017.12.15	R4	2. 支持电池；	–5	–5	–4	5	0	0	4	–5	–0.714
V1.2	2017.12.15	R5	3. 机身存储容量、运行内存；	–5	5	–5	0	3	2	4	0	0.857
V1.2	2017.12.15	R6	4. 支持频段、SIM 卡支持；	–5	5	–5	0	3	2	4	0	0.857
V1.2	2017.12.15	R7	5. 增加数个可选配件；	–5	1	0	0	5	5	–5	–5	–0.2856
V1.3	2018.01.04	R8	1. 人脸解锁：增加红外人脸解锁功能；	–5	–5	5	–4	3	2	0	–5	1.1075
V1.3	2018.01.04	R9	2. 硬件平台：删掉骁龙 850，只保留骁龙 845；	–5	–5	–5	–5	0	5	5	–5	–1.2495
V1.3	2018.01.04	R10	3. I/O 接口：接口数量、位置更新；	–5	5	–5	0	3	2	4	0	0.857
V1.3	2018.01.04	R11	4. 按键：在平板上保留 2 个；	–5	5	–5	0	3	2	4	0	0.857
V1.3	2018.01.04	R12	5. 传感器：去掉接近传感器；增加白平衡传感器；	–5	5	–5	0	3	2	4	0	0.857
V1.3	2018.01.04	R13	6. 指纹解锁：改为屏下指纹解锁；删掉键盘上指纹解锁；	–5	–5	–5	0	3	2	5	0	0.4644
V1.4	2018.03.05	R14	1. 增加指示灯	–5	–5	5	–4	3	2	0	–5	1.1075
V1.4	2018.03.05	R15	2. 后摄取消	–5	–5	5	–5	4	2	–4	–5	0.0362
V1.4	2018.03.05	R16	3. 人脸识别红外 TBD	–5	–5	5	–4	3	2	0	–5	1.1075
V1.4	2018.03.05	R17	4. 内存组合修改	–5	5	–5	0	3	2	4	0	0.857
V1.4	2018.03.05	R18	5. 更新频段需求	–5	5	–5	0	3	2	4	0	0.857

续表

V1.4	2018.03.05	R19	6. 电源参数更新	–5	–5	–5	5	3	4	–2	0	–1.0357
V1.45	2018.03.06	R20	1. 更改了 I/O 接口参数	–5	–5	–5	5	3	4	–2	0	–1.0357
V1.45	2018.03.06	R21	2. 更改了摄像头参数	–5	–5	5	–4	3	2	0	–5	1.1075
V1.45	2018.03.06	R22	3. 对前置摄像头提出了系统级软件产品需求	–5	–5	5	–4	3	2	0	–5	1.1075
V1.45	2018.03.06	R23	4. 修改了内存组合备案	–5	5	–5	0	3	2	4	0	0.857
V1.45	2018.03.06	R24	5. 确定了 CA 需求	–5	5	–5	0	3	2	4	0	0.857
V1.5	2018.03.09	R25	1. 修改了尺寸质量需求	–5	–5	–5	–5	0	5	5	–5	–1.2495
V1.5	2018.03.09	R26	2. 修改了屏幕选型需求	–5	3	2	0	5	4	1	–5	2.3213
V1.5	2018.03.09	R27	3. 修改了存储空间需求	–5	5	–5	0	3	2	4	0	0.857
V1.5	2018.03.09	R28	4. 删除了 3.5mm 接口需求	–5	5	–5	0	3	2	4	0	0.857
V1.5	2018.03.09	R29	5. 提出整机设计需求	5	4	2	–5	–3	–5	–2	4	–0.9642
V1.55	2018.03.12	R30	1. 确认了红外 LED 需求；	–5	–5	5	–4	3	2	0	–5	1.1075
V1.55	2018.03.12	R31	2. 取消了白平衡传感器；	–5	–5	5	–4	3	2	0	–5	1.1075
V1.55	2018.03.12	R32	3. 明确指纹在 TP 上挖孔，胶囊键在两侧对称实体键；	–5	–5	5	–4	3	2	0	–5	1.1075
V1.55	2018.03.12	R33	4. 评估后摄堆叠。	–5	–5	5	–5	4	2	–4	–5	0.0362
V1.6	2018.03.13	R34	1. 增加后摄 5M，前摄 13M（吃掉 odin 的 lens）	–5	–5	5	–5	4	2	–4	–5	0.0362
V1.6	2018.03.13	R35	2.eSIM 变更为 TBD	–5	–5	5	–4	3	2	0	–5	1.1075
V1.6	2018.03.13	R36	3. 厚度 6.7，边框 12.88	2	1	3	–5	1	0	4	5	2.7854
V1.6	2018.03.13	R37	4. 指纹玻璃方案，非 Coating，边框增加	2	1	3	–5	1	0	4	5	2.7854
V1.6	2018.03.13	R38	5. 目前最低做到 615g，六系铝 CNC	2	1	3	–5	1	0	4	5	2.7854

续表

V1.65	2018.03.19	R39	1. 前后摄改为 5M2 μ m	-5	-5	5	-5	4	2	-4	-5	0.0362
V1.65	2018.03.19	R40	2. 射频要求更改	-5	5	-5	0	3	2	4	0	0.857
V1.65	2018.03.19	R41	3.esim 需求更改	-5	-5	5	-4	3	2	0	-5	1.1075
V1.65	2018.03.19	R42	4. 屏幕确定为 QC 厂家资源	-5	-5	5	-4	3	2	0	-5	1.1075
V1.7	2018.03.20	R43	1. 取消指纹	-5	-5	5	-4	3	2	0	-5	1.1075
V1.7	2018.03.20	R44	2. 取消胶囊键	-5	-5	5	-4	3	2	0	-5	1.1075
V1.7	2018.03.20	R45	3. 取消副屏	-5	5	-5	0	3	2	4	0	0.857
V1.7	2018.03.20	R46	4.TP 触控滑动解锁并快捷进入功能需求 TBD	-5	5	-5	0	3	2	4	0	0.857
V1.8	2018.03.22	R47	1. 确定摄像头为 5M 1.2 μ m 规格	-5	-5	5	-4	3	2	0	-5	1.1075
V1.8	2018.03.22	R48	2. 确定尺寸规格 277.52*192.84*6.89mm	-5	-5	5	-4	3	2	0	-5	1.1075
V1.8	2018.03.22	R49	3. 新增 windows 版本需求	-5	-5	5	-4	3	2	0	-5	1.1075
V1.8	2018.03.22	R50	4. 确认 IR camera 需求	-5	-5	5	-4	3	2	0	-5	1.1075
V1.9	2018.03.23	R51	1. 删除部分项目	-5	-5	-5	-5	0	5	5	-5	-1.2495
V1.9	2018.03.23	R52	2. 取消马达需求	-5	-5	-5	-5	0	5	5	-5	-1.2495
V1.9	2018.03.23	R53	3. 更新 摄像头需求	-5	-5	-5	-5	0	5	5	-5	-1.2495
V1.9	2018.03.23	R54	4. 更新对部分器件的详细规格的需求	-5	-5	5	-4	3	2	0	-5	1.1075
V1.9	2018.03.23	R55	5. 确定三个内存组合	-5	5	-5	0	3	2	4	0	0.857
V1.9	2018.03.23	R56	6. 更新卡座描述	-5	-5	5	-4	3	2	0	-5	1.1075
V1.9	2018.03.23	R57	7. 其他变更	-5	-5	5	-4	3	2	0	-5	1.1075
V1.91	2018.3.30	R58	1. 新增 RGBW 传感器需求	-5	-5	5	-4	3	2	0	-5	1.1075
V1.91	2018.3.30	R59	2. 新增配件产品定义	-5	-5	5	-4	3	2	0	-5	1.1075

续表

V1.92	2018.04.03	R60	1. 确认了频段优先级	–5	–5	–5	–5	0	5	5	–5	–1.2495
V1.92	2018.04.03	R61	2.TYPE–C 双口功能确定，一口全功能，另一个支持 PD+USB+Audio JACK	–5	–5	–5	–5	0	5	5	–5	–1.2495
V1.92	2018.04.03	R62	3. 取消侧面侧面兼容设计（需更改结构布局以及主板布局）	5	4	2	–5	–3	–5	–2	4	–0.9642
V1.92	2018.04.03	R63	4. 前后摄像头选择均为 8M 1.12 μ m FF	–5	5	–5	0	3	2	4	0	0.857
V1.92	2018.04.03	R64	5. 确认霍尔传感器位置	–5	–5	5	–4	3	2	0	–5	1.1075
V1.92	2018.04.03	R65	6.Smart PA 器件选择取决于对软件功能的支持性	–5	–5	–5	0	3	2	5	0	0.4644
V1.93	2018.04.04	R66	修改两个 TYPE–C 口的功能顺序	–5	5	–5	0	3	2	4	0	0.857
V1.94	2018.04.08	R67	新增拓展坞加一个 DP 接口需求	–5	–5	5	–4	3	2	0	–5	1.1075
V1.95	2018.04.09	R68	增加硬件详细规格以及预期测试需求	–5	–5	5	–4	3	2	0	–5	1.1075
V1.96	2018.04.11	R69	取消厚键盘，确认屏幕支持防眩光防指纹	–5	–5	5	–4	3	2	0	–5	1.1075
V1.98	2018.04.16	R70	1. 更新 B2 频段支持	–5	–5	–5	–5	4	5	–5	–5	–3.1779
V1.98	2018.04.16	R71	2. 确定所有随机配件均由 W 公司提供	–5	–5	–5	–5	5	2	–5	–5	–3.1778
V1.98	2018.04.16	R72	3. 确定快充为 45W	–5	–5	–5	5	3	4	–2	0	–1.0357
V1.98	2018.04.16	R73	4. 确定电池容量为 10680mAh	–5	–5	–5	5	3	4	–2	0	–1.0357
V1.98	2018.04.16	R74	5.DOCK 取消 VGA	–5	–5	–5	5	3	4	–2	0	–1.0357
V1.98	2018.04.16	R75	6. 接口修改，3pin 的磁吸触点	–5	–5	–5	5	3	4	–2	0	–1.0357
V2.0（立项版）	2018.04.18	R76	1. 修改霍尔器件位置以及功能	–5	–5	5	–4	3	2	0	–5	1.1075

续表

V2.0（立项版）	2018.04.18	R77	2. 支持马达 *2	–5	–5	5	–4	3	2	0	–5	1.1075
V2.0（立项版）	2018.04.18	R78	3. 玻璃为康宁第三代	–5	–5	–5	–5	0	5	5	–5	–1.2495
V2.0（立项版）	2018.04.18	R79	4. 尺寸有修改	5	4	3	–5	–5	–5	–5	4	–2.2498
V2.0（立项版）	2018.04.18	R80	5. 支持主动降噪	–5	–5	–5	–5	0	5	5	–5	–1.2495
V2.0（立项版）	2018.04.18	R81	6. 支持立体声算法	–5	–5	–5	–5	0	5	5	–5	–1.2495
V2.0（立项版）	2018.04.18	R82	7. 包装内赠送皮套，键盘，dock	–5	–5	–5	–5	0	5	5	–5	–1.2495
V2.0（立项版）	2018.04.18	R83	8. 确定充电协议为 PD3.0	–5	–5	–5	5	3	4	–2	0	–1.0357
V2.0（立项版）	2018.04.18	R84	9. 整机重量控制在 625g	–5	4	–5	0	0	0	1	5	–0.8215
V2.0（立项版）	2018.04.18	R85	10. 确定 cat.13 传输速率	–5	–5	–3	–5	0	1	5	3	–0.1783
V2.0（立项版）	2018.04.18	R86	11. 确定了颜色方案	–5	4	–5	0	0	0	1	5	–0.8215
V2.0（立项版）	2018.04.18	R87	12. 新增 Dock 接口需求	–5	–4	1	5	3	1	–5	–5	–0.8569
V2.1	2018.05.07	R88	1. 取消后摄	–5	–5	5	–5	4	2	–4	–5	0.0362

续表

V2.1	2018.05.07	R89	2. 取消后置闪光灯	–5	–5	5	–5	4	2	–4	–5	0.0362
V2.1	2018.05.07	R90	3.DOCK 需求更新	–5	–4	1	5	3	1	–5	–5	–0.8569
V2.1	2018.05.07	R91	4. 电池容量变更	–5	–4	1	5	3	1	–5	–5	–0.8569
V2.1	2018.05.07	R92	5. 厚度变更为 6.95mm	2	1	3	–5	1	0	4	5	2.7854
V2.1	2018.05.07	R93	6. 运营商认证新增 esim	–5	–5	–5	0	2	3	5	2	0.4643
V2.1	2018.05.07	R94	7. 文件系统支持 EXFAT 和 NTFS	–5	–5	–5	0	2	3	5	2	0.4643
V2.1	2018.05.07	R95	8. 配件产品定义更新：DOCK 接口更新，键盘新增 G–sensor，新增大写指示灯，新增霍尔开关	–5	–5	–5	5	3	4	–2	0	–1.0357
V2.2	2018.05.24	R96	1.pogo 触点修改为 4 个	–5	–5	–5	0	2	3	5	2	0.4643
V2.2	2018.05.24	R97	2. 更新内置系统名称	–5	–5	–5	0	2	3	5	2	0.4643
V2.2	2018.05.24	R98	3. 配件产品定义有更新	5	4	2	–5	–3	–5	–2	4	–0.9642
V2.2	2018.05.24	R99	4. 更新 TP IC 型号	–5	–5	–5	0	2	3	5	2	0.4643
V2.2	2018.05.24	R100	5. 确认前摄处 CG 无镀膜	2	0	–5	–5	5	2	–5	–5	–2.321
V2.2	2018.05.24	R101	6. 评估手机投屏至笔电	–5	–5	–5	–5	0	5	5	–5	–1.2495
V2.2	2018.05.24	R102	7. 不支持电容笔	2	0	–5	–5	5	2	–5	–5	–2.321
V2.2	2018.05.24	R103	8.RGBW 选型方案更新	–5	3	2	0	5	4	1	–5	2.3213
V2.3	2018.06.11	R104	1. 不支持反向投屏	–5	3	2	0	5	4	1	–5	2.3213
V2.3	2018.06.11	R105	2. 不支持电容笔	–5	3	2	0	5	4	1	–5	2.3213
V2.3	2018.06.11	R106	3. 配件需求更改为仅数据线和充电器 inbox，其余配件取消 inbox	–5	3	2	0	5	4	1	–5	2.3213
V2.3	2018.06.11	R107	4. 新增灭屏触控选项	–5	–5	5	–4	3	2	0	–5	1.1075

续表

V2.3	2018.06.11	R108	5. 确认 Esim 选型厂家为金雅拓，证书三套 TBD	–5	3	2	0	5	4	1	–5	2.3213
V2.3	2018.06.11	R109	6. 删除手套模式	–5	3	2	0	5	4	1	–5	2.3213
V2.3	2018.06.11	R110	7. 更新电池容量大小	–5	–4	1	5	3	1	–5	–5	–0.8569
V2.3	2018.06.11	R111	8. 修正产品尺寸	5	4	2	–5	–3	–5	–2	4	–0.9642
V2.3	2018.06.11	R112	9. 修正马达个数以及型号	–5	5	–5	0	3	2	4	0	0.857
V2.3	2018.06.11	R113	10. 确定 1T 版本两个分区一个盘符	–5	5	–5	0	3	2	4	0	0.857

壹诺金融——区块链助力供应链金融破困局、谋变局、开新局①

案例正文

摘要： 近年来，区块链技术的异军突起引起社会广泛关注，它与供应链金融的融合为中小企业融资提供了便利，壹诺金融平台以区块链技术为底层技术，以供应链金融各参与方的利益为出发点，实现了核心企业和中小企业之间的信用流转，同时帮助银行等金融机构部分破除了金融属地限制，降低了银行的获客成本，缓解了多方结算的难题。本案例展示了融合区块链技术的供应链金融模式，如何帮助核心企业破除市场供应链管理的困局，协助中小企业谋求解决资金短缺的变局，以及助力银行等金融机构开拓市场新局。

关键词： 供应链金融；区块链；融资模式；壹诺供应链平台

引言

六月，入夏时分，热浪习习。

李经理心急如焚，他所在的 B 公司是国内主要乳制品厂家 A 公司的经销商之一，每个月从 A 公司以现货现款或预付款的形式购货 50 万元给超市。超市

---

① 本案例由深圳大学管理学院陈雪、张議颛、唐静伊、孙慧莹撰写，作者拥有著作权中的署名权、修改权、改编权。未经允许，本案例的所有部分都不能以任何方式与手段擅自复制或传播。2. 本案例授权中国管理案例共享中心使用，中国管理案例共享中心享有复制权、修改权、发表权、发行权、信息网络传播权、改编权、汇编权和翻译权。3. 由于企业保密的要求，在本案例中对有关名称、数据等做了必要的掩饰性处理。4. 本案例只供课堂讨论之用，并无意暗示或说明某种管理行为是否有效。

经过商品入库、销售、对账的流程再给 B 公司结款，通常需要 3 个月的时间。李经理所在的B公司自身本金仅有100万元，勉强能提供2个月的商品给超市。第 3 个月时，资金短缺的问题不可避免地迎面而来。怎么才能融到资金呢？李经理坐立不安。从银行贷款吗？ B 公司自身资金体量小，缺乏完善的财务报表等信息，难以自证偿还能力，即使能够借到资金，也要等上几周的时间。“要是向银行贷款时，能享受 A 公司的信用背书就好了。”李经理心想。

而 A 公司的刘经理，独自在办公室中眉头紧锁。经销商的采购数量直接关系着库存的多少，经销商由于资金短缺，纷纷采取保守策略，采购数量停滞不前甚至有下降的趋势，造成了提货周期延长、库存积压等问题，A 公司在热销季来临前是否要被迫减产？如果次级经销商能够解决资金链问题，一切问题就迎刃而解了。

C 银行的张经理同样寝食难安。目前客户已经基本覆盖了一级的经销商，而下面多级经销商在整个供应链中融资需求占到58%[①]，次级经销商毫无疑问是未来的利润增长点，但是银行的风控体系以及中小企业信息状况差的特点让张经理始终无法安心放款给 B 公司。“要是能够在现有体系下把这些分散的经销商也覆盖到就好了。”张经理心想。

三位素未谋面的经理“山穷水尽疑无路”之时，“柳暗花明又一村”的惊喜正悄然来临。刘经理其实非常清楚经销商贷款何其难，“怎么办”三个字一直在脑海中挥之不去。时间一分一秒地流逝，就要被迫取消扩张战略之际，桌子上的手机突然显示着壹诺金融的呼叫响起。对于李、张两位经理来说，也有值得期待的好消息。

一、横空出世的纾解利器——壹诺供应链平台

壹诺供应链平台是布诺（深圳）科技有限公司基于 BubiChain 自主开发并运营的“区块链 + 供应链金融”服务平台，即壹诺金融。壹诺金融 2017 年 5 月正式亮相贵阳数博会，7 月首家金融机构入驻上链。布诺（深圳）科技有限公司注册资金 500 万元，股权结构如图 1 所示。

① 数据来源：壹诺供应链 https://www.yinuojr.cn/informdetail.html?id=51.

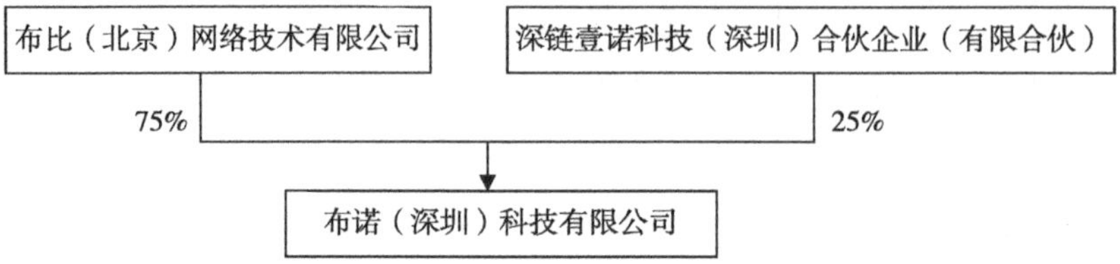

图 1　布诺（深圳）科技有限公司股权结构示意图[①]

区块链技术不可篡改性、可追溯性、共识机制和分布式储存等特点能够帮助保障商业信息的真实性[②]。习近平总书记在中央政治局第十八次集体学习时强调把区块链作为核心技术自主创新重要突破口，加快推动区块链技术和产业创新发展。传统的供应链金融[③]与区块链技术的融合，具有许多天然的优势。布诺（深圳）科技有限公司积极开发 BubiChainV3.0，这是其完全自主研发和拥有众多自主知识产权的区块链底层平台，获得工信部电子五所区块链产品认证，为数 10 家科研院所和金融机构等客户提供了服务，并在 BubiChain 基础上建立壹诺供应链平台，通过一支在业务、技术、金融全方面的专业团队为客户提供“区块链 + 供应链金融”产品设计以及营销和方案实施的服务，成为一家以“技术支撑 + 业务咨询 + 资源撮合”为业务输出体系的金融科技企业。

截至 2020 年 2 月，壹诺金融已经有超过 20 家金融机构入驻，超过 180 家核心企业上链，共建的经销商超过 4000 家，为超过 1100 家经销商提供了全方位的供应链金融技术和业务支撑。壹诺金融共有 24 个区块链节点，覆盖 17 家不同机构，包括银行和核心企业；已发布资产总额超 200 亿元，融资余额超 30 亿元，交易笔数超 3 万笔，期间无任何交易发生逾期[④]。

二、破困局——雪中送炭

壹诺金融平台针对 A 公司的具体情况，迅速提供了解决方案，借助区块链技术，搭建供应链体系内共享账本，供应链上每个参与者的节点按照一致的协议在链上写入数据，同时在共享账本内按照预设权限规则，企业通过读取节点获得业务相关信息，实现内部数据与外部数据的对接，保证企业经营情况的真

① 图片来源：企查查 https://www.qcc.com/firm_29WK2PV.shtml.

② 详见附录 1。

③ 详见附录 2。

④ 数据来源：壹诺分布式供应链网络 https://mp.weixin.qq.com/s/8u89p8wGUVnvVG9K880rLA.

实性，实现商流和信息流的互通，如图 2 所示。与壹诺一拍即合后，信息的统一可以帮助更多 A 公司下面次级经销商进行贷款。“库存成本下降了 30%！而且资金的整个运行周期都加快了不少，看来今年扩张战略有底气了。”刘经理感叹道，并且通知了包括李经理在内的众多次级经销商。

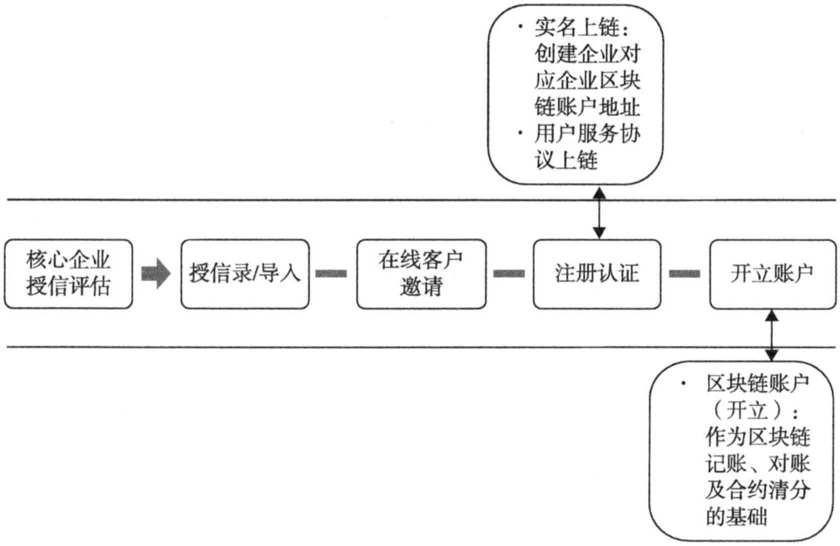

图 2　壹诺金融企业资产上链过程[①]

三、谋变局——峰回路转

李经理的 B 公司虽然经营多年，但是还远远未达到一级经销商的条件，传统供应链金融模式下只有少数与核心企业联系紧密且拥有完整财务和贸易数据的一级经销商能够获得资金支持。“难道，我这些年的努力就要折戟于此吗？不甘心啊！”一封邮件，打破了哀怨的氛围。A 公司向所有的经销商发布了入驻壹诺供应链平台的消息。B 经销商在 A 公司的邀请之下成功上链。借助区块链技术，核心企业 A 在完成凭证登记和凭证审批之后将凭证流转给各级经销商。一级经销商完成凭证签收和进行金额的拆分之后往下一级经销商流转，在最终融资方中完成凭证融资，B 公司获得除去费率之后的贷款金额，流程见图 3。上线后，李经理坐在办公桌旁听到 C 银行张经理的耐心解释。“以前凭证不可拆

① 图片来源：壹诺供应链 https://www.yinuojr.cn/informdetail.html?id=51

分很难融资，线下即使能够融资差不多也要等上两周，现在不仅能够贷到款，而且在一个小时就能够走完流程，资金问题解决了！”

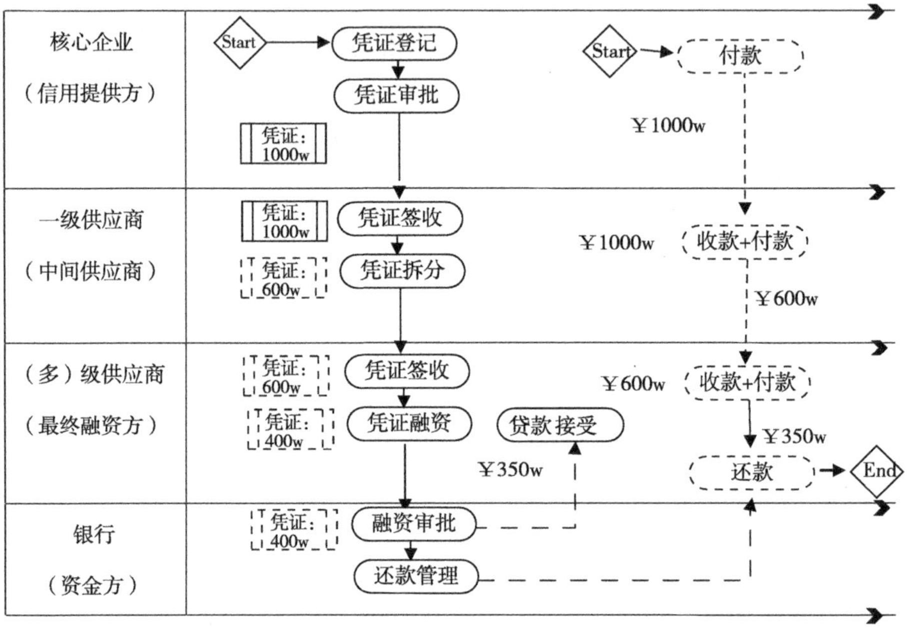

图 3　壹诺金融平台凭证流转流程图①

四、开新局——扬帆起航

C 银行的张经理在供应链金融业务部门的年度总结会上提出：“我们不能再停留在过去了，如果我们不与科技融合，未来会没饭吃。针对供应链金融，这个科技就是区块链。”区块链分布式无信任系统保证金融交易数据可溯源且不可篡改，融合了区块链技术的供应链金融创新模式无疑是优质资源的“挖掘机”。“我们银行的一位客户经理只能处理 3~5 家一级经销商的贷款业务，现在客户经理能够处理至少 50 家经销商业务，覆盖到六级的经销商，客户数量平均增长了 30% 到 40%！”张经理自信地说。并给大家展示了表 1。

① 图片来源：壹诺分布式供应链网络 https://mp.weixin.qq.com/s/1kar5a75VSzioiuKKaci3A.

表 1 建设前后对比①

分项	建设前	建设后
融资放款周期	线下 14 天左右	在线 T+0
融资总额	1.5 亿元 / 年	20 + 亿元 / 年
业务服务范围	一级供应商	六级供应商
服务效率	3~5 家 / 客户经理	50 + 家 / 客户经理

多方结算问题一直困扰着银行，经销商之间的约定结算无法自动完成，易出现挪用情况。区块链的全局互信机制中参与方越多，区块链的安全程度和效率反而越高，且多方参与反哺确保区块链分布和时序以及不可篡改的技术特点。壹诺金融提供已封装完成的 API 接口，能够实现与银行内网银系统、信贷系统和核心系统对接，通过智能合约码固化链条上各级贸易资金清结算的路径，完成履约条件、方式、账期和金额的智能设置，以实现各种场景下自动清结算，智能合约在达成之后自动执行，资金自动进入企业账户，如图 4 所示。“有了智能合约，现在不用逐个进行还款和资金使用去向的落实核查了，效率提高了不少，也规避了许多认为不可控的资金风险！”张经理补充道。

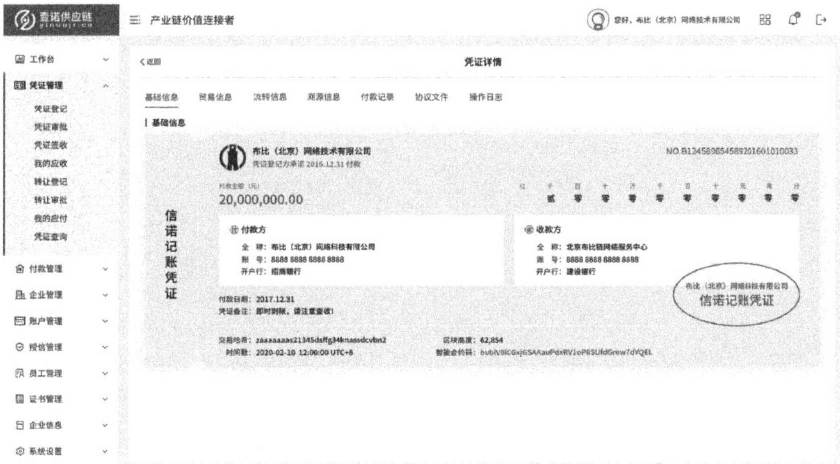

图 4 基于真实贸易背景付款承诺函：信诺②

① 数据来源：壹诺供应链 https://www.yinuojr.cn/informdetail.html?id=51.

② 图片来源：壹诺分布式供应链网络 https://mp.weixin.qq.com/s/XEvK0xm_odBwgj-TF_01dA.

五、小结

壹诺面对供应链金融的大变局，始终保持冷静、客观的态度并加以理性分析，充分利用区块链技术，为核心企业、经销商和金融机构营造共生共赢的生态环境。区块链技术在供应链金融的应用中，仍需要不断优化与打磨。暗礁虽时隐时现，但灯塔明亮。

附录：

附录 1　区块链技术[①]

区块链（Blockchain）是一种将数据区块有序连接，并以密码学方式保证其不可篡改、不可伪造的分布式账本（数据库）技术。区块链概念最早由中本聪2008年在《比特币白皮书》中提出。就区块链解决的信任机制和安全问题，学者们给出了五个技术创新概念：分布式账本、非对称加密、时间戳、免信任和智能合约，分别对应分散式储存、不可篡改性、可追溯性、安全性、可编程性的技术特点。通俗地说，区块链技术可以在无需第三方背书情况下实现系统中所有数据信息的公开透明、不可篡改、不可伪造、可追溯。区块链作为一种底层协议或技术方案可以有效地解决信任问题，实现价值的自由传递，在数字货币、金融资产的交易结算、数字政务、存证防伪数据服务等领域具有广阔前景。

区块链将分布式存储、共识机制和加密算法等计算机技术进行整合，实现点对点的传输，形成具有去中心化特点的数据存储系统，相比较于传统互联网在数据写入机制、历史数据维护机制和数据存储机制方面能够实现传播保真和发布保真以及一定程度的更新保真。对于历史数据维护机制，传统中心化数据库由于依靠单一节点进行数据的存储和维护，中心节点不用经过其他节点的授权进行数据的编辑，故而历史数据能被轻易篡改。而区块链中的数据采用链式数据存储格式，由每个节点各自拥有一份数据拷贝。单一节点的数据丢失或者更改能够参照其他节点的信息进行纠正，且加密算法保证任何对于历史数据的更改无法同时更改该条数据之后的所有数据。所以只有当多数的节点发生了一致的数据更改，才能更改整个区块链系统中的数据。

区块链技术天然具有金融属性，它正对金融业产生颠覆式变革。支付结算方面，在区块链分布式账本体系下，市场多个参与者共同维护并实时同步一份“总账”，短短几分钟内就可以完成以往两三天才能完成的支付、清算、结算任务，降低了跨行跨境交易的复杂性和成本。同时，区块链的底层加密技术保证了参与者无法篡改账本，确保交易记录透明安全，监管部门可以方便地追踪链上交易，快速定位高风险资金流向。区块链技术可以有效解决中小企业融资难的问题。目前的供应链金融很难惠及产业链上游的中小企业，因为他们跟核

---

① 资料来源：学习时报 . 区块链 http://www.cac.gov.cn/2019-11/06/c_1574572443976601.htm.

心企业往往没有直接贸易往来，金融机构难以评估其信用资质。基于区块链技术，我们可以建立一种联盟链网络，涵盖核心企业、上下游供应商、金融机构等，核心企业发放应收账款凭证给其供应商，票据数字化上链后可在供应商之间流转，每一级供应商可凭数字票据证明实现对应额度的融资。

附录2　供应链金融

传统供应链金融模式，是以1个优质企业为核心，多个上下游企业参与的“1+N”模式，由银行主导，采用线下模式，银行基于供应链中的核心企业“1”的信用支持为其上下游企业“N”提供融资服务。结合中小企业运营管理周期的特点，商业银行供应链金融相应有应收账款融资模式、动产质押融资模式和预付款融资模式三种：（1）应收账款融资模式。供应链核心企业在金融机构处帮助上游供货方中小企业进行贷款融资授信，中小企业有流动资金就可以为核心企业提供货款，货款流动产生的资金和利润就可以用来偿还金融机构贷款和利息；（2）动产质押融资模式。中小企业不是只存在于核心企业的上游，下游还有渠道商也是以中小企业的形式存在的，控制下游渠道商借钱的用途是参与供应链体系的业务运营，一般这个环节是渠道商拿自有货物进行质押的，这个就叫做动产质押融资模式。（3）预付款融资模式。在供应链贸易业务中，供应链企业可提供预付款融资服务，尤其在较为成熟的供应链条中，当中小企业在采购阶段出现资金缺口时，向供应链贸易企业缴纳保证金并提供相关业务真实单据，供应链贸易企业在对商业供应商进行资质核实后，代替中小企业采购货物，并掌握货权，随后由中小企业一次或分批次赎回，这种模式就是供应链金融中的预付款模式。

“Yinuo Finance”: Block chain Helps Supply Chain Finance Break the dilemma, Seek changes, and Start a new continent

Abstract: In recent years, the sudden emergence of block chain technology has aroused widespread concern in the society. Yinuo Finance takes block chain technology as the underlying technology and takes the interests of the various parties in the supply chain finance as the starting point to smoothen the credit flow between core enterprises and SMEs, reducing customer acquisition costs of banks and solving multi-party settlement problems. This case shows how a supply chain finance model that integrates block chain technology can help core companies overcome the dilemma of market supply chain management, assist small and medium-sized enterprises in seeking to resolve changes in capital shortages, and help banks and other financial institutions to open up new markets.

Key words: Supply Chain Finance; Block chain; Financing Mode; Yinuo Supply Chain Platform

案例使用说明

一、教学目的和用途

1. 适用课程：本案例适用于《管理经济学》《公司理财》等课程。

2. 适用对象：本案例适用于 MBA、经济管理类硕士研究生、本科生等。

3. 教学目的：本案例通过对壹诺金融的“区块链 + 供应链金融”创新融资模式解决供应链金融中信息不对称、实现信息保真等问题进行学习和讨论，引导学员了解和思考以下几项内容：

（1）理解信息不对称理论，找出供应链金融迫切需要解决的信息不对称问题；

（2）了解区块链技术的特点，理解区块链对缓解供应链信息不对称、实现信息保真的作用及意义；

（3）熟悉壹诺金融“区块链 + 供应链金融”的模式特点，启发学员思考区块链技术对供应链金融模式优化的内在机理及应用拓展。

二、启发思考题

1. 在供应链金融传统模式下，借贷双方的信息不对称对于供应链金融市场会产生什么影响？

2. 壹诺金融推出“区块链 + 供应链金融”的模式，你认为是如何缓解上题中涉及的信息不对称问题的？

3. 你认为 A 公司刘经理借助壹诺金融为何能达成降低库存、实现高效资金流通的经营目标？而次级经销商 B 公司的李经理为何能享受到核心企业 A 公司的信用背书，通过壹诺金融解决第 3 个月的资金短缺？

4. 说明壹诺金融是如何帮助 C 银行的张经理获得下级经销商客户，推动银行下沉市场服务新客户的？

5. 你认为壹诺金融推出的基于“区块链 + 供应链金融”的模式还可以用于哪些金融场景中呢，请举例分析。

三、分析思路

本部分提供的案例分析思路仅供参考。教师可根据教学内容进行灵活调整，注意培养学生主动思考和多角度分析的学习能力。案例按照介绍供应链金融痛点，分别从核心企业、经销商和银行三方面临的问题，以及壹诺金融给出的解决方案展开，最后讨论“区块链技术 + 供应链金融”在其他行业的应用前景。案例思路图如下：

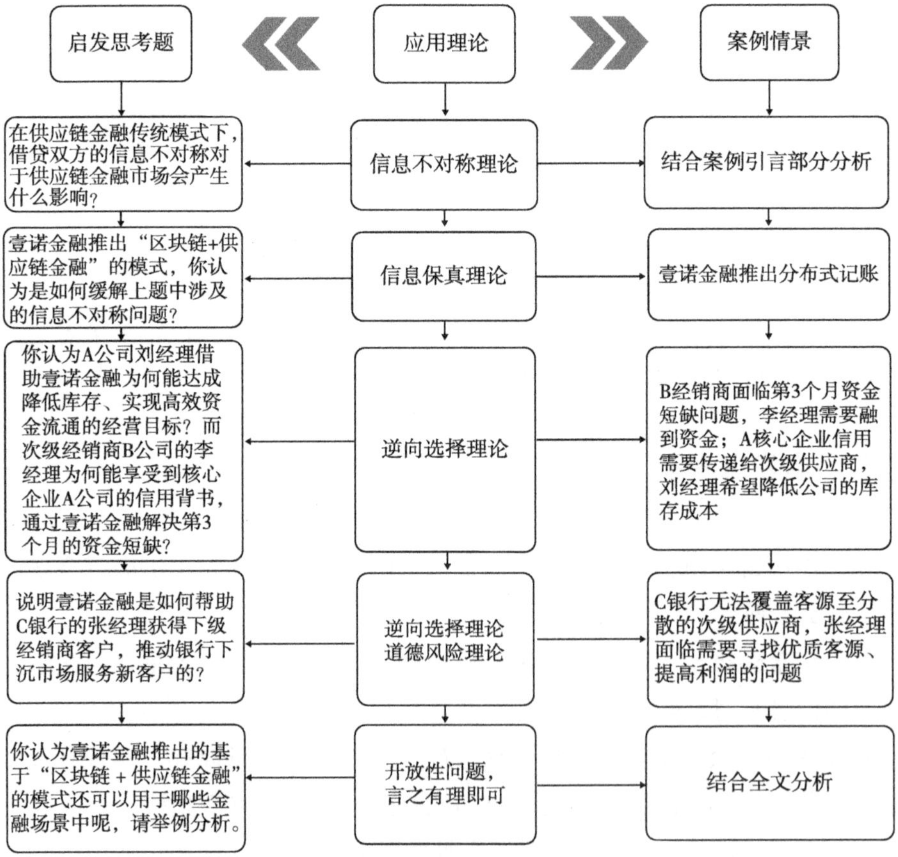

图 1　案例分析思路图

四、理论依据与分析

1. 理论依据

2013 年，供应链金融在国内兴起成为备受瞩目的话题，作为供应链管理的分支，它的兴起是时代的需要。在微观层面，传统供应链面临资金问题，要求实现资金流、商流和信息流的整合，中小企业迫切需要供应链金融的支撑。在宏观层面，生产全球化带来的贸易全球化要求金融市场提供更加灵活的金融产品和服务，商业银行作为金融市场的重要组成部分在金融业态多样化的需求和出现“金融脱媒”现象的背景下需要找到新的业务增长点，开拓新的经营模式。案例分析中依据的主要理论包括：

（1）信息不对称理论

信息不对称理论是 1970 年由美国经济学家乔治·阿克洛夫、约瑟夫·斯蒂格利茨、迈克尔·斯彭斯提出。信息不对称理论认为市场中卖方比买方掌握更多有效产品信息，卖方可以通过信息差而为自己谋得利益，在一定条件下会使得市场发生萎缩。比如借款方拥有更多信息而对银行隐瞒不良运营情况，就可能由于信息不对称产生大量不良信贷，而在经济不佳或者衰退背景下，容易由于银行无法收回贷款而资金不流通导致金融市场危机。后续阿罗（Arrow）、赫什雷弗（Hirshleifer）、斯彭斯（Spence）、格罗斯曼（Grossman）、斯蒂格利茨（Stigliz）等经济学家进行拓展研究，提出逆向选择理论、道德风险理论和“委托 – 代理”理论等基本理论。

在信息不对称理论框架下，根据对信息掌握程度较高的一方对信息或者知识进行隐瞒的行为发生的时间先后进行划分，能够分为两类。一类是事前（双方签订协议之前）由隐瞒行为产生的逆向选择风险，研究事前信息不对称产生原因和解决机制的理论称为逆向选择理论。目前针对解决事前信息不对称问题的研究成果，有信号理论和机制设计原理。另外一类是事后（双方签订协议之后）发生的隐瞒行为产生的道德风险，研究事后信息不对称产生原因和解决机制的理论称为道德风险理论。目前为了解决事后信息不对称问题，有建立激励和监督机制等方法如表 1 所示。

表 1 信息不对称理论框架

<table>
<tr><td>逆向选择理论</td><td rowspan="3">事前不对称</td><td rowspan="3">信息不对称</td><td rowspan="3">事后不对称</td><td>道德风险理论</td></tr>
<tr><td>隐藏知识
隐藏内容</td><td>隐藏内容
隐藏行动</td></tr>
<tr><td>信号理论
机制设计</td><td>监督机制
激励机制</td></tr>
</table>

信息不对称强调了信息对市场经济的重要作用，目前信息不对称理论已经渗透到经济学各大研究领域，尤其是在公司治理和金融股市领域的应用。信息经济学视角下，供应链金融市场的风险源于借贷者双方之间的信息不对称，会出现事前的逆向选择与事后的道德风险两类问题，具体表现为：①对小微供应链上下游借款者而言，他们一般没有抵押物和完善的财务记录。逆向选择使借款群体具有先天的“小微性”，是资金需求市场上的长尾群体。这就会将较多的违约风险聚集在供应链金融市场里。②由于借贷关系的真实性需要通过交易链达成，交易本身的不可追溯性会导致道德风险，降低了市场对资金配给的效率。

（2）信息保真理论

信息保真分为发布保真、传播保真和更新保真。其中发布保真指的是发布者发布的信息与描述相符合；传播保真指信息传播过程中不会被轻易篡改；更新保真指信息能够跟随客体动态变化而更新。区块链将分布式存储、共识机制和加密算法等计算机技术进行整合，实现点对点的传输，形成具有去中心化特点的数据存储系统，相比较于传统互联网，在数据写入机制、历史数据维护机制和数据存储机制方面能够实现传播保真和发布保真以及一定程度的更新保真。

针对数据写入机制，传统互联网中心化数据库录入数据仅仅需要通过中心化的节点进行发布信息的验证。而区块链通过共识算法，采用信息交叉验证检验发布信息的真实性。信息交叉验证是通过算法遍历来验证网络中的数据，包括各节点的计算机体系和社会信用体系如电力部门、税务等截取的数据。由于各个节点的验证和共识需要耗费一定的时间和算力，区块链需要为此付出相应代价以实现发布保真。

对于历史数据维护机制，传统中心化数据库由于依靠单一节点进行数据的存储和维护，中心节点不用经过其他节点的授权进行数据的编辑，故而历史数据能被轻易篡改。而区块链中的数据采用链式数据存储格式，由每个节点各自拥有一份数据拷贝。单一节点的数据丢失或者更改能够参照其他节点的信息进行纠正，且加密算法保证任何对于历史数据的更改无法同时更改该条数据之后的所有数据。所以只有当多数节点发生了一致的数据更改，才能更改整个区块链系统中的数据。由此区块链技术实现了数据的传播保真，有效防止在传播信息过程中数据被随意篡改的情况。

信息发布保真和传播保真的实现需要更新保真的实现来维持信息的有效性。区别于传统中心化数据库单一节点录入数据的方式，区块链实现分布式数据存储，链上任何被认可的数据操作都能够实时同步到所有拥有存储权限的节点，而当多数节点发生统一更改，整个区块链系统中的数据也能被更新，从而实现了动态监测，达到信息更新保真的目标。

2. 具体分析

（1）问题一：在供应链金融传统模式下，借贷双方的信息不对称对于供应链金融市场会产生什么影响?

供应链金融的参与方主要包括核心企业、金融机构、经销商。在信息不对称理论视角下，由于次级经销商与银行等金融机构之间信息不互通，在融资过程中，贷前的信息搜集难度大等问题易产生逆向选择风险，贷后的资金风险难以控制等问题易催生道德风险。事前事后信息不对称的问题使得各方之间存在信息割裂，供应链金融模式资金流转受阻，不仅直接造成了中小企业融资难的困境，不利于银行等金融机构获得新客源创造利润新增长点，而且抬高了核心企业由于次级经销商无法现货现结导致库存积压产生的运营成本，阻碍了供应链金融的进一步发展，如图 2 所示：

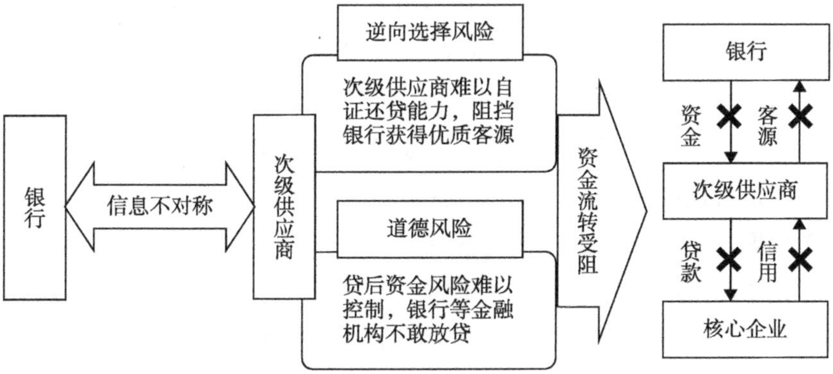

图 2　信息不对称对各参与方影响示意图

首先，从经销商的角度来看，经销商面临的主要难题是企业难以搭建商流与信息流的统一。目前供应链上中小企业 ERP 系统并不相互连通，许多次级经销商即使有几十万的客户，但近九成客户信息没有录入系统①，使得信息割裂且严重缺失，从而存在信息孤岛问题。商业信息的缺失与传递的失效使得次级经销商在需要贷款时无法通过贸易信息自证其还款能力，且本身资金体量小，许多中小企业并无可以进行资产证券化打包的资产，使中小企业从银行贷款融资困难重重。

其次，从核心企业的角度分析，核心企业的信用无法随着业务向多级经销商传递是其面临的主要难题。目前已有的供应链金融工具商业汇票，仅能传递到一级经销商，次级经销商往往无法享受到信用的传递，供应链金融所提倡的共生共荣很难实现。此外，商业汇票存在造假等问题，且不能根据经销商的需要进行拆分与流转，使得信用无法覆盖到次级经销商。而次级经销商由于融资难、融资贵的问题，经常面临资金短缺的局面，导致核心企业，尤其是需要现货现结或者以预付款方式提货的核心企业，面临库存积压的问题，大幅提高了核心企业的生产运营成本。

最后，从银行等金融机构角度来看，获客成本高昂且多方结算困难是其迫切需要解决的难题。银行较为严格的风控条件以及较高的准入门槛使得银行无法放款给具有庞大潜在融资需求的中小企业，这部分长尾客户正是银行等金融机构目前的新利润增长点。高效地审核企业数据，精准地评估企业信用等级举步维艰。一个客户经理背后往往有多名中后台工作人员协助进行风险控制和相关的审核工作。为了筛选符合条件的中小企业需要花费大量的时间与人力成本，效率低、周期长，大大抬高了获客成本，且单位资金成本高。此外，中小企业财务系统不完善、不互通使得银行难以追踪贷出资金的具体使用去向，无法掌控结算风险，面临着道德风险问题，不利于整个供应链的资金流转。

综上可见，为了推动供应链金融中的资金流转，让中小企业破除融资难的困局，核心企业谋划降低运营成本、资金高效运转的变局，以及开创银行获得新客源、创造价值的新格局，缓解信息不对称问题刻不容缓。

（2）问题二：壹诺金融推出“区块链 + 供应链金融”的模式，你认为是如何缓解上题中涉及的信息不对称问题的？

传统供应链金融的症结在于各个环节都可能面临信息不对称问题，无法有

① 数据来源：壹诺供应链 https://www.yinuojr.cn/informdetail.html?id=51.

效确保信息的真实性，在各参与方做出决策时产生了障碍。在信息保真理论视角下，信息保真包括发布保真、传播保真和更新保真三个方面。其中发布保真又包括发布主体的真实和发布内容的真实，传播保真强调信息传播过程中信息不被轻易篡改、不传播被更改的“虚假”信息，更新保真则侧重信息的动态变化。区块链技术运用信息交叉验证、时间戳确权、智能合约自动清结算等功能能够一定程度上实现信息发布保真、传播保真和更新保真，有效缓解信息不对称问题，为传统供应链金融提供了解决方案，如图 3 所示：

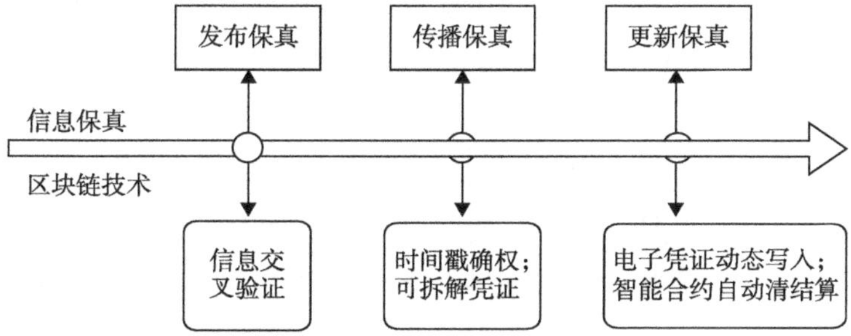

图 3　区块链技术实现信息保真

发布保真是要确认信息发布的参与主体和内容均具有真实性。区块链技术能够实现实名上链，同时创建企业对应的独有的企业区块链账户地址，从而实现区块链记账、对账和合约清分，达到了上链企业底层资产的透明化，解决了参与主体身份真实和意愿真实的问题。为了证明交易信息的真实性，以往都是通过审核合同、调查贷款用途以及查验发票等方式，这往往需要人工进行筛选与审核，成本高而效率低下。采用区块链技术信息交叉验证，通过算法遍历以验证各级数据，通过节点数据遍历，核验交易数据的合理性；通过交易网络数据遍历，核验逻辑合理性；通过时序关系遍历，核验数据逻辑合理性。三重交叉检验的完成可全面核验交易的真实性，具有可信度高的特点，有效避免虚假账款的遗漏。

保证了信息发布的主体和内容真实性之后，还需要保证在信息传递过程当中不失真，即传播保真。区块链凭借时间戳技术进行资产确权，信息难以被篡改，资产上链之后，区块链为供应链上各参与方实现资产权利的自动确认，形成难以被篡改的权利账本。壹诺金融率先提出“分布式供应链金融网络”的理念，平台进行确权信息的分布式存储和传播，从而提升市场数据信息的安全性和容错率，通过信任共同的算法建立互信，降低价值交换的摩擦边界，使得传递的信息具有高可信度。传播保真在供应链金融中另一表现形式是信用流转不会随信息传递而递减。核心企业下可能存在近十万家经销商，但一级经销商仅占据不到 0.1%[①] 的比例，次级经销商想要享受到核心企业的信用，其中一个方法便是将核心企业的信用进行拆解，共享给下面众多的中小企业。但是，传统供应链金融中票据不可拆分、难以流转的问题让供应链金融始终处在不温不火的发展状态。区块链技术通过共享账本，记录核心企业与经销商之间存在的债权债务关系，可以将记账凭证层层传递实现信用的逐级渗透。

交易的进行让信息在不断动态变化当中，实现信息实时更新同样十分重要，即更新保真。区块链技术实现底层资产上链为纸质票据转为电子凭证奠定基础，结合 RFID、AGV 和视频分析技术，能够动态检测商品出库等操作，读取商品信息同时写入区块链系统。账款的结算同样需要进行更新。应收账户或者应付账户主要由四个元素组成：收付款双方的账户地址、付款金额和付款日期。对于银行而言，这是一个待账期的支付，而对于智能合约而言，则是一条待清算的支付指令。这些清算指令将会交给供应链平台上的合作银行，由这些银行触发智能合约。一旦核心企业完成了兑付的操作，智能合约将被触发，按照之前登记的债务关系层层自动清算。由核心企业清算到一级经销商，再由一级经销商清算到 n 级经销商，等最后一级经销商完成融资，剩余资金将会自动回到银行的保理账户中，无需人工逐个进行核查。

（3）问题三：你认为 A 公司刘经理借助壹诺金融为何能达成降低库存、实现高效资金流通的经营目标？而次级经销商 B 公司的李经理为何能享受到核心企业 A 公司的信用背书，通过壹诺金融解决第 3 个月的资金短缺？

壹诺金融是如何为下游经销商破困局且为核心企业谋变局的？即如何帮助 B 经销商享受到 A 公司的信用背书，解决第 3 个月的资金短缺？以及是如何帮助 A 公司刘经理谋划降低库存、实现高效资金流通的？

B 经销商的李经理之所以面临融资难困局，是因为无法获得 A 公司的信用传递，导致银行无法精准且迅速地判断 B 经销商是否具备融资资格。此外，对于银行而言，经销商作为借款方所拥有的信息远远多于银行，为了提高借款成功率或降低借款利率可能存在故意隐藏信息的行为，产生逆向选择问题。因此破解资金困局的关键便是证明 B 经销商与 A 公司发生了真实的贸易，让 B 经销商享受到 A 公司的“信用背书”。

---

① 数据来源：壹诺供应链 https://www.yinuojr.cn/informdetail.html?id=51.

首先，需要证明参与主体的真实性，只有保证了参与主体的真实性才能确认后续在壹诺金融上操作的真实性，这里使用到壹诺金融实名认证的核心功能。为了保证实名认证的安全性，所有壹诺金融上的注册企业需要通过CFCA的U-Key和数字证书进行双重验证，CFCA全称为China Financial Certification Authority，即中国金融认证中心。数字证书相当于各类终端实体和最终用户的“网络身份证”，各企业和机构以此身份参加活动，获取信息，通过此种方式能够很大程度上确保网上交易双方身份信息是准确、完整而保密的。而CFCA数字证书是一段包含用户身份信息、用户公钥信息以及CFCA数字签名的电子数据。只有通过实名验证才能进行后续在线确权和签章的操作。

其次，需要证明交易信息的真实性，这里使用到壹诺金融凭证管理的核心功能。核心企业根据供应链上发生的真实贸易完成应付账款信息的登记，借助区块链交叉检验的技术，平台证明收付款双方交易信息的真实性，从而为核心企业的信用能够赋予到交易另外一方提供支撑，信用转化后形成能够在多级拆转融的电子记账凭证。

再次，在完成实名认证、确认交易信息真实性之后，便进入信用转化环节，为了不让信用随着供应链层层递减，在具体平台操作中分为登记与接收和拆分两个阶段。首先在登记阶段，平台上提供的信息能够清晰体现付收款方、付款金额以及付款日期，这些信息在经过核心企业确认之后一并写入区块链。其次在接收和拆分阶段，经销商签收核心企业的记账凭证后根据自己的实际需要将凭证进行拆分和流转，凭证记录签发企业信息同时将该信息记录到区块链上供溯源，从而保证信用不会递减。

信用传递的实现，让经销商享受到核心企业的“信用背书”，进入融资环节，此时需要使用到壹诺金融在线融资的核心功能。各级经销商收到凭证之后可以根据自己的融资需求，向已经入驻壹诺金融的资金方提出融资申请，平台上资金方接收到申请后根据其电子凭证进行审核，由于次级经销商能够证明是核心企业的待付款方，信用评级得到提升，相比于在银行直接进行融资，费率较低、审核周期较短、效率较高、融资金额较灵活。通过审核后，资金方对经销商进行在线实时放款，相比较于银行保理业务通常需要3天甚至一周的时间来完成放款，大大提高了融资效率。

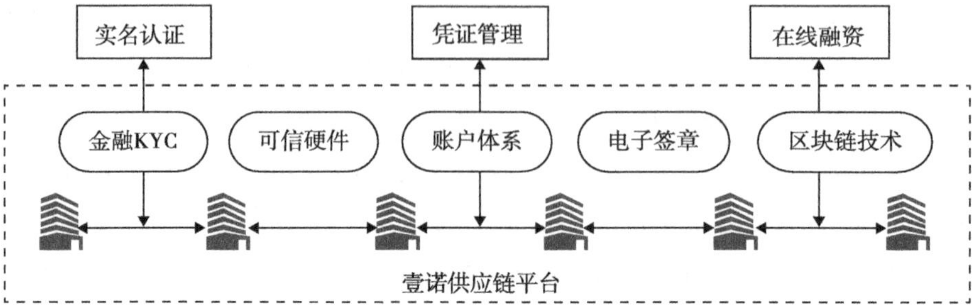

图 4　壹诺金融三大核心功能[①]

实名认证和凭证管理帮助 B 公司证明交易信息的真实，缓解了逆向选择风险，信用流转和在线融资帮助 B 公司的李经理及时解决所需融资金额的问题，从而破解了第 3 个月运营资金短缺的困局。A 公司通过邀请的方式，让其旗下所有经销商都加入到壹诺金融的模式中，破除传统供应链金融的桎梏，谋划变局，以 B 公司为例的众多次级经销商凭借壹诺金融的模式，缓解了资金流动性问题，使得核心企业所产出的商品能够实现现货现结，缩短了提货周期，从而解决了库存积压问题，降低了 A 公司的运营成本，同时资金链问题的解决推动了资金流转，为 A 公司保持竞争优势提供资金支持。

（4）问题四：说明壹诺金融是如何帮助 C 银行的张经理获得下级经销商客户，推动银行下沉市场服务新客户的？

根据逆向选择理论，拥有较多信息的卖方可能以次充好损害买方的利益，由此产生逆向选择风险。在借贷关系中，拥有较多信息的借款方存在隐藏不利于自己信息和行为的可能，由此给贷款方造成利益损失。为了避免逆向选择风险，银行借贷流程通常有以下几个环节。

首先是核心企业准入环节。银行需要进行贷前调查、核定额度已经签署供应链金融服务系统的三方合作协议等准备。接着是经销商准入环节，需要经销商自主上传贸易背景资料、征信查询授权书、包含贷款真实意愿的授信申请书等系列文件，由此银行能够确认贷款的额度、利率、融资比例、授信期限以及贷款期限等内容。但这些需要上传的文件由于经销商 ERP 系统等不互通的问题，难以为继。继而，在提款环节中，除了经销商需要与银行签订借款等合同之外，还需要核心企业进行凭证登记，核心企业开出相应凭证又需要进行层层审核与盖章授权的流程，耗时耗力，冗杂的流程完成之后银行才会进入到放款

① 图片来源：壹诺供应链 https://www.yinuojr.cn/product.html.

确认环节。由此可见，在开始的两个准入环节就需要花费大量的时间和人力成本进行材料信息的搜索和整理，同时由于系统的不互通，客户经理不得不对每一个中小经销商采取实地取证的方法收集资料，在提款环节银行还需等待核心企业进行凭证登记，进行商务协商，故而覆盖分散经销商所产生的高昂成本便不足为奇了。

在壹诺金融的模式中，核心企业准入环节通过核心企业进行凭证登记，底层资产上链，节省了贷前调查收集材料的时间成本，同时额度的额定能够直接由银行经办在系统上维护录入。在经销商准入环节，由于采用核心企业邀请经销商上链的方式，直接证明了经销商与核心企业的贸易关系，节省了实地取证客户背景材料和财务状况信息的时间和人力成本，且额度、利率、融资比例等内容的确认也可一并由银行经办在系统上进行维护录入。在提款环节，除了经销商平台协议以及放款等相关协议支持在线签订之外，无需再等待核心企业进行传统凭证的登记操作，凭借核心企业上链登记创建的记账凭证能够通过凭证的签收与转让实现资产的登记与流转，通过凭证经销商直接在线进行融资，节省了银行等待开具传统凭证的时间成本。故而，银行为了覆盖分散的客户成本大幅下降，目前壹诺金融让银行从原来只能覆盖到一级经销商扩大到覆盖至六级经销商，平台统计融资总额从 1.5 亿元一年增长为超过 20 亿元一年。获得新客源让商业银行寻找新的业务增长点和利润来源，开创价值创造的新格局成为可能。

不仅贷款前存在风险，贷款后风险同样需要控制。在道德风险理论下，拥有较多私人信息的代理人可能做出不利于拥有较少私人信息的委托人的行为，且委托人难以直接检测代理人做出的行为，仅能从结果中进行管控，由此产生道德风险。供应链金融中银行贷款给次级经销商难以检测到经销商具体资金使用去向，并且次级经销商存在无法还款或严重逾期的情况，存在道德风险。传统供应链金融模式下商业银行为了控制还款等风险，需要进行贷后贷款用途检查、日常贷后检查以及还款资金落实检查，十分烦琐且效果不佳。尤其当面对多方参与结算时，更是如临大敌。还款风险是银行等金融机构最为重视的问题，解决多方结算的难题迫在眉睫。如图 5 所示。

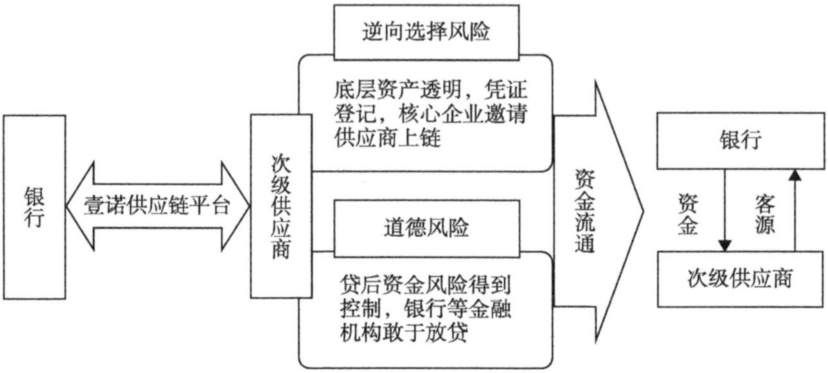

图 5　信息不对称缓解，助银行开拓新格局

壹诺金融为此难题推出资金管理的核心功能，可参考图 6。核心企业上链时进行的凭证登记、凭证签收和转让，以及次级经销商通过凭证融资在线完成了贷款申请的流程，接下来将进入到凭证付款和融资还款的贷后阶段。之前环节中用到的凭证是基于次级经销商与核心企业进行真实贸易开出的付款承诺函，其中包含了关键的收付款双方金额、日期、账号与开户行信息，同时产生一串智能合约码。在凭证付款环节，通过合约记账实现了付款信息上链，且合约记账的形式发挥“集体监督”的功能，用以监测贷出资金具体使用去向，掌握资金回路。在关键的融资还款环节，利用壹诺金融资金管理功能，平台系统接入银行账户体系，通过智能合约清算的方式，凭借之前环节中产生的智能合约码能够实现账款到期自动还款，按照债权与债务关系层层履行清分规则，且流转过程能够从银行账户中得到体现，无需客户经理对多个结算方逐个进行还款资金的落实核查，有效核查资金流转过程，显著提高贷后客户经理工作效率。平台显示从前每位客户经理只能服务 3 至 5 家企业①，如今一位客户经理能够服务超过 50 家企业，服务效率大幅提升。

（5）问题五：你认为壹诺金融推出的基于“区块链 + 供应链金融”的模式还可以用于哪些金融场景中呢，请举例分析。

该题目是开放性题目，供同学们发散思维进行讨论，以下模式仅供参考。

中国工商银行（http://www.icbc.com.cn/）建立的工银 e 信融资金融服务平台通过可流转、可融资、可拆分的电子付款承诺函实现银行资金的全产业链资金支持。

① 数据来源：壹诺供应链 https://www.yinuojr.cn/informdetail.html?id=51

趣链科技基于底层技术平台 Hyperchain 研发的飞洛供应链（https://filoop.com/），拥有供应链生态自有的 SaaS 平台，用以资产穿透式管理，帮助供应链企业增信。

腾讯旗下的微企链（https://trustsql.qq.com/）致力于让应收账款债权的拆分、流转与变现传递核心企业信用给次级经销商。

五、关键要点

1. 案例关键点：本案例以率先提出“分布式供应链金融网络”概念的壹诺金融为主要介绍对象，着重介绍了供应链金融中三个参与方面临的痛点，较为完整地呈现了壹诺金融缓解供应链中信息不对称问题，实现信用流转的过程。

2. 关键知识点：围绕供应链金融痛点讨论理解信息不对称、逆向选择理论、道德风险理论和信息保真理论等，能够运用相关理论掌握供应链金融面临的信息不对称问题。了解区块链技术的特点和功能，理解区块链技术与供应链金融相融合的必要性和优越性。理解信息保真对缓解信息不对称、实现信用流转、促进供应链资金流通的重要作用。

3. 关键能力点：能够运用相关理论分析供应链金融面临的信息不对称问题。理论结合实际，总结归纳区块链技术对解决供应链金融痛点的必要性和重要性。从壹诺金融通过凭证流转实现信用流转的经验中思考区块链技术对供应链金融以及传统金融机构的借鉴意义。

4. 关键决策点：（1）面对现货现结方式存在的资金风险，A 公司如何利用壹诺金融解决库存成本的问题？（2）B 经销商如何获得 A 公司的信用背书，获得第三个月的运营资金？（3）C 银行如何在不提高资金管理和结算风险情况下覆盖更多客源？

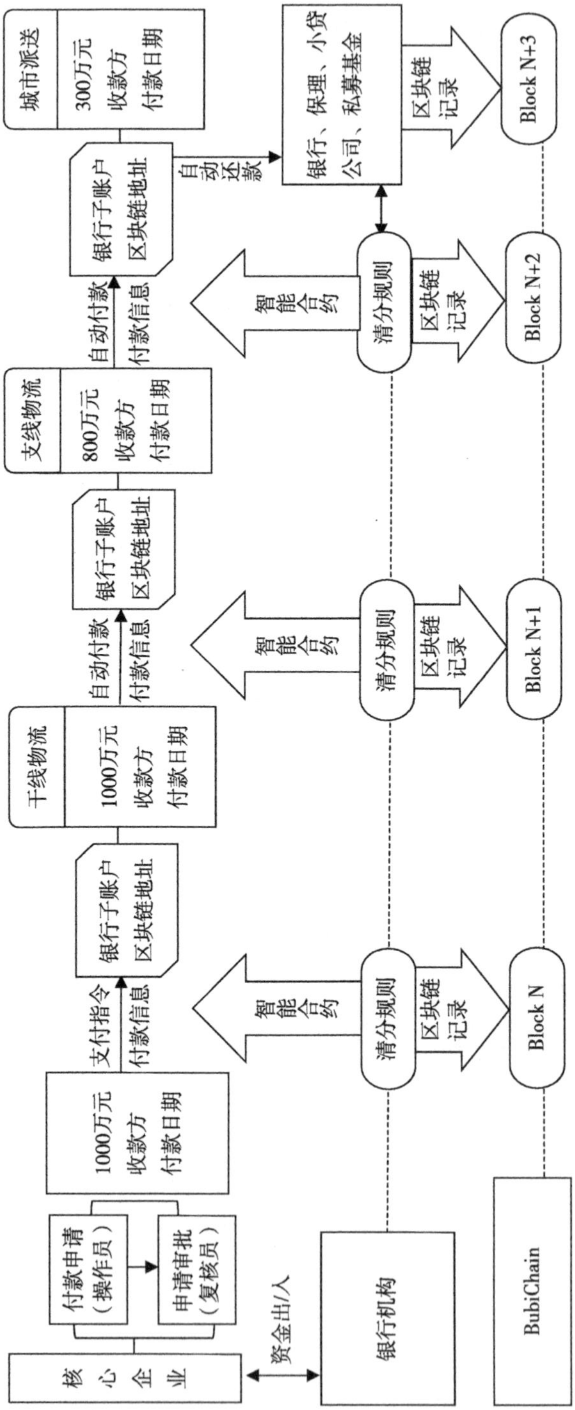

图 6　自动化清算过程[①]

① 图片来源：壹诺分布式供应链网络 https://mp.weixin.qq.com/s/XEvKOxm_odBwgi-TF_01dA.

六、课堂计划

本案例可以用作专门的案例讨论课素材。以下为课堂计划建议，仅供参考。

1. 课前计划

（1）请学生自助查找相关资料，了解壹诺金融的发展历程，搜集与供应链金融相关的背景资料，如供应链金融面临的痛点、区块链融合政策等信息，帮助学生形成对案例背景的初步认识；

（2）请学生课前对案例进行阅读，并以小组讨论的形式讨论启发思考题，形成初步分析思路；

2. 课堂计划

（1）指导教师进行课堂导入，以新闻和视频等方式介绍案例背景，明确学习目的和需要讨论的主题；

（2）指导教师组织学生回顾提前预习的案例内容，整理案例框架，梳理分析思路，适当补充相关信息帮助学生理解案例内容，从而引出启发思考题，准备进行课堂讨论；

（3）课堂小组结合准备的资料和提前阅读的案例进行学习和讨论，形成小组对课后思考题的讨论结果。

（4）小组展示与课堂讨论：各小组自行选择 1 名学生为代表，汇报讨论结果，其他学生可做补充发言。每个问题选择 2 个小组进行汇报和分享，其他小组成员可做补充发言。

（5）根据汇报成果把握学生对于案例理解程度，指导老师对讨论的结果进行点评和总结，同时引导学生进行更加有深度的思考，强调案例关键知识点。具体课堂计划参见表 2。

表 2　课堂计划

课程计划	内容	时间安排
课前准备	组织学生查找相关资料，了解供应链金融背景； 发放教学案例和相关阅读资料，安排学生进行阅读，同时以小组形式讨论启发思考题； 注意：小组人数控制在 6 人以下。	课前一周
案例导入	指导教师介绍案例背景，明确学习目的和讨论主题，引出启发思考题。	10~15 分钟
小组讨论	分小组进行启发思考题的讨论； 注意：指导教师针对学生具体讨论情况，可以适当帮助学生把握分析方向。	15 分钟
结果汇报	每个问题选择 2 个小组进行汇报； 每个小组自行选择 1 名学生进行汇报； 注意：鼓励其他小组成员和其他小组进行补充性发言。	25 分钟
案例总结	（1）总结和点评小组汇报结果； （2）强调关键知识点引导深层思考；	15 分钟
课后总结	个人针对开放性思考题给出自己理解并形成书面报告。	课后一周

3. 课后计划

请学生在总结本次案例学习的结果和感悟下，以个人形式围绕启发思考题中的开放性题目表达自己的理解。由指导教师进行评价和反馈。

七、参考文献

［1］宋华 .《供应链金融（第 2 版）》［M］. 北京：中国人民大学出版社，2016.

［2］辛琳 . 信息不对称理论研究［J］. 嘉兴学院学报，2001（3）.

［3］徐晋 .《大数据经济学》［M］. 上海：上海交通大学出版社，2014.

［4］李建华，易珉 . 委托代理关系与企业道德风险［J］. 伦理学研究，2008（02）：16–21.

［5］高杰，霍红，张晓庆 . 区块链技术的应用前景与挑战：基于信息保真的视角［J］. 中国科学基金，2020，34（01）：25–30.

［6］贾丽平 . 比特币的理论、实践与影响［J］. 国际金融研究，2013（12）：16–27.

［7］艾瑞咨询 . 中国区块链 + 供应链金融研究报告［R］. 中太古代，2019.

[8] 中国工商银行金融科技研究院.《区块链金融应用发展白皮书》[R].可信区块链推进计划，2020.

[9] 可信区块链推进计划.《区块链与供应链金融（1.0 版）》[R].中国信息通信研究院，2018.

[10] 腾讯研究院.《腾讯区块链白皮书》[R].腾讯金融科技，2019.

[11] Stiglitz, J.E., and Weiss, A. M., Incentive Effects of Terminations: Applications to Credit and Labor markets, American Economic Review. 01. 73.

如何布点——SZNS疫苗接种门诊规划的困境[①]

案例正文

摘要：接种疫苗是预防流行病的最主要手段，关系国计民生，备受关注。预防接种门诊是实施预防接种工作的基层单位，其布点的公平性和合理性对预防接种工作的开展至关重要。深圳市南山区（SZNS）有大量的接种门诊，承担了各大社区的疫苗接种服务。一方面居民希望多开接种门诊以缩短行走距离，增加接种便利性；另一方面，为了提高医疗资源利用率，有些接种门诊无法实施周一至周五全天候开放，同样影响居民接种时间的灵活性。如何进行接种门诊的布点和规划，如何确定哪个接种门诊服务哪个社区，以及如何分配医疗接种人员到不同接种门诊，以满足各方需求，对SZNS的公共卫生服务管理部门而言是一个亟须解决的难题。

关键词：布点问题；接种门诊；多目标规划

引言

结束一周一次的管理工作例会，姜主任对着会议纪要中大家反映的接种门诊布点问题，一筹莫展。姜主任是NSCDC（Nanshan Center for Disease Control and Prevention of Shenzhen City，深圳市南山区疾病预防控制中心）免疫规划

---

① 1. 本案例由深圳大学管理学院的潘燕春（panyc@szu.edu.cn）、李鑫（通讯作者，xli@szu.edu.cn），以及深圳市南山区疾病预防控制中心的姜世强合作撰写，作者拥有著作权中的署名权、修改权、改编权。2. 本案例授权中国管理案例共享中心使用，中国管理案例共享中心享有复制权、修改权、发表权、发行权、信息网络传播权、改编权、汇编权和翻译权。3. 由于企业保密的要求，在本案例中对有关名称、数据等做了必要的掩饰性处理。4. 本案例只供课堂讨论之用，并无意暗示或说明某种管理行为是否有效。

科主任，负责南山区的疫苗采购和规划工作。姜主任 2007 年硕士毕业后加入 NSCDC，一晃已经 11 个年头了。姜主任对免疫规划工作有着高度的热情，公共卫生统计学背景也使他在处理问题时能够尊重事实和逻辑，多年的工作积累了丰富的管理经验。然而，通过每月的实地调研，姜主任发现：有的接种门诊人来人往“熙熙攘攘”，每天都有很多人排队等待接种疫苗，相反，有的接种门诊则“门可罗雀”，一天也没多少居民来打疫苗，忙闲不均是接种门诊规划的一大难题。居民普遍希望在社区附近就有接种门诊，能够方便地接种疫苗；但与此同时，也有居民反映，附近的接种门诊并非全天候（周一至周五）开放，每周只工作两天，给居民接种时间的安排带来了不便。此外，公共卫生服务成本也是姜主任需要考虑的问题。市卫生局多次强调要“精兵简政”，充分利用医疗资源，尤其是接种医护人员，提高接种效率，避免医疗资源闲置和浪费。如何在接种门诊布点和规划中平衡各方需求？姜主任陷入了沉思。

一、问题背景

公共服务设施对于满足城市居民日益增长的公共服务需求，保障和改善民生，促进社会和谐具有重要意义。作为一项重要的公共卫生服务，预防接种是指按照规定程序，由接种服务人员（护士），通过注射、口服等方式接种，使受种者机体产生免疫力，达到传染病预防与控制的目的。伴随新型冠状病毒在全球范围内的大暴发，各国卫生机构都在加紧新冠病毒疫苗的研制工作，以期从根本上控制新冠病毒的传播，预防接种的重要性日益凸显。可以说，预防接种是预防传染病最直接有效、经济方便的手段，预防接种工作不仅可以控制传染病的扩大，其更重要的目的在于控制传染源，切断传播渠道，提高公众免疫力，从而实现预防与控制传染性疾病的发生和传播，甚至最终消灭传染病。预防接种门诊是实施预防接种工作的基层单位，是传染病防控组织的重要组成部分。目前预防接种门诊的工作形式大致分为四类：

（1）常规接种。指按照国家、省、市等预防接种工作规划，由相关接种单位为适龄人群提供定期的预防接种服务；

（2）群体性预防接种。指在某个特定时期和范围内，组织可能感染传染病的特定人群，集中实施预防接种；

（3）应急接种。指在某种传染病一旦有流行趋势时，对那些易感染人群开展预防接种工作，以实现控制疫情的目的；

（4）查漏补种。指接种单位组织相关人员定期开展接种查漏工作，一旦发现漏种则实施补种，以提高接种覆盖率。

社区居民在接种门诊的接种流程如下：受种者首先出示预防接种证 / 卡，接种门诊工作人员进行审核，并询问受种者的健康状况，必要时需要进行体格检查以确定是否能够接种某种疫苗；随后登记预防接种证 / 卡，预约接种；如果有某些禁忌症不能接种，或者有发热、过敏等需要暂缓接种，则预约下次接种日期；根据受种者选择的接种疫苗种类，后续流程略有差异。按照国务院颁布的《疫苗流通和预防接种管理条例》，可将疫苗分为一类疫苗（以儿童常规接种疫苗为主，免费接种）和二类疫苗（以进口疫苗和应急接种疫苗为主，自费接种）。一类疫苗和二类疫苗具有一定的替代关系。如果受种者选择接种一类疫苗，则由接种门诊直接开处方，受种者签知情同意书；如果受种者选择接种二类疫苗，则除签知情同意书之外还需缴费。不管是一类疫苗还是二类疫苗，其采购和流通都需通过 CDC 完成，以确保疫苗的安全性。之后，受种者进入接种室接受疫苗接种，观察 30 分钟无异常则可离开接种门诊。

接种门诊接种的疫苗，以儿童常规疫苗为主，包括乙型肝炎疫苗（乙肝疫苗，HepB）、卡介苗（BCG）、脊髓灰质炎灭活疫苗（脊灰疫苗，IPV）等十几种不同疫苗。每种疫苗又包含不同剂次，而且每剂次都有严格的接种时间窗。以乙肝疫苗为例，共有 3 剂次，其中第 1 剂要在新生儿出生后 24 小时内接种，第 2 剂在 1 月龄时接种，第 3 剂在 6 月龄时接种。不同疫苗接种间隔时间也有明确规定，如两种及以上国家免疫规划使用的注射类减毒活疫苗，应间隔不少于 28 天进行接种。此外，疫苗之间还有复杂的替代关系，如进口的五联苗同时含有脊髓灰质炎灭活疫苗、无细胞百白破疫苗和 B 型流感嗜血杆菌疫苗，可替代多种疫苗，减少接种剂次数。附表 1 给出了儿童常规接种的一类疫苗，以及每种疫苗不同接种针次的年龄限制时间窗。附表 2 所示为儿童常规接种的一类疫苗每种疫苗不同针次之间的接种时间间隔要求。由此可见，儿童常规疫苗的接种时间集中在 0 至 4 岁。

作为公共卫生服务部门的区 CDC，其主要职责是完成辖区内具体的疾病预防控制工作，负责技术指导、考核、评价其辖区内的相关医疗卫生机构，进行人员培训等。其中的一项核心业务，即是为接种门诊的布点和规划提供政策建议，确保疫苗接种的有效落实。

接种门诊布点的公平性和合理性对预防接种工作的顺利开展有着举足轻重的作用。尽管设施布点问题在传统的选址规划中有所涉及，但由于公共服务的非营利性和政府主导等特点，接种门诊的布点和规划有别于营利性设施。一方面，营利性设施选址的主体为企业或个人，而接种门诊是政府投资与管理，尽管也要考虑运营成本如接种医护人员数量，但更要考虑服务居民的便利性和有效性；另一方面，营利性实施的选址主要追求经济效益的最大化，而接诊门诊的布点则要使人们能够获得同质的公共服务（疫苗接种），即公平地分配社会资源，追求社会效益的最大化。

事实上，我国社区医疗服务建设尚未充分发挥作用，有些地方仍出现可预防传染病的暴发，这些突发疫情的背后表现出预防接种依然存在薄弱环节。除接种医护人员、儿童监护人等人为因素之外，接种门诊位置的便利性和开放时间，以及接种组织的形式等，都会影响到社区居民的接种率和满意度。接种门诊距离太远、接种时间不合适、接种门诊过于拥挤是导致儿童漏种、父母满意度低下的重要因素。

为更清楚地了解 SZNS 接种门诊布点和规划面临的问题，姜主任安排科里的小崔进行了数据和资料的收集与整理。小崔是免疫规划科的青年骨干，对区里各接种门诊的情况“了如指掌”、如数家珍。

二、决策困境

小崔拿来区里各接种门诊和社区的分布图（见附图 1）给姜主任看：“姜主任，这是目前区里各接种门诊和社区的分布情况，我们共有 76 个接种门诊和 101 个社区。”

姜主任问：“101 个社区就有 76 个接种门诊，我们现有的接种门诊数目是不是太多了？最近市卫生局一再强调要提高医疗资源的利用率，这块是不是有改善的空间？”

小崔回答：“关于接种门诊的数量和布点，有些是历史问题。根据国家预防接种有关工作规范，在任何居民社区 5 公里范围内，一定要有至少一个接种门诊。而社区居民普遍希望能够方便接种，接种门诊开得越多，对于社区居民而言就越便利，行走的距离就越短。为了便民服务，前些年就开了不少接种门诊。”

姜主任说："我们每年的接种需求相对稳定，接种门诊开得越多，分配到每个接种门诊的需求就越少啊！"

小崔回答："是的，确实有需求分配不均的情况。有的接种门诊一天也打不了几针疫苗，有的接种门诊一天能打上百剂次。"

姜主任说："前段时间我们刚核算过区里接种门诊的接种能力，我们区有超过 70 名接种护士，每人每天最多可接种 150 剂次。如果某些接种门诊的实际接种剂次太少，那人员闲置现象就会比较严重。"

小崔回答："我们在接种门诊规划时也有考虑接种护士的负荷率问题，如果接种门诊的实际接种需求能够达到该接种门诊接种能力的 70%，这个接种门诊就周一到周五全天候开放。当然，对于负荷率太低的接种门诊，为充分利用医疗资源，采取了弹性接种时间，即非全天候开放接种，根据实际情况，可能一周接种两天或三天。"

姜主任说："是的，但这也带来了负面问题。上次管理工作例会，就有负责社区工作的人员提到，有社区居民反映附近的接种门诊一周只开两天，使居民安排接种时间不太方便。居民想要有尽可能多的接种门诊能够全天候开放。"

小崔回答："主任，'鱼与熊掌不可兼得'，少开些接种门诊，可以让需求聚集起来，有了足够多的需求，接种门诊就能全天候开放。但接种门诊少了，居民又该抱怨接种不方便，走的距离远了。"

姜主任说："从服务居民而言，这是我们需要尽可能满足的两个目标，尤其是居民接种行走距离要短才能更加便民。事实上，公共服务成本和效率也是我们需要考虑的目标，如果能够适当减少接种门诊，我们的接种护士是否能够减少？多余的医疗人员也可以安排到社康中心做其他工作。"

小崔回答："是的，但是如果我们接种门诊布点和规划没有做好，则减少接种护士人数不一定能够起到立竿见影的效果。我们可以通过接种证和接种卡的管理，让居民固定在一个接种门诊接种，避免同一个社区的人员到不同接种门诊接种，降低接种门诊布点和规划的难度。但即便如此，开哪个接种门诊？关哪个接种门诊？哪个社区到哪个接种门诊接种？每个接种门诊安排多少接种护士？一想到这些问题我就头痛，真是束手无策啊！还有，主任，我们也不能为了增加全天候开放的接种门诊数目，以及减少接种护士，一味关闭接种门诊。现在国家已全面实施二孩政策，我们的接种需求主要来自儿童，从出生到四岁是接种疫苗的集中时间。婴儿出生率增加，我们也需要预备更多的接种服务能力。”

姜主任说：“嗯，我有个姓潘的朋友一直在大学当老师，还做过不少企业优化和咨询项目。‘打铁趁热’，我马上给潘老师打电话，希望他能帮我们在各方需求之间找到权衡之计。”

三、柳暗花明

姜主任拨通了潘老师的电话，和小崔一起，介绍了 SZNS 在接种门诊布点和规划中面临的困境。

免提电话那头传来了潘老师的声音：“听完你们的介绍，我觉得我们的决策目标并不单一，必须考虑多个目标的权衡。”

姜主任说：“是的。我们原来想可能有一个最合适的接种门诊开放数量，但是我们既要考虑居民行走的距离和便利性，也要考虑全天候开放的接种门诊数，还要考虑接种医护人员的数量。可能一个目标好了，另外一个目标又会变差。而且，政府下拨的运作经费也有不确定性，如果能够给出合理的接种门诊开放数量和位置，以及社区居民和接种人员分配方案，那么政府在运作资金分配上就会更有方向性。”

潘老师说：“这样看的话我们至少要考虑居民行走距离、全天候开放的接种门诊数量、接种医护人员数量三个目标了。这几个目标中哪个更为重要呢？”

姜主任说：“我们是公共服务部门，便民服务是我们优先要考虑的因素，因此首先要确保居民行走距离短才够方便。开放的接种门诊多了可以减少居民行走距离，但同时也分散了接种需求，导致全天候开放的接种门诊数量下降。能否在减少居民行走距离的同时尽可能增加全天候开放的接种门诊数？当然，除了这两个服务类指标外，市卫生局也多次强调我们要‘精兵简政’，提高医护人员效率，避免医疗资源浪费。”

潘老师说：“虽然几个目标有冲突，但我们还是可以采取很多措施进行协调和平衡，比如调整接种门诊的布点，确定哪个开放哪个关闭；优化接种门诊的开放时间即一周开放的天数；合理分配社区居民到不同的接种门诊接受服务；以及合理安排接诊门诊所需的接种人员数量。通过以上措施的改进，相信可以在不同目标之间找到比较好的平衡。不过为了确保分析的可靠性和科学性，你们还需要提供更为详细的数据。”

姜主任说：“那太好了！听潘老师这么一说，我们原来思路一团糟，现在终于清晰起来了，真是‘柳暗花明’啊！潘老师需要什么数据，我们马上准备。”

潘老师说：“最为紧迫的是现有各接种门诊和社区的详细位置，以及各社区的接种需求情况。”

姜主任说：“这个好办，我们平时也有跟踪统计，小崔尽快整理好给潘老师参考。”

小崔回答：“好的，我马上收集整理。”

潘老师又问：“此外，出生率和接种需求之间的关系是什么？出台二孩政策之后预计出生率有多大程度的提高？是否有相应的历史数据可供分析使用？”

姜主任回答：“出生率和接种需求之间的关系比较复杂，因为除了儿童常规接种需求之外，还有部分应急接种需求。我们能否先主要考虑儿童常规接种，这样可以认为出生率和接种需求近似呈线性关系。”

小崔补充说：“关于出生率，有专家估计鼓励生育政策会带来出生率大幅提升，也有专家持比较保守的意见，我们能否分析一定范围变动所造成的影响？比如出生率提升 5% 至 25% 甚至 50%，提升幅度不同时，我们的接种能力是否足以应对？”

潘老师：“是的，我们可以在目前的基准条件下通过实验分析来看出生率对接种门诊布点和规划的影响程度。”

四、尾声

姜主任和小崔看到了希望，马上整理好数据给潘老师，焦急地等待着潘老师的分析结果……

附录：

附图 1. SZNS 现有接种门诊和社区的地理位置分布图

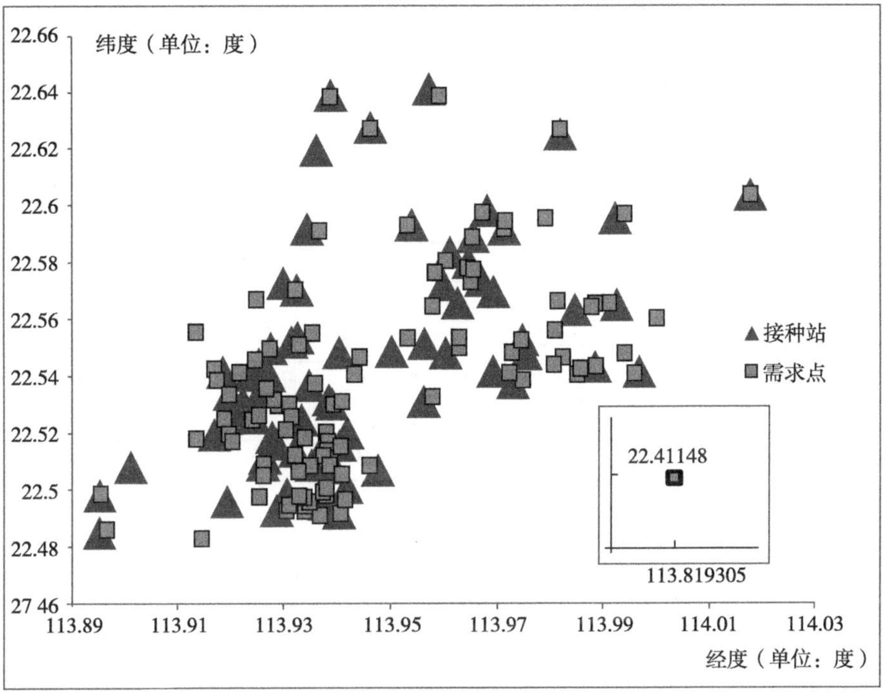

附表 1. 儿童常规接种一类疫苗接种时间窗

（时间单位：天；数据来源《预防接种工作规范》）

疫苗种类 \ 针次	1	2	3	4
乙肝	0–1	1–30	90–360	/
卡介苗	0–90	/	/	/
脊灰疫苗（包括减和灭活）	30–60	60–90	90–120	120–1460
百白破疫苗	60–90	90–120	120–150	150–547
白破疫苗	2190–2555	/	/	/
麻风疫苗	240–365	/	/	/
麻腮风疫苗	270–547	/	/	/
乙脑减毒活疫苗	182–240	730–1095	/	/
乙脑灭活疫苗	240–270	270–365	730–1095	2190–2555
A 群流脑多糖疫苗	150–182	272–547	/	/
A 群 C 群流脑多糖疫苗	1095–1460	2190–2555	/	/
甲肝减毒疫苗	547–730	/	/	/
甲肝灭活	547–730	730–1095	/	/

附表 2. 接种时间间隔表

（数据来源：《预防接种工作规范》）

疫苗	每种疫苗不同针次之间的间隔时间要求
乙肝	第一针与第二针之间间隔≥ 28 天，第二针与第三针之间间隔≥ 60 天
卡介苗	无要求
脊灰疫苗（包括减和灭活）	每两针间隔≥ 28 天
百白破疫苗	前三针每两针间隔≥ 28 天，第三针和第四针间隔≥ 180 天
白破疫苗	无要求
麻风疫苗	无要求
麻腮风疫苗	无要求
乙脑减毒活疫苗	无要求
乙脑灭活疫苗	30 天＜第二针与第三针之间＜ 365 天，第三针与第四针之间≥ 3 年
A 群流脑多糖疫苗	第一针和第二针间隔≥ 90 天
A 群 C 群流脑多糖疫苗	无要求（A 群流脑多糖疫苗和 A 群 C 群流脑多糖疫苗看作一种疫苗）
甲肝减毒疫苗	无要求
甲肝灭活	两针之间间隔≥ 180 天

附表 3. 接种门诊位置坐标

接种门诊编号	经度（度）	纬度（度）	接种门诊编号	经度（度）	纬度（度）
S1	113.916901	22.519274	S39	113.984869	22.563316
S2	113.919682	22.533729	S40	113.967164	22.573518
S3	113.924296	22.525071	S41	113.971258	22.591569
S4	113.933285	22.524915	S42	113.992369	22.595197
S5	113.895249	22.498118	S43	113.964474	22.579909
S6	113.922412	22.530352	S44	113.969419	22.569697
S7	113.90119	22.508025	S45	113.992559	22.564909
S8	113.919012	22.524992	S46	114.017796	22.603942
S9	113.922031	22.527889	S47	113.961174	22.583265
S10	113.927826	22.518417	S48	113.953933	22.593271
S11	113.926608	22.511118	S49	113.981782	22.624775
S12	113.928781	22.51563	S50	113.959944	22.572196
S13	113.931706	22.552414	S51	113.962702	22.565842
S14	113.934761	22.536537	S52	113.946185	22.627388
S15	113.918629	22.541458	S53	113.968089	22.598105
S16	113.925361	22.534903	S54	113.934464	22.591799
S17	113.923264	22.540018	S55	113.936033	22.619541
S18	113.927512	22.549831	S56	113.938831	22.638922
S19	113.925346	22.544757	S57	113.956967	22.640815
S20	113.932466	22.553415	S58	113.965397	22.588944
S21	113.932284	22.570461	S59	113.941982	22.519548
S22	113.929971	22.572471	S60	113.940905	22.515339
S23	113.927588	22.539879	S61	113.956406	22.55134
S24	113.975666	22.547482	S62	113.932311	22.513537
S25	113.974766	22.552746	S63	113.939092	22.530193
S26	113.996831	22.541326	S64	113.938432	22.531285
S27	113.972898	22.537542	S65	113.96007	22.547952
S28	113.972654	22.541467	S66	113.940568	22.548582
S29	113.975666	22.547482	S67	113.938169	22.518128

续表

接种门诊编号	经度（度）	纬度（度）	接种门诊编号	经度（度）	纬度（度）
S30	113.9691	22.54149	S68	113.95605	22.530516
S31	113.988437	22.543481	S69	113.950271	22.548372
S32	113.937138	22.497111	S70	113.937582	22.513354
S33	113.928622	22.492663	S71	113.939471	22.507671
S34	113.933752	22.495075	S72	113.930832	22.498531
S35	113.931268	22.495297	S73	113.92617	22.508736
S36	113.942041	22.500529	S74	113.93507	22.508691
S37	113.947576	22.506948	S75	113.894947	22.484842
S38	113.940457	22.491928	S76	113.919449	22.49616

附表 4. 社区（需求点）位置坐标及平均每天接种人数

社区编号	经度（度）	纬度（度）	平均每天接种人数	社区编号	经度（度）	纬度（度）	平均每天接种人数
1	113.919619	22.519603	34	52	113.988708	22.564994	38
2	113.919682	22.533729	12	53	113.964432	22.577908	16
3	113.92398	22.524216	35	54	113.964846	22.573023	12
4	113.931385	22.525724	34	55	113.971317	22.59145	43
5	113.895348	22.498886	15	56	113.979193	22.595238	16
6	113.928942	22.529709	42	57	113.993981	22.596951	25
7	113.913719	22.518017	40	58	113.965449	22.577879	28
8	113.918803	22.524965	12	59	113.981333	22.566177	26
9	113.925543	22.526591	16	60	113.971687	22.594486	1
10	113.9303	22.521293	24	61	113.990963	22.565505	21
11	113.928009	22.531603	13	62	114.017796	22.603942	7
12	113.931048	22.529981	16	63	113.987932	22.564637	11
13	113.920323	22.517216	18	64	113.960404	22.580455	19
14	113.932859	22.551136	22	65	113.965397	22.588944	10
15	113.935911	22.537603	25	66	113.953153	22.592742	57
16	113.916953	22.542987	22	67	113.981721	22.626993	50
17	113.917563	22.538536	20	68	113.958327	22.576842	24
18	113.926554	22.535985	23	69	113.957855	22.564564	44

续表

社区编号	经度（度）	纬度（度）	平均每天接种人数	社区编号	经度（度）	纬度（度）	平均每天接种人数
19	113.922101	22.541388	39	70	113.946186	22.627388	20
20	113.927522	22.549942	29	71	113.967198	22.597445	9
21	113.924671	22.545635	35	72	113.936759	22.590634	14
22	113.935546	22.555379	24	73	113.938831	22.638922	30
23	113.91371	22.555837	5	74	113.959135	22.639311	11
24	113.932184	22.570042	13	75	113.938869	22.511281	13
25	113.925081	22.566889	9	76	113.938014	22.520818	18
26	113.98578	22.542719	33	77	113.940905	22.515339	20
27	113.972887	22.54837	14	78	113.953268	22.553265	66
28	113.974766	22.552746	28	79	113.932112	22.51291	14
29	113.996126	22.541211	19	80	113.939321	22.530305	10
30	113.974828	22.538848	14	81	113.94074	22.53111	16
31	113.972396	22.541513	19	82	113.943062	22.54069	20
32	113.980595	22.543757	24	83	113.962751	22.550029	5
33	113.982333	22.546501	10	84	113.944241	22.546767	27
34	114.000024	22.560287	12	85	113.938047	22.518066	8
35	113.988932	22.543489	13	86	113.93393	22.518579	10
36	113.981062	22.555955	14	87	113.957748	22.532492	23
37	113.99418	22.548393	13	88	113.962852	22.55318	6
38	113.985311	22.540471	6	89	113.938023	22.51336	14
39	113.937727	22.498227	10	90	113.937393	22.511507	7
40	113.937567	22.498997	19	91	113.941055	22.505282	20
41	113.930562	22.492811	17	92	113.933138	22.497823	19
42	113.933655	22.492258	9	93	113.926209	22.509324	13
43	113.933803	22.494956	7	94	113.934951	22.50872	10
44	113.934832	22.495696	12	95	113.932909	22.506912	8
45	113.933872	22.497005	11	96	113.938649	22.508377	14
46	113.931098	22.494038	12	97	113.938105	22.500604	13
47	113.941664	22.496583	17	98	113.896428	22.486339	12
48	113.946064	22.508936	10	99	113.926203	22.505035	17
49	113.940596	22.491938	7	100	113.914752	22.483055	3
50	113.936822	22.490986	11	101	113.925459	22.49749	5
51	113.819305	22.411483	1				

备注：

（1）接种门诊 i 到需求点 j 的近似距离，可根据两点的地理坐标估算获得，计算公式为（单位：米）：$d_{ij}=111\times1000\times\sqrt{\left[\left(l_i-k_j\right)\bullet cosw_i\right]^2+\left(w_i-h_j\right)^2}$，其中 l_i 和 w_i 分别是接种门诊 i 的经度和纬度坐标，k_j 和 h_j 分别是需求点 j 的经度和纬度坐标；

（2）社区（需求点）j 平均每天需要接种的人数可以认为和新生儿出生率近似成正比关系，当前接种需求量是以新生儿平均年出生率 20% 计算得到的；

（3）第 51 号需求点是新点，其平均需求非常小，而且 5 公里范围内目前尚无接种门诊。考虑到资源利用率的平衡，目前也并无在该需求点附近开设新接种门诊的计划。在需求分配时，可以把该需求点分配给最近的接种门诊。

How to locate vaccination stations? The decision dilemma of SZNS

Yanchun Pan1, Xin Li[2*], Shiqiang Jiang[3]

[1, 2]College of Management, Shenzhen University

[3]Nanshan Center for Disease Control and Prevention of Shenzhen City

Email: panyc@szu.edu.cn

[*]Corresponding author: xli@szu.edu.cn

Abstract: Vaccination is the main way to prevent epidemic disease. Either the government or the residents pay lots of attention to vaccination because it is close related to public health. Vaccination station is the basic unit for vaccination service which is under the guide of CDC, Center for Disease Control and Prevention. How to locate vaccination stations efficiently and effectively plays a vital role in vaccination service. SZNS (Shenzhen Nanshan District) has plenty of vaccination stations for the vaccination service of communities. On the one hand, residents hope more vaccination stations can open so as to reduce travel distance. On the other hand, to improve the utilization of medical resources, some vaccination stations cannot open from Monday to Friday, which also impacts the flexible vaccination time of residents. How to locate vaccination stations, how to assign communities to vaccination stations, and how to allocate vaccination nurses, are urgent decisions that SZNS has to make for satisfying different needs of stakeholders.

Key words: Location Problem; Vaccination Stations; Multi-objective Programming

案例使用说明

一、教学目的与用途

1. 本案例主要适用于 MBA《数据、模型与决策》课程，也可用于研究生和高年级本科生《运筹学》课程的案例教学。案例素材来源于深圳市南山区疾病预防控制中心的真实管理情境，尽管案例背景是事业单位，但有关多目标决策的问题和理论方法具有典型性和代表性，对其他企事业单位的多目标决策有很好的借鉴意义。

2. 本案例的教学目的：通过案例的学习，使学生了解分析和解决现实问题的思路和方法，提高对实际问题的抽象建模能力（数学建模），尤其加强对多目标整数线性规划模型的理解，并练习如何使用 CPLEX 软件或 Lindo/Lingo 对模型进行优化求解，也可尝试 Excel Solver（受求解规模所限，可在教学过程中适当减小问题规模），以及对结果进行扩展分析和推广应用。

二、启发思考题

1. 案例单位面临的决策困境是什么？有哪些决策需要完成？

2. 案例单位需要实现哪些决策目标？各决策目标之间是如何相互关联 / 制约的？

3. 案例单位在做决策时，需要满足哪些约束条件？

4. 试构建案例单位的多目标规划模型，采用有关技术方法加以分析求解。

5. 请针对案例单位面临的困境，给出有关决策建议。

三、分析思路

本案例可采用《数据、模型与决策》课程所授理论方法进行分析，体现数学建模与分析的典型分析思路：

1. 根据案例背景描述，分析决策困境，确定需要决策的内容：开放 / 关闭哪些接种门诊，哪些接种门诊全天候开放，开放的接种门诊分配多少接种护士，分配哪个社区到哪个接种门诊。并设计相应的决策变量，具体如下（其中 i 代表第 i 个接种门诊，i = 1，2，…，76；j 代表第 j 个需求点，j = 1，2，…，101）：

决策变量	含义
x_{ij}	需求点 j 是否接受接种门诊 i 的服务，接受为 1，不接受为 0
y_i	分配给接种门诊 i 的专业人员数量
z_i	接种门诊是否全天候开放，若是为 1，否则为 0

2. 确定决策的目标：（1）最小化居民行走距离；（2）最大化全天候开放的接种门诊数目；（3）最小化接种护士的人数。各目标之间可能受开放的接种门诊数影响，直观而言，开放的接种门诊越多，居民行走距离就越短，但由于分散接种需求，可能导致全天候开放的接种门诊数减少，增加接种护士的人数。当然，社区分配到接种门诊的分配方式，也可能影响系统绩效。有关目标函数设计如下：

$$\text{Min.}\sum_{j=1}^{n} q_j \sum_{i=1}^{m} x_{ij} d_{ij} \tag{1}$$

$$\text{Max.}\sum_{i=1}^{m} z_i \tag{2}$$

$$\text{Min.}\sum_{i=1}^{m} y_i \tag{3}$$

其中第一项为最小化总行走距离，第二项为最大化全天候开放的接种门诊数目，第三项为最小化医护人员（接种护士）数量。

目标函数中的 q_j 为需求点 j 平均每天需要接种的人数。d_{ij} 为接种门诊 i 到需求点 j 的近似距离，根据两点的地理坐标计算得到，即：

$d_{ij}=111\times1000\times\sqrt{\left[\left(l_i-k_j\right)\cdot cosw_i\right]^2+\left(w_i-h_j\right)^2}$，其中 l_i 和 w_i 分别是接种门诊的经度和纬度坐标，k_j 和 h_j 是分别是需求点 j 的经度和纬度坐标，案例正文已经给出有关经纬度数据和距离计算公式。

3. 确定约束条件：（1）每个社区都有且仅有一个接种门诊提供接种服务；（2）任何一个社区 5 公里范围内至少要有一个接种门诊开放；（3）分配的接种需求不能超过分配的接种能力；（4）全天候开放的边界条件；（5）变量之间的其他潜在约束。

根据案例正文描述，有关约束条件设计如下：

$$\sum_{i=1}^{m}x_{ij}=1,\quad \text{for all } j\in\{1,..,n\} \tag{4}$$

$$\sum_{j=1}^{n}x_{ij}q_j\leqslant y_i\cdot b,\quad \text{for all } i\in\{1,..,m\} \tag{5}$$

$$x_{ij}d_{ij}\leqslant 5000,\quad \text{for all } i\in\{1,..,m\},\ j\in\{1,..,n\} \tag{6}$$

$$y_i\leqslant M\cdot\sum_{j=1}^{n}x_{ij},\quad \text{for all } i\in\{1,..,m\} \tag{7}$$

$$z_i\leqslant y_i,\quad \text{for all } i\in\{1,..,m\} \tag{8}$$

$$\sum_{j=1}^{n}x_{ij}q_j-y_i\cdot b\cdot\alpha\geqslant(z_i-1)\cdot M,\quad \text{for all } i\in\{1,..,m\} \tag{9}$$

$$\sum_{j=1}^{n}x_{ij}q_j-y_i\cdot b\cdot\alpha\leqslant z_i\cdot M,\quad \text{for all } i\in\{1,..,m\} \tag{10}$$

$$x_{ij}\in\{0,1\},\quad \text{for all } i\in\{1,..,m\},\ j\in\{1,..,n\} \tag{11}$$

$$y_i\in\{0,1,\cdots,c\},\quad \text{for all } i\in\{1,..,m\} \tag{12}$$

$$z_i\in\{0,1\},\quad \text{for all } i\in\{1,..,m\} \tag{13}$$

其中约束（4）表示任何一个需求点有且只有一个接种门诊提供服务；约束（5）为接种门诊的能力约束；约束（6）为社区 5 公里范围内要有接种门诊开放；约束（7）表示如果接种门诊没有分配需求点，则不应该分配专业人员；约束（8）表示如果没有分配专业人员，则接种门诊不可能全天候开放；约束（9）和（10）用于确定接种门诊是否全天候开放；约束（11）~（13）为决策变量的取值范围约束。

上述约束条件中 m = 76 表示接种门诊数，n = 101 表示需求点数，c = 70 表示接种护士总人数限制，b = 150 为每个专业人员每天能够接种的最大人数，α = 0.7 为接种门诊是否全天候开放的阈值，M 表示数值很大的一个正数，用于辅助建模。

4. 模型求解和分析：运用规划求解软件（如 CPLEX），结合 Epsilon 约束方法，求解问题的 Pareto 非劣解，对结果进行分析，提出优化改进方案。

Epsilon 约束方法的思路是先分别求得各决策目标在单一目标优化时的最优结果，然后以主目标作为单一决策目标，将其他目标转化为约束条件，通过取值约束实现不同目标水平下的非劣解分析。本案例中行走距离最小为主决策目标，在求得最小距离时（对行走距离最小进行单一目标优化），只用了 64 名专业人员，说明案例现有专业人员数（70 人）是有富余的。为求得 Pareto 非劣解，运用 Epsilon 约束方法，即加入如下两个约束（原来为目标函数）：

$$\sum_{i=1}^{m} y_i = c' \tag{14}$$

$$\sum_{i=1}^{m} z_i = a \tag{15}$$

其中 $c' = 64, 59, \ldots, 29$，$a = 1, 2, \ldots, 22$，分别取不同值进行实验分析（后面的实验结果表明，该取值范围已足够大）。接种人员数之所以从 64 开始取值，是因为单一目标决策时已经发现 64 名接种人员是够的；此后依次减少 5 人进行实验分析，发现低于 29 人将使系统绩效非常恶化。

有关 CPLEX 的求解代码，请参见第九部分（相关附件）。

四、理论依据与分析

有关理论依据如下：

1. 线性规划和多目标规划理论；

2.Epsilon 约束方法；

3. 数学建模、求解与分析技术。

有关理论和方法的详细内容可参考《数据、模型与决策》和《运筹学》课程的有关教材，在此不再赘述。

具体分析结果如下：

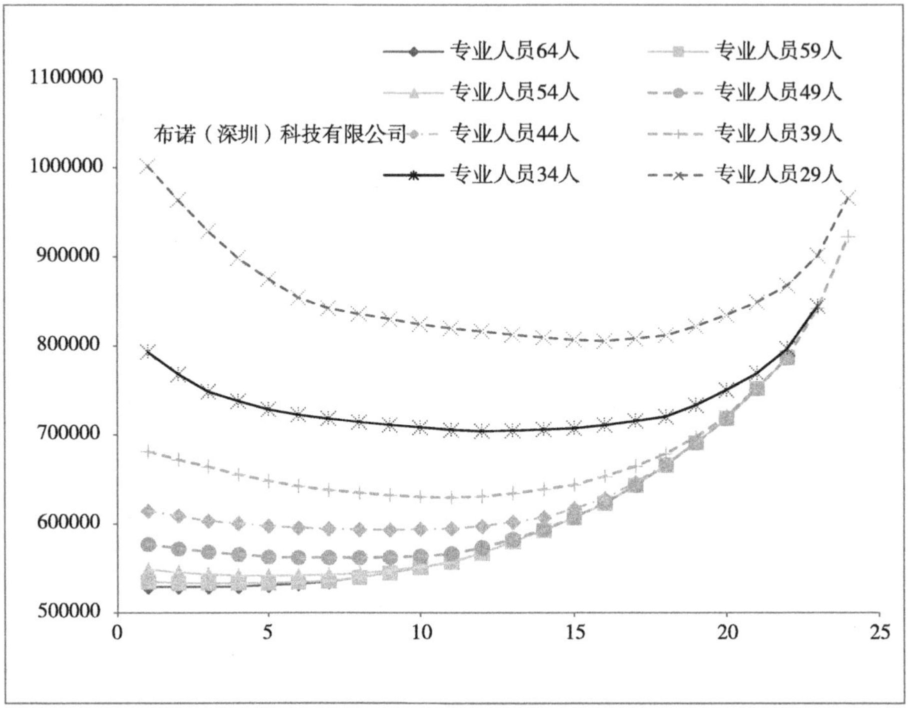

图 1　总距离和全天候开放的接种门诊个数的关系图

图 1 所示为总距离和全天候开放的接种门诊个数的关系图，由图可见，当接种人员数量保持一定时，逐渐增加全天候开放的接种门诊个数，总距离是先减少后增加。当接种人员数量增加时，随着全天候开放的接种门诊数量的增加，总距离减少得越来越缓慢。当接种人员数达到 64 个，全天候开放的接种门诊数量为 2 时，总距离达到最小。随着全天候开放的接种门诊个数增加，距离开始呈现出上升的趋势。当全天候开放的接种门诊个数增加到某个数值时，无论接种人员有多少，总距离都开始增加。全天候开放的接种门诊个数一定时，增加接种人员数量会使得总距离减小，这是因为增加接种人员会使非全天开放的接种门诊变多，因而这个区域内接种门诊数量变多，使得总距离减少。如果区域内全天候开放的接种门诊个数超过一定数量，29 个专业人员就能满足接种需求，继续增加接种人员并不会使得其总距离减少，而且会增加人力成本。图 1 还表明一个非常有价值的信息，即在给定接种人员数的条件下，可以通过社区的分配和接种人员的分配，在不增加或少量增加总距离的前提下提高全天候开放的接种门诊数量（图中曲线的平底部分），这个结论对 NSCDC 而言非常的鼓舞人心。此外，图 1 下方的几条曲线，尽管接种人员总数相差较大（64，

59，54），但系统绩效却没有太明显的差异，说明适当减少接种人员数（当前为 70），对系统综合绩效不会有太大影响，只要社区和接种人员分配合理。

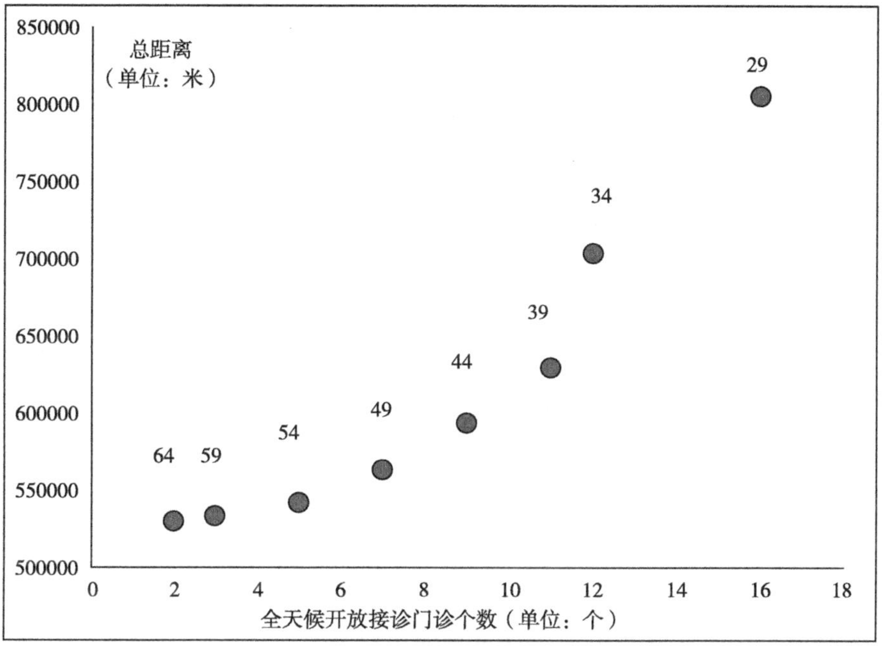

图 2　Pareto 非劣解前沿（黑点旁边的数字为接种人员数量）

图 2 所示为不同专业人员数下的 Pareto 非劣解前沿，可以看出，随着接种人数的减少，最优的全天候开放的接种门诊个数逐渐增加。这是因为全天候开放的接种门诊服务的人数比没有全天候开放的接种门诊服务的人数多，如果接种人数减少了，要满足区域内所有的接种需求，则需要增加全天候开放的接种门诊数量。该图还表明，当接种人员数量维持在 54 至 64 之间时（此时开放的接种门诊数为 50 左右），主目标函数值（总行走距离）没有太大差异，但全天候开放的接种门诊数随着接种人员数的减少得到了增加（因为接种人员数少了可以集中需求，从而增加全天候开放的可能）。这个结果给了 NSCDC 权衡不同决策目标的重要参考依据。

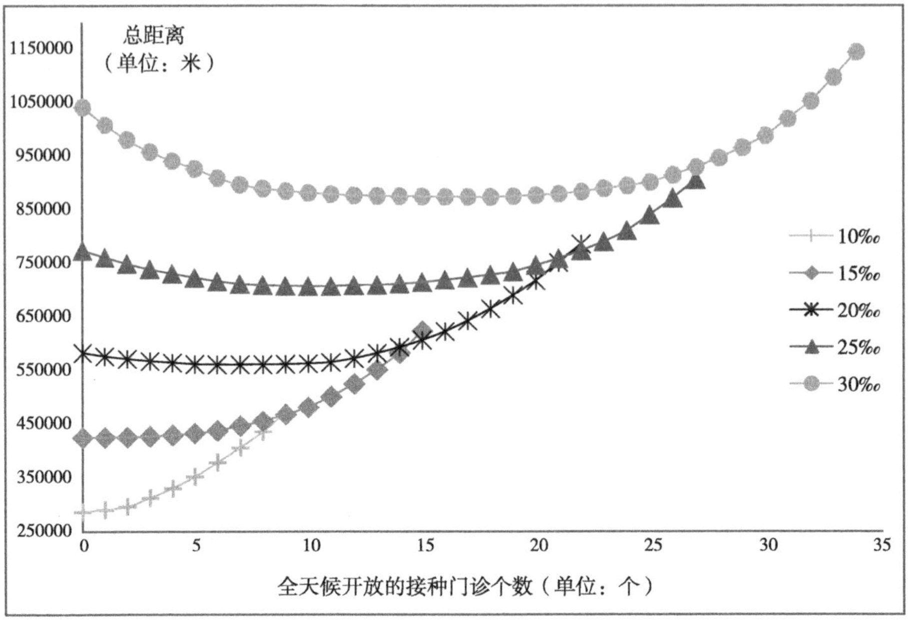

图 3　不同新生儿出生率下总距离与全天候开放接种门诊个数的关系

图 3 所示为不同新生儿出生率下总距离与全天候开放接种门诊个数的关系图，可以看出，在新生儿出生率高于基准模型数据（20‰）的情况下，随着全天候开放的接种门诊个数的增加，总距离呈现出先减少后增加的趋势；在新生儿出生率低于基准模型数据时，当全天候开放的接种门诊个数为 0 时，总距离达到最小值，然后随着全天候开放的接种门诊个数的增加而增加。这是由于新生儿出生率较低，使得区域内的接种需求较小，因而不需要接种门诊全天开放也能满足接种需求。新生儿出生率会影响到接种需求，进而影响到接种门诊的布点决策，因此，在进行接种门诊布点决策时，就需要考虑国家的相关政策。例如：国家出台二孩政策，可能会带来新生儿出生率的增加，意味着接种需求量的增加，可以通过增加全天候开放的接种门诊个数进行调节，说明我们的模型具有较好的鲁棒性（即便不新开接种门诊，通过社区和接种人员分配，借助全天候开放接种门诊数目，也可吸收一定范围的接种需求上升。因为接种需求上升必然导致总行走距离增大，如果以居民平均行走距离为主目标函数，则可看出通过全天候开放接种门诊数量，以及社区和接种人员的分配策略，能够有效控制平均行走距离，同时吸纳新增的接种需求）。

从上述多目标分析结果可以看出，当接种门诊维持在 50 个左右，接种人员维持在 55 人左右时，各目标可以取得比较好的平衡。并不是人员数越多越好，也不是开放的接种门诊数越多越好，因为增加医疗资源的同时会降低资源利用效率，以及减少全天候开放的接种门诊数目。

五、背景信息

本案例来源于深圳市南山区疾病预防控制中心（NSCDC）的实际运作系统，有关背景已在案例正文交代清楚。因涉及敏感信息，故对有关名称、数据等做了必要的掩饰性处理，但并不影响问题的分析和相关理论方法的应用，仍然具有很好的现实意义和借鉴作用。该案例事实上是作者的一个咨询项目，目前已经初步完成，前期的分析结果也已提交给 NSCDC，并得到了 NSCDC 的认可。

六、关键要点

需要学生能够从问题的描述与分析中提炼出决策变量与目标函数。线性规划约束条件的建立和 Epsilon 约束方法的应用是解决多目标问题的关键要点，需要学生重点掌握。案例的分析和求解要用到规划求解软件，如 CPLEX 软件、Lindo/Lingo 或 Excel Solver，因此，学生的实际操作能力可以得到有效锻炼。

七、建议的课堂计划

本案例可作为专门的案例讨论课来进行，因涉及多目标规划和大量分析计算，建议分三步完成：

第一步，多目标规划理论和方法讲解。包括多目标规划的建模思想与方法、Epsilon 求解技术等，建议不少于 2 个课时（80 分钟）。此前应该已经完成线性规划和相关求解软件的讲解；

第二步，学生分组进行案例研讨和分析。将学生进行分组，每组 5 名学生左右，给学生发放案例正文材料。由于案例具有一定难度，需要深入思考和讨论，建议多目标规划理论和方法的讲解可以在课堂完成，但本环节最好安排在课后进行，且需预留充足的时间给学生分组研讨（建议至少一周）。案例需使用规划求解软件进行分析计算，建议学生做好分工，发挥各自能动性，如：

所有学生：共同讨论案例分析思路，明确决策问题、决策目标和约束条件；

学生 1：分析数据，进行有关的数据计算，如接种门诊到社区的距离，接种门诊是否在社区 5 公里范围内等；

学生 2：建立问题的数学模型；

学生 3：建立问题的规划求解模型（使用规划求解软件）；

学生 4：进行求解和分析（如针对出生率的实验分析）；

学生 5：撰写案例分析报告，制作 ppt。

任课教师无需向学生给出以上分工要求，由各组自己完成任务分工，以避免给学生任何分析暗示。但学生任务分工以及各自工作的效果可作为案例分析成绩评定的重要依据。

第三步，现场展示与点评。在课堂上进行，要求各组学生上台展示自己的案例分析思路、过程和结果（需借助 ppt 和规划求解软件平台，要确保教室具备相应软硬件支持）。为有效控制时间，提高效率和效果，每组展示时间 10 分钟，展示结束进入问答环节（5 分钟），由其他组同学（包括老师）针对小组展示提出问题，小组成员给出回答。现场展示和问答环节最容易产生互动和思维碰撞，任课教师需要善于组织和引导，并控制好时间。现场展示要确保小组每位成员都有机会演讲，以锻炼学生的团队协作能力，同时便于任课教师对每位学生的水平进行评价。

整个现场展示环节可安排 2 个课时。小组展示完成之后，任课教师可根据学生展示情况给予点评，并最终给出自己的案例分析方案，建议时间为 1 个课时。如果课程计划时间充裕，可要求所有小组都进行现场展示；如果班级人数和分组过多，任课教师可随机抽取若干小组上台展示，并适当缩短点评和教师参考方案的讲解时间，但需确保现场展示和点评的总时间不低于 2 个课时，以免影响教学效果。

在案例点评和方案讲解环节，任课教师可重点引导和启发学生思考以下问题：

（1）所学理论方法的触类旁通和灵活应用。尽管本案例背景是政府事业单位，但只要找到其共同点（多目标优化），有关理论方法依然是适用的（如数学建模和分析、Epsilon 约束等）。由此激发学生要举一反三，学以致用；

（2）所学理论方法的应用条件和边界。课堂所学的理论方法并不是“放之四海而皆准”的，都有其特定的应用条件和边界。例如本案例构建的是多目标整数线性规划模型，对于非线性规划模型，其求解和分析将大为不同。由此提醒学生不能滥用或乱用所学方法，否则在实际管理中可能产生偏差，造成损失。

（3）现实管理情景和挑战。运用有关理论方法分析问题并提出解决方案非常重要，但是就实际企事业单位的运作而言，解决方案的实施更为复杂，可能还需考虑更多的因素，尤其是涉及的管理变革和成本问题。例如本案例中的接种门诊开 / 关、接种护士的去留，管理者必须权衡利弊，方能最终决策。由此开阔学生思路，做到理论和实践的有效融合。

八、案例的后续进展

本案例来源于真实情景的一个咨询项目，项目分析报告被 NSCDC 所认可，经过近两年的改进，目前 SZNS（深圳南山）的接种门诊数目已从 76 个减少到 46 个，说明本案例分析结果具有一定的实际参考价值，较好地给决策单位提供了决策依据。

九、相关附件

CPLEX 模型求解代码：

```
int m = 76;   // 接种门诊的总数
int n = 101; // 需求点的总数
range community = 1..n; // 需求点的总数
range station = 1..m; // 接种门诊的总数
int b = 150; // 每个专业人员每天最多接种的人数
float d [ station ] [ community ] =...; // 接种门诊到需求点的距离矩阵，数据较多，在此省略
float alpha = 0.7;    // 全天候开放的阈值
int q [ community ] =...; // 每个需求点需要接种的人数，数据较多，在此省略
float bigM = 100000;  // 一个很大的正数
dvar boolean x[ station ] [ community ]; //x 为需求点 j 是否分配给接种门诊 i，分配为 1，不分配为 0
```

```
dvar boolean z [ station ]; // z 为接种门诊是否全天候开放，开放为 1，否则为 0
dvar int  y [ station ]; //y 为接种门诊分配的专业人员个数
dvar float D; // 总距离
dvar int Z; // 总的全天候开放的接种门诊个数
dvar int Y; // 总的分配的专业人数
minimize D; // 总距离最小
subject to{
D==sum (i in station, j in community) x [i][j] *d [i][j]; // 总的距离
Z==sum (i in station) z [i]; // 总的全天候开放的个数
Z==2;
Y==sum (i in station) y [i]; // 总的分配的专业人员个数
Y==64;
forall (j in community) {
        sum (i in station) x [i][j] ==1;
}   // 一个社区只能分配给一个接种门诊
forall (i in station) {
        sum (j in community) x [i][j] *q [j] <=y [i] *b;
} // 每天的接种量不能超过最大能够接种的人数
forall (i in station, j in community) {
        x [i][j] *d [i][j] <= 5000;
} // 为需求点提供服务的接种门诊要在 5 公里之内
forall (i in station) {
   y [i] <=sum (j in community) x [i][j] *bigM;
}   // 开放的接种点必须分配专业人员
forall (i in station) {
   z [i] <=y [i];
}
forall (i in station) {
   sum (j in community) x [i][j] *q [j] >= (z [i] -1) *bigM+y [i] *b*alpha;
```

```
    sum（j in community）x［i］［j］*q［j］<=z［i］*bigM+y［i］
*b*alpha-0.1;
   }//对是否全天开放做的判断
}
```

十、其他教学支持材料

本案例的分析和求解要用到规划求解软件，如 CPLEX 软件、Lindo/Lingo 或 Excel Solver，一般高校都具有上述求解平台。以上案例分析使用的是 CPLEX 软件平台。CPLEX 是 IBM 公司开发的规划模型求解器，对教育机构免费开放使用，可以通过 IBM 官网（www.ibm.com/cn-zh）进行下载、注册教师账号论证、安装使用学术版。CPLEX 在 Windows 系统下有集成的开放环境与界面（IDE），通过其简单的建模编程语言来实现数学规划模型的建模和求解，详细说明可参考 IBM 官网 CPLEX 使用说明（https：//www.ibm.com/support/knowledgecenter/SSSA5P_12.7.1/ilog.odms.cplex.help/CPLEX/homepages/usrmancplex.html）。初学者可通过简单实例学习模型实现的基本结构（数据、决策变量、目标函数、约束）和本案例中使用到的基本关键词，再启发和鼓励学生自己实现模型在 CPLEX 上求解。如果只有 Excel Solver 可用，可能受限于求解规模，建议教师可以适当减小问题规模（例如减少接种门诊和社区数目，这并不影响有关理论和方法的教学及应用），以便于学生练习。